叢書・ウニベルシタス　894

近代の再構築

日本政治イデオロギーにおける自然の概念

ジュリア・アデニー・トーマス
杉田米行 訳

法政大学出版局

Julia Adeney Thomas
RECONFIGURING MODERNITY
Concepts of Nature in Japanese Political Ideology

Japanese translation published by arrangement
with the University of California Press
through The English Agency（Japan）Ltd.

アランへ

日本語版への序文——新しい唯物論

『近代の再構築——日本政治イデオロギーにおける自然の概念』が日本で刊行されるのは喜びであり、心配の種でもある。だが自然と政治に対する私の見解が以前とどのように変わったか改めて考えるよい機会となった。結論を先に言えば、私の議論の根幹はいまも変わらない。従来の見解とは異なり、近代と近代政治思想は決して自然を脱却したわけではないのだ。自然環境や心身の限界に妨げられることのない絶対的な自由のもと、近代はますます傲慢になっていった。ところが、その傲慢さは、実際には、特定の扱いやすい自然の観念を前提としていた。近代を擁護する人は、自然は人間の組織や個人や社会の自立に基本的にはまったく介入しなかったという。端的に言えば、近代の自由は自然に縛られなかった。北極圏以北でキャベツを栽培したり、テクノロジーの進歩で確実に豊かさを持続させたり、医学の発達、政治的革命、建築などで、死すら遅らせたり克服できるようになるだろう。学界では、「決定論」は否定的な用語であり、論敵を攻撃するときに使われた。知識人はまじめな人ほど「自然」について議論してこなかった。本書は、こういった従来の慣習に疑問を投げかけ、思想や物質的現実としての自然、自然に付随する決定論を援用し、歴史と政治を分析する。私は、現在でもこの手法は適切だと考えている。本書では、近代の絶対的自由（freedom）ではなく、自然の必要性を認識する自由（liberty）という控えめな考えを提唱した。

私はいまでも本書の論点は正しいと考えているが、環境の悪化を目の当たりにすると、この控えめな主張ですら将来にあまり期待を持てなくなっている。わずかばかりの自由は、いまだに扱いやすく豊かな自然を前提としている。快適な環境にいると、将来が危ぶまれているにもかかわらず、まだ今現在の過ごし方や、好きとか嫌いといった低次元の話をするものだ。本書では、イタリア人マルクス主義者のセバスティアーノ・ティンパナーロの説を借用し、厳格な自然決定論と自然による条件整備をはっきり区別した。ティンパナーロは、歴史は自然から完全に解放されるだろうというマルクスの予測と、世界は完全に「社会的に構築されている」というポスト構造主義の「理想主義的詭弁」[1]の両方を一九七〇年に批判した。「将来、人間の生物学的限界と野望に差がありすぎて生じる苦痛が根本的に取り除かれるなどとは考えられない。……人間の生物学的脆弱性は克服できない」と警告したのである[2]。

ティンパナーロは、自然から完全に切り離された自由ではなく条件付きの自由という領域を開拓した。彼は、決定論が徐々に先細っていくさまに注目した。まず物理的決定論が力を失い、その後生物学的決定論と社会経済的決定論を経て、思想的決定論が衰退していった。「唯物論という考え方は、各時代の優先度や、自然が現在と少なくとも近い将来に人間におよぼす条件付けからみると、とりわけ、『精神』よりも自然を、生物学的レベルよりも物理学的レベルを、社会経済的レベルよりも生物学的レベルを重視する」[3]。完全な支配と同じように、完全な自由は、自分たちは自然界の変動に左右されないとする特権集団の空想に過ぎなかった。しかし、物が溢れ、きれいな空気と水に恵まれ、気候パターンを予測でき、人間の生活を便利にする自然のシステムのおかげで、ある程度の自由は仮定できた。結局のところ、自然決定論は厳しい。私たちは皆必ずものを食べ、死を迎えなければならないが、地球は永遠に人間の生活を支えつづける状態にはないだろう。ところが、豊かな自然は多様な選択肢を用意する。人間は食べなければならないが、だからといってフォアグラを食べるわけではない。人間は必ず死を迎えるが、バンジージャンプをして死ぬわけではない。人間は社会的動物だが、乱交するわけではない。社会が豊かになると、どのように権力を分配するかに関して、政治的領域では多様な選択肢が生まれる。

私が本書を執筆した際、この条件付き自由、つまり、自然環境と人間の身体に制限されるが、最終的には自然だけが決定する自由を目標に掲げていた。自然と人間の関係について現実的な概念を持っていれば、個別性に注目する理想を育みながら、弱者を気にかけるような政治制度をさらに工夫することができるかもしれない。私は本書で、条件付き自由を擁護する政治思想へと自然を戻そうとした。これは適度に豊かで、社会的・政治的正義、知的貢献、美的創造へ導く自由である。

私は今それほど楽観的ではない。人間の環境破壊はひどく、京都議定書の批准の失敗は悲惨であり、本書の刊行からほんの数年しかたっていないのに、選択の幅はおそろしく狭まった。かつての環境を維持できていれば、全世界がつつましやかな自由を享受できたかもしれないが、もうそのような環境を取り戻せそうにない。本書で分析した一九世紀の政治理論は現在とは非常に異なった地球をもとに公式化された。一九世紀の地球は、いまよりも人口が少なく動植物の数が多く、人間のせいで急激な変化を起こしていない複雑な自然体系に覆われていた。一九世紀の人口は現在の六分の一に過ぎず（ティンパナーロが活躍した一九七〇年でも、人口は今日の三分の二以下だった）、マルサスの恐ろしい予想を鵜呑みにしない限り、将来は、ほとんどの人がそれなりに豊かに暮らし、創造的生活に必要な条件も整っていると考えることができた。今日、地球のさまざまな地域で、人口増加のせいで、十分な飲料水を確保するという日常的な作業ですら困難になっている。工業毒は健康をむしばむ。地球温暖化によって気候パターンは大きく崩れ、飢餓、洪水、火災が生じている。環境は今後ますます悪化し、権力関係への影響も大きくなるだろう。水と土地の支配を求める争いが最優先されるようになるだろう。日本と米国に暮らす私たちは、多くが現在でもかなり広い政治的な選択肢を持っているが、それもつかの間のことであろう。ティンパナーロが本を執筆していたころよりも、自然環境が私たちの中期的決定に与える影響力は強くなった。今日では彼が提唱した条件付き自由にさらにたくさんの条件が付き、とびきり限定的な自由になったように思える。

だが、一九世紀と二〇世紀初期における日本の自然観が変遷していくのを本書で考察したのには、少なくとも三つの切実な理由があった。第一の理由は、知的能力を働かせる喜びであり、世界を理解したいという、生物学的欲求でもあるが文化的に洗練された欲求である。こういう快楽論は功利主義説で正当化する必要もなければ、もっともらしい楽観主義に原因を求める必要もない。効能の見込みがなくても喜びを選択するものだ。確かに、この悲観的快楽論は、控えめな自由の残骸といえるが、重要でないわけではない。悲惨な真実でさえも理解することはある種の喜びとなる。

第二に実用的な理由がある。過去を理解すると、つまり日本が近代化するにつれて特定の自然観とともに現れた特定の政治思想を理解すると、日本だけではなく、今日のあらゆる近代国家が立っている窮地がわかりやすくなる。本書の論点は、自然の理解が政治的可能性に大きな影響を与えるということにある。現在のグローバルな環境悪化を変えることはできないが、自然観と権力観の関係を把握していれば、環境悪化の弊害をより公平に分かち合い、より大きな正義のために、あきらめなければならない自由も理解しやすくなる（ただし、私たちにその気があればだが）。環境の悪化によって、私たちの美的、経済的、政治的選択肢は制限されたり、まったく選択肢がなくなってしまうだろう。水没する国や耕地が不毛になる国も出てくるだろう。その土地の種や多様性が失われるにつれて、私たちが感ずる喜びも少なくなっていくだろう。ますます多くの人が、疾病、飢餓、絶望に満ちた人生しか経験しなくなるだろう。だがこのような変化を堪え忍ぶだけではなく、新しいやり方で自然と政治を再調整しようと考えるべきである。換言すれば、私たちにまだ残っている、限られてはいるものの非常に貴重な自由は、今日と将来にわたって直面する苦痛の分配の仕方なのである。そのような行動が功を奏するには、過去の自然と政治の結びつきを理解しなければならない。

自然が政治思想に及ぼした影響について、楽しみと実用性に関連した第三の理由は、推論である。近代において、自然に関するさまざまな思想が生まれ、種々の国家権力の形が正当化された。だが、どの近代国家も貪欲に自然を利用した。一九〇五年以降の日本はイデオロギー的に国家的自然を奉じ、西洋の一部の国はイデオロギー的に自然を拒絶したが、いずれでも大気汚染が起きた。そうすると、第三の近代化の道があったのではないかという疑問がわいてくる。その道をとっていれば、天然資源を浪費することなく、政治的自由を行使できる自然の場を保持できたかもしれない。私たちは貪欲を強制され自滅を強いられたのだろうか。それとも近代の経済活動とテクノロジーの発達のおかげで享受できるほんの少しの豊かさでがまんし、そこそこの自由を維持できただろうか。増え続ける消費者の選択肢や人口増加に直接かかわりのない自由の概念を明示することはある意味無駄骨でむずかしいかもしれないが、歴史を紐解くと多様な考え方が存在する。そこには別の道を示唆する田中正造の思想も含まれている。過去に選択しなかった道を推論すれば、現在の危機に対処できる考え方を見つけられるかもしれない。しかし、こうした喜び、実用性、歴史に基づく推論だけ見て、現在の問題から目を逸らしてはいけない。私たちは、自分のおそろしい窮地を理解し、まだ残っている自由を把握し、それをうまく使うことで、可能な限りこの状況を改善しなければならない。グローバルな努力に対し本書が役にたてば幸いである。

本書の翻訳を引き受けてくださった杉田米行先生に心より感謝申し上げます。学術出版事情が厳しいなか、本書の刊行を快諾してくれた法政大学出版局、このプロジェクトを最初から支援してくださった同編集部の平川俊彦さん、緻密な編集作業で原著の間違いも多数ご指摘くださった奥田のぞみさんにこの場を借りて厚く御礼申し上げます。

註

（1）ティンパナーロは、「社会的なもの」が生物学に介在しているからといって、「生物学的なもの」には意味がなく、すべて「社会的なもの」に還元されるということにはならないと主張する。Sebastiano Timpanaro, *On Materialism*, translated by Lawrence Garner (London: New Left Books and Verso Edition, 1980), p. 45.

（2）*Ibid.*, pp. 61–62.

（3）*Ibid.*, p. 34.

謝辞

本書執筆にあたって、予想以上に楽しむことができ、幸運に恵まれ、支援を賜ることができた。ウィットに富むアラン・トーマスには感謝の言葉もない。アランは本書がすばらしいものに違いないと確信し、私を励ましてくれただけではなく、批評もしてくれた。プリンストン大学、オックスフォード大学、シカゴ大学の先生方をはじめ、多くの人が自然と近代の問題に関して刺激的な示唆を提供し、参考文献を紹介し、考え方を提供してくださった。本書の草稿全部もしくは一部を読んでくださった方もいた。講演に招いてくださったので、持論（荒削りの議論を含む）を披露することができた。また、自然や近代に的を絞った会議での討論からも多くのことを学んだ。その中でも以下の三つが最も重要である。①一九九三年にバンフで開催された、パメラ・アスキスとアーン・カランドが責任者の「日本の自然における文化」に関する日本人類学ワークショップ、②一九九五年に開催された、シャロン・ミニチェロとジャーメイン・ホストンが責任者の「大正デモクラシー　二〇世紀日本の競合する近代」に関する北東アジア評議会会議、③一九九九年～二〇〇〇年にかけてベルリンのマックス・プランク科学史研究所で開催され、ロレイン・ダーストンとフェルナンド・ヴィダールが責任者の「自然の道徳的権威」に関する三部コロキアムである。これら三つの会議や他の機会に、友人や研究者仲間から貴重な精神的、知的助言を賜った。

名前を列挙すればきりがないが、少しあげると、ロバート・アダムズ、ルネ・アーチラ、アオヤギ・ヒロコ、アンドリュー・バーシェイ、ジェームズ・バーソロミュー、ゲイル・バーンスタイン、ディペッシュ・チャクラバーティ、マーティン・コルカット、ジーン&ビル・クロッカー、ジョー・カッター、ケヴィン・ドーク、ウェンディ・ドニジャー、ショーン・ギルスドーフ、ファーティ・ファン、ノーマ・フィールド、マイケル・ガイヤー、ハリー・ハルトゥーニアン、ジェニファー・ヘンドリックス、ピーター・ヘンドリックス、五十嵐暁郎、マリウス・ジャンセン、ジェームズ・マクマレン、ピケンズ・ミラー、テツオ・ナジタ、ラリー・ノーマン、ジェームズ・オブライエン、大島真理夫、ブライアン・パウエル、ロバート・リチャーズ、ドナルド・ローデン、アーウィン・シャイナー、ウィリアム・シブリー、ミリアム・シルヴァーバーグ、ジュリア・スターン、スタンレー・シュバ、タナカ・ミカエ、テー・テン・シン、ジョン・ホイッティア・トリート、ルク・ヴァン・オート、ジム・ヴェスタル、ステファン・ヴラストス、アン・ウォルソール、アン・ワズオ、ジョージ・ウィルソン。幸運ということに関していえば、カリフォルニア大学出版会のジム・クラーク、シーラ・リヴァイン、メアリー・シヴィアランスや他のスタッフの方と一緒にとても楽しく仕事ができ、内容も改善することができた。マーティン・ホワイトには索引の作成でお世話になった。これらの人々やここに記せなかったが、本書を仕上げるまでの長い過程でお世話になった大勢の方々に御礼申し上げたい。

本書を書きあげるために、以下のようなご支援を賜った。①文部省助成金、②米国社会科学研究評議会と日本学術振興会の特別研究員、③ウィスコンシン大学人文科学協会での研究（一セメスター）、④米国社会科学研究評議会・米国学術団体評議会の合同日本研究委員会の上級研究グラント、⑤ウィスコンシン大学マディソン校大学院の夏季研究グラント、⑥北東アジア評議会米国（国内）研究旅費グラント。私が

「フォールズ山人文科学隠遁所」と呼んでいる、すばらしい場を提供してくれる活気に満ちたドニー・シフレット（筆者の親戚）にも感謝申し上げたい。

第八章の一部はシャロン・A・ミニチェロ編 *Japan's Competing Modernities*（『日本の競合する近代』）に所収されており、ハワイ大学出版会の好意により、本書に収録した。

目次

まえがき

本書を構想するきっかけは東京の地下鉄だった。一九八七年春、千代田線の車内には花のポスターが貼られていた。当時、私は毎日千代田線を利用していたので、満員電車に揺られながら、なんとなくその花をみつめ、説明書きを読んでいた。そのせいか、ツツジに関しては博学になった。ある日のこと、ふと、どうして日本では「自然を愛する心」が日常のテーマになるのだろうかと思った。このような「自然を愛する心」は、通勤電車の中だけではなく、さまざまな場所で見かける。「自然」とは本当のところ、どのような意味を持っているのだろうか。なぜ、「自然」と国家のアイデンティティが結びつけられたのだろうか。国民の「自然を愛する心」とは、本当に単純で無害なものなのだろうか。

本書はこのような疑問に、歴史的観点から答えようとしたものである。結論を先取りすると、「自然」はそれほど単純ではない。一九世紀と二〇世紀の日本における自然観の研究は、すなわち政治の近代化の研究を意味する。自然と近代化がこれほど緊密に結びつけられるのは、近代化が自然のアンチテーゼと見なされることがよくあるからだ。つまり、近代化とは自然の克服であり、解放された主体性であり、自然環境を技術で管理することだと考えられていたのである。優れた研究者だった丸山眞男など、二〇世紀の日本の政治理論家たちは、政治イデオロギーにおける自然を、右翼とまではいかないまでも、つねに伝統的・保守的な規範の指標だと考えてきた。このように近代化と自然を二分したため、日本人はそのどちらかを選ばざるを得なかった。「西洋」と結びつき、自然と前近代的な政治形態を克服して国家建設を進めるか、あるいは、自然に根をおろし、前近代的、すなわち伝統的で「東洋的」で審美的な社会や政治の型にはまったまま抜け出せない状態でいるかの選択を迫られたのである。

しかし、日本で影響力のある内外の資料や文献を読み始めると、この説得力のある二分法もどうも正しくないように思われてくる。資料を読みこなしてわかったのだが、近代化と対立するひとつの自然があるのではなく、いくつもの自然が、専制、民主主義、無政府主義など多様な政治形態と合体していた。たしかに、反体制派が唱える突飛な自然を別にしても、本書が対象とする一世紀の間に、日本の主な自然の概念は、三回大きな転換を経験している。つまり、徳川時代の普遍的で階層的な概念から、生存競争と不可避の進化という社会ダーウィニズム的な概念を経て、独特の調和を称える自然な独立国家に行き着いた。換言すれば、自然の概念は場所としての自然から、時間としての自然を経て、日本人の意識そのものへと変転していったのである。このような転換を経験したことで、戦中戦後を通して、日本人の「自然を愛する心」についてうんざりするほど言及されたが、危険なほど（もしくは不合理なほど）伝統に基づく国体を示すわけではなかった。それよりも、日本の政治思想家や官僚が、人間と環境に関する再公式化した自然概念を基に、新しい近代国家アイデンティティを作り上げたということを意味していた。つまり、日本は近代化を成しとげると同時に自国の政治的価値は自然であると宣言し、近代化と自然を一挙に手中におさめたのである。

こうして日本独特の歴史が明らかになったので、一般的な政治的近代化という問題を再検討してみた。まず、どうして英語では「自然」を nature と単数形で表し、natures にはならないのだろうか。どうして政治理論研究において自然概念の政治性がほとんど無視されてきたのだろうか。ヘーゲルからウェーバー、丸山眞男にいたるまで、多くの理論家は普遍的で均質な現象として近代化を理解していたので、無意識のうちに、単数の自然を近代化の起源もしくはアンチテーゼととらえていたのかもしれない。自然を抑圧するという考えは近代化を安定させた。その「西洋」の社会科学パラダイムはヨーロッパだけではなく、世界中で採用された。このようにして、単数形の自然が近代の発展を支える活力ある基盤となったのだが、その基盤そのものが分析されることはほとんどなかった。むしろ、東洋と西洋、自然と文化という二元論が定着した。しかし、自然にそなわる多くの政治的機能に概念の焦点を移してみると、普遍的な近代化という考え方は土台から崩れることになろう。つまり、自然に複数の概念があるとすれば、近代化にも複数の形態があることになると気がついたのである。

東京の地下鉄でツツジのポスターを見てからというもの、私の思いはどんどん膨らみ、近代化の基礎と日本の位置を再検討するという大きな課題となった。だから本書はポストモダン、ポストコロニアルにかかわる他の研究者の成果と同様、「東洋」と「西洋」を位置づけなおす試みである。この壮大な計画に私が少しでも役立てたとしたら、自然をもっと深くとらえようと示唆したことだろう。

第一章　序論——自然にともなう問題

「自然のおかげで俺の人生めちゃくちゃさ」——こう歌うブルースの大家ハウリン・ウルフの気持ちはよくわかる。[1] まったく罪がないというわけではないが、避けられずに「自然」（この歌の場合はとてつもない自然）に捕まってしまったら、たしかにこのブルースを歌うだろう。人は本能的に自然のパワーに尊敬の念を抱くものの、正確に定義づけようとはしない。自然は、ハウリン・ウルフのようにある人の気性を指すこともあれば、人間性全般を指すこともある。また物質性、つまり外の現実の世界を示すこともあれば、環境、つまり普段自分のいる状況（人間性や自然環境だけではなく社会的環境をも含む）の特質を表す場合もある。[2] たしかに、「自然」にはたくさんの意味があり、定義づけることはとてもむずかしい。ジョン・スチュアート・ミル、アーサー・ラヴジョイ、レイモンド・ウィリアムズといったまったく異なる分野の批評家たちも、自然の概念を正確に分析できないとさじを投げてしまったほどだ。[3]

しかし、恒久的で哲学的な意味ではなく、特定の歴史的瞬間の言葉としてならば、とても正確に自然を定義できると力説したい。[4] ある特定の時期の記録に現れるニュアンスに焦点を絞り、自然とはどういうものか、逆に、どのようなものが自然とは見なされないのかを問えば、徐々に自然の概念の特質を描写できるようになる。この作業は単に言語学上の再構築ではない。特定の場面において自然がどのような意味を持つかを理解することは、概念が社会的に構築され、時間の経過とともに変化していく様子を観察するよりも中身がある。さらに重要なのは、自然の概念は人間の境遇についてのはっきりした見通しやわれわれの自由の状況を裏切ることである。たとえ自然をどのように定義づけようとも、つねに運命づけられた所与の要素があり、われわれが方針を変えねばならない余地が大いにある。換言すれば、自分自身や、状況、出来事のうちで変えたいと望むことを自然の理解に託すのである。ここに自然の概念の力がある。ハウリン・ウルフが気づいたように、自然は人生をめちゃくちゃにすることもあれば、人間の自由の基盤にもなり得る。

このように考えると、自然は強力な政治的・イデオロギー的概念として必然的に機能する。国家のために自然を定義できる人が、根本のレベルで国家の政体を決定する。そうして、その政体に釣り合った（もしくは不釣合いな）個人の自由が規定される[5]。国家にとって自然とは、集団および個人の可能性を反映している。たとえば、辺境やエデンの園への挑戦[6]、無尽蔵の天然資源や美しい景観とか危機に瀕した環境、恒久的な儒教ヒエラルキーや進化し続けるダーウィン的社会や有機的な家族国家が含まれる。自然をこのように理解することを前提として、一九世紀初期から二〇世紀初期にかけて交わされた日本の国家イデオロギーに関する主要な論争を再検討する。当時の日本は、大名が支配する比較的隔離された半封建世界(semi-feudal world) から、産業化し植民地を持つ帝国に変化を遂げている。

本書の論点は、この重要な時期に、日本の知識層や政治家といった指導者たちが、繰り返し、意識的に自然の概念を再構築していったことにある。首脳部は、自身の政治的社会的支配を維持しながら、国際社会の圧力から国家を守るために、政府・軍部・経済の改革に乗り出した。しかし、劇的な改革と寡頭制支配の継続という二つの目的は、進歩的な側面と保守的な側面を兼ねそなえていたので、もともと矛盾していた。その結果、イデオロギーを安定させる必要が生じ、一九世紀から二〇世紀初頭にかけ、政治思想家は政策に議論の余地のない正当性を求めるようになった。こうして、自然こそが彼らの求めていた正当性を与えるかと思われた。しかし、特に明治期（一八六八〜一九一二年）には、自然から得られる政治的教訓に関して明確な合意はなかった。さまざまな系統の自由民権論者たちは、迅速な民主化、個人の自由、地方分権、その他中央集権に反対する政策に正当性を与えるような自然の形式を提起した。換言すれば、彼らにとって自然は政治と無関係の審美的・科学的概念ではなく、国の政治を大きく変えかねない論議の的となったのである。

要するに、政治用語における自然は、日本が真の政治形態になるために研究しなければならない対象から現実になったというところに私の論点がある。自然のこの概念の転換は革新的だ。旧来のものを復古する運動ではなく、近代との対決を明確にしている。つまり、守りではなく攻めの姿勢を表すのである。多くの識者はこの時期の自然の概念を日本の伝統の遺物とか「連続的思惟」と考えていたが[7]、自然とはそうではなく、後述するように、変転するものであり、近代の政治的可能性が模索されるなかで生まれようとするものである。自然と政治のかかわりで決定的に重大なのは、特定の政策決定をめぐる政治や政府の構造ではなく、より大きな「ヴィジョンの政治」である[8]。「ヴィジョンの政治」とは、個人と共同体、その両者をとりまく環境を規定する意味と権力を深いところで決める政治のことである。

本書の課題は、幕末から明治・大正期（一九一二〜二六年）に変化したイデオロギーの度合いと性質を明確にすることである。この頃の政治的可能性の基本要因は何だろうか。他にどんな主体（共同体と個人）の概念があり、どのような根拠を持っていたのか。歴史的にどのような道をたどれただろうか。日本独特の近代とのかかわりは、世界における近代の動きとどのように共鳴しあっているのか。

このアプローチには少なくとも二つの異論があろう。まず、自然は思想史とはあまり（もしくはまったく）関係がないと考えている人に誤解を与えてしまうかもしれない。特に、自然の概念は現在の環境問題への関心と結びつくので、動植物や非動生物界の関係におけるエコロジーの重要性という定義こそ、自然を歴史的に研究する際の論点にすべきだという主張もある。木や山、自然科学や人間による資源の利用が中心テーマでなければ、自然を対象とした研究とは言いがたいようだ。

このような定義しか認められないなら、本書はたしかに自然を対象とした研究とは言えない。しかし、環境保護主義は、二〇世紀後半に登場した狭い特定の問題を対象としている。環境保護自体、特定の歴史の産物であり、米国ではドナルド・オースターがその起源をたどったが[9]、欧米で昔はやった数ある自然の概念のひとつに過ぎない[10]。古代ギリシャにさかのぼり研究するクラレンス・グラッケンはそれを類型化し[11]、ロバート・ポーグ・ハリスンは『森の記憶――ヨーロッパ文明の影』で抒情的に明らかにした[12]。彼らが概念づけた自然は、循環する自然経済の物質的交換を重視しない。そうではなく、上記研究は、数世紀の間、自然がさまざまな専門領域で扱われ、時代に応じて農業、産業、医学、科学はもちろんのこと、宗教、哲学、政治学、芸術の特別領域だと考えられていたことを示している。

自然の解釈があっという間に変わることはよくある。哲学者スティーヴン・トゥールミンは、ヨーロッパにおける概念の変化の重要性を次のように簡潔に描写した。「一五九〇年には、懐疑論者は、人間が自然の中に普遍的規則性を発見できるかどうか、なお疑問をもっていた。一六四〇年までには、自然は回復できないほど衰退していた。しかし、一七〇〇年までには、『法則に支配された』安定した宇宙像への転換は完了していたのだ[13]」。このように自然をとらえる二つの見方は、二〇世紀中盤に台頭してきた環境やエコロジー的な関心とは異なっていた。たしかに、一九世紀ですら、自然は神が創造した価値の領域、もしくは科学的理性を磨き上げる体系的で無尽蔵の秩序という、現在のわれわれの目から見れば奇妙な考えがまかりとおっていた[14]。自然とは有限で複雑なものだという現在の概念は、伝統的な概念とは非常に異なっている。今日の自然の概念は、ポストモダニズムの文化的軌跡をそっくりたどり、歩を進めている[15]。要するに、歴史を振り返ると、「自然」と「環境」に因果関係はない。もちろん、日本の環境史を書くことは可能だが、それは本書の関心事ではない[16]。

　本書のテーマは、日本の政治において、自然という用語がどのような意味を持ってきたかということである。明治・大正の知識人にとっては自然の科学的・生態学的な重要性よりも、社会的な重要性（人間社会の権力関係における規範）の方が大きな問題だった。自然の概念には資源の利用だけではなく、生産様式、所有、消費（それゆえに今日われわれが「環境」と呼んでいるもの）など派生する問題はあるが、とらえ方が大きく変わったのは政治構造、個人の社会的位置づけ、社会の変化のスピードによっていた。第八章で示すように、一八八〇年代から始まった渡良瀬川の足尾銅山の開発によって自然が荒廃し、世紀転換期以降神社が統合され生物をとりまく環境が崩壊しても、日本では生態学的なつながりは自然の中心的な定義とはならなかった。

　もし明治・大正期の知識人が今日のように「環境保護」を中心事項として取り上げていたならば、政治的な重要性は随分異なっていただろう。もちろん、そのようなアプローチをとる可能性はきわめて低く、不適切でもあった。歴史的文献をみても、そこに浮かび上がる「自然」は現代とは異なっており、われわれからすれば、認めがたいものである。だから、創造力と知識を駆使して過去に飛び込まねばならない。そうすれば差異の宝庫として現在に応用できる歴史が蘇り、歴史から政治的資源を得ることができる。つまり、今日の自然の定義を用いるのではなく、日本人思想家の自然の用い方が必然性と自由に関する思想を形成していった方法を探りたい。すると、今日注目を浴びている環境問題を通じて、われわれの将来にとって今、何が必要なのかを再検討することもできる。(17)自然をこのような研究の柱にすえると、概念が頻繁に変化するため、ひとつの歴史叙述にまとめて分析の道具として利用できないという異議もよく聞かれる。こういった批判には、意味の不変性と概念カテゴリーの連続性を頑なまでに重視する姿勢がある。しかし、史料を読んでみると、事実は逆である。説得力のある思想を探るには、変幻自在な怪物、つまり安定した安らぎを与えない、形が変わる霊のようなものと格闘しなければならない。日本の政治言説における「自然」は、まさにその怪物なのである。

この時期は、言葉自体も「天理」「天然」「天賦」「天地」「宇宙」「万物」と変化していき、一八九〇年代にようやく「自然」に落ちついた。(18)どの単語も、重要性や意味が少しずつ異なる。「自然《しぜん》」が、特に「じねん」と発音されていた初期は、「怠惰」や「無目的」という意味で用いられ、後にようやく「自発性」が強調されるようになった。(19)さらに、幅広い範疇で自然という言葉が使われるようになると意味も変化する。たとえば、明治期にナチュラリズムは文学では「自然主義」、法学では「自然法もしくは自然法則」だったが、科学では「自然科学」と変化した。換言すれば、「自然」は、実は一貫性のない分野なのである。専門領域と時代が変わると内容も異なる。なかでも、自然という用語、重要性、他の概念との関係、物質界、精神界、社交界との関係の変化が政治思想に関わっていることは興味深い。

概念が揺れ動くのは概念として無効であるという考え方（換言すれば、時間を経たにもかかわらず、幅広い分野において一貫した核となる意味がなければ、何の意味もないという考え方）は正史や哲学でよく耳にする異論である。しかし、この問題に関する研究蓄積は多い。[20]たとえば、W・B・ガリーは特有な非連続性の瞬間として現れる出来事の理解と取り組んでいる。[21]ヘイデン・ホワイトは時をかけて意味をもたせる叙述の人為的な力を検討している。また、リチャード・ローティは、思考の可能性を構成するのは、言葉で表現できるような独自に存在する秩序というよりは、むしろ隠喩の力だと主張する。[22]その他の研究もたくさんある。ピーター・ノヴィックは、歴史研究における絶対的客観性を皮肉を込めて「あの高貴な夢」と命名した。一七世紀以来哲学者はデカルト派が言う「確実性の追求」をしてきた。このような考え方に固執する人は、意味の創造に加わるという重荷を負いたくないと考えている。

本書は、歴史においてどのように意味が創造されるのかという問題を直接扱うわけではないが、物事の意味づけは不変ではなく、共同体の希望、望み、関心によって変化するという立場をとっている。歴史家の任務は現在と過去の共同体の橋わたしをすることである。つまり、普遍の真理を見つけ出すのではなく、アイザィア・バーリンの言葉を借りるならば、「特定のテーマで、ある時期の、特定の社会において得られる」最も正確な解釈に到達することである。[23]しかし、それ以上に、特に自然のように比較的注目されず、検討も加えられなかった思想の不変性と普遍性を信じきってきたからこそ、そのような概念はイデオロギー的な力を持っているのだ。われわれは政治資料等を用いて自然がどのような意味を持つのか検討などしない。周知のことだと思っているからだ。だから、その前提にのっとって将来の可能性を考えるやり方を由とする。

自然の意味は変わらないと無批判に受け入れられているが、自然と日本の関係でいえば、特定の形態をなしている。日本人が自然に関心を示すのは、いわゆる自然好きだからと称賛して考えられることが多く、農耕が始まる前からの特質であると論じられている。[24] 換言すれば、自然を愛することはずっと日本人の特質であり続けてきた。日本でちょっとでも自然の話を出せば、四季折々の詩、盆栽、寺院の庭などの話で盛り上がる。[25] こうした文化の形で示された自然への「愛」を所与だとすると、日本人と自然の関係はきわめて重要で不変の事実であると再確認するほかないのだろうか。

日本人は自然を愛すると断定すると、日本は自然環境を大切に保護しているとか、ひいては歴史家テッサ・モーリス゠スズキが「エコ・ナショナリズム」と名づけたように哀愁を帯びた宣言になりやすい。[26] この見解によると、日本における環境破壊は「外部の異質な文化や経済の影響の産物」である。[27] この立場は、本書が提案する自然研究への二大反対意見がうまく組み合わさっている。「自然」とは「環境」を意味しなければならないという主張（第一の反対意見）、および「自然」が歴史研究の対象となるには一貫した定義をもたなければならないという主張（第二の反対意見）は、日本に関する議論で重なりあいながらも、自然の概念を真に探求することを歪める。自然の概念に政治的権威があったことを証明し、日本人の自然への変わらぬ愛情と、それを作り出す歴史的過程といった、一見穏健なステレオタイプの裏側に潜む権力を明らかにするのが私のつとめである。年を追うごとに大都会東京の夏は暑くなり、最後の自然河川にはダムができ、港が埋め立てられる時、[28]「日本」「愛」「自然」という言葉はどのような意味を持つのだろうか。このような自負心はいつ作られ、何を重要ととらえているのか。どうして国民性を表すのにこの特定の比喩が頻繁に繰り返されるのか。本書はこのステレオタイプを矛盾ととらえ、そこに結論を見出すというよりは、むしろそこから研究を始めるのである。

正当化

本書は環境政策や環境史、風景画や庭園の美しさに関する研究ではない。また、自然科学、天然資源を利用するための技術、都市—農村関係を分析したものでもなく、自然の精神的つながりにもほとんど言及していない。それでも本書の中心テーマは自然である。このような誤解を招く恐れがあるにもかかわらず、本書では三つの理由により、近代日本の政治的イデオロギーを研究するにあたって自然は重要だととらえた。重要性の低いものからその理由を順にあげると、①政治の理念を主張する文献によく自然の概念化が見受けられること。②当該時期の日本における政治的・イデオロギー的な緊張関係を分析するため、適切な「領域化されていない」用語をみつける必要があること。③近代化と自然との関係を理解し、世界的に近代化が広まったなかで日本（および他の非西洋国家）を位置づけることである。だから本書では、自然の思想に注意を払い政治的イデオロギーを吟味することに関心を向けさせるだけではなく、自然の概念を無視すると必ず被る損失を伝えたい。

文献に頻出

第一の理由は端的である。「自然」は文献を読んで私が考案した概念ではない。国家建設に関連する江戸、明治、大正期の文献を見ると、自然への言及、そして政治秩序にとって自然が持つ意味に関連する議論であふれている。だが、当時の研究者たちはそれに気づかなかった。というのも、自然が権力という用語の一部となったり、まじめな研究の分析対象になったりするとは考えられてこなかったからだ。女性、労働、環境といった要素がかつて歴史的重要性をもたなかったように、自然の概念は装飾に過ぎず、よく言えば美辞麗句、悪く言えばナンセンスであり、学問の対象としてふさわしくなかった。しかし、権力闘争に無関係だとして他のカテゴリーと同様に無視していたものにいったん目を向けると、自然という言葉があふれていることに驚く。普通の政治の情報源で、自然という語はよく用いられているのだ。たとえば、新聞、雑誌、書物における公の議論、政党を立ち上げる際の関連文書、経済と宗教に関する政府発表、文部省が編纂した教科書などはすべて自然に言及している。

参考文献に関して言えば、本書は非常に保守的で、未刊行の資料には依拠しなかった。そうでなければ、自然は本来扱いたい政治思想の中心的カテゴリーというよりも、隠れている資料を吟味してはじめて妥当な理論カテゴリーになりそうだったからだ。したがって、本書は新しい理論的見解に立ち、従来の研究を再検討する。つまり、日本の知識人自身の概念の世界に焦点を絞る。国家イデオロギーの中枢に関する論争では、自然が中心的な役割を果たしていたという認識は、その論争の参加者にとっての自然の重要性と、究極的には政治を構想する自然の影響を再認識することの意義を問う第一歩となる。

政治用語と歴史的叙述

自然の概念に焦点を合わせる第二の理由は、日本国内のイデオロギー的な緊張を理解する上で役立つ語だからである。西洋理論の概念が重用されていたので、このような日本のイデオロギー的緊張を分析する適当な言葉を見つけることはむずかしかった。明治・大正期の政治思想の研究では、「自由主義」、「民主主義」、「革命」といった用語を多用しているが、これらは西洋の政治思想について語ることができるよう、明治期に急いで漢字を新しく組み合わせた造語である。この翻訳過程を綿密に注意深く調べれば、これらの用語が果たした役割をよりはっきりと理解することはできるが、それでもぎこちなさは残る[29]。読者は日本語とそうでないものの相違、つまり翻訳可能なものと同一尺度で測れないものの違いを感じることが多い。

さらに問題なのは、日本とはまったく無関係の文脈で、何世紀にもわたってずっと複雑な論争が続いている翻訳語があることである[30]。日本史を英語で書くとき、よく使われる用語を、欧米の文脈で変化に富む歴史からみて解きほぐさなければ、比較分析の可能性を台無しにしてしまう。しかし、その作業に没頭してしまうと、分析の重点は日本以外となり、そのような用語の本当の意味は外国に起源があると強調するだけになってしまう。換言すれば、日本でよく使われる政治用語には、遠く離れた場所での論争の影響、つまり外国で育まれた顕著な特色が含まれているのである。

よく使われる政治用語の領域は、明治・大正の文脈で考慮すると、各々の単語レベルを超えている。各用語は定義が複雑なだけではなく叙述全体を担っている。たとえば、「民主主義」と「自由主義」という用語は、産業化や都市化、通常の経済発展に伴い政治が開放される過程について、近代化の楽観主義を少々もっていることがうかがえる。明治期の自由民権運動や「大正デモクラシー」に関する議論でこのような用語を使えば、西洋の進歩を後追いするような筋書きで、日本の経済成長とか憲政の話になるのが普通だ。だが、このような筋書きでは、進歩を中断させてしまった、一九三〇年代・四〇年代の好戦的な軍国主義の台頭を説明することができない[31]。

同様に、「革命」という用語は、継続的な階級闘争や不当な権力関係に打ち勝つという独自の筋書きをつくりだす。日本は現在、自由主義的発展のどの段階にいるのかという問いは、日本だけではなく外国のマルクス主義者や社会主義者にとって重要であり、特に、一八六八年の明治維新が未完のブルジョワ革命だったのか否かにこだわった。[32]ブルジョワジーが権力を掌握できなかったから、一九三〇年代に軍国主義が台頭してしまったと説明できるかもしれない。だが、一九二五年までに憲法、政党ができ、男子普通選挙制度が施行され、中間層を中心とした民主的産業国家として明治・大正期の日本が発展していったことは、マルクス主義理論ではうまく説明できない。前述の近代化論のように、革命の用語も世直しを提起する。日本では、このような世直しの歴史が、西ヨーロッパや米国の経験や希望を基盤にした展望につながった。

他方、明治・大正期の経験を西洋の用語に訳せないと考える人は、比較研究を排除している。日本は明確で、具体的で、特殊な経験を持った国であるだけではなく、非常に例外的な国として台頭してきたので、比較分析には不向きだとされた。このアプローチをとると、伝統は、マイケル・オークショットの言葉を借用すれば「可能性の地平」ではなく、はかりしれない差異しかもたらさないのである。日本人論より普遍的な「儒教的」価値や「アジア的」価値が東アジアにおける戦後経済発展を裏付けてきたと言われるが、このような分析はグローバル史とは無関係に構造を決定づけている。[33]

日本政治思想にはこのように三つの主要なアプローチがあるが、西洋の文脈で発展してきた用語には普遍主義が潜んでいるというよくある主張と、そのような概念は日本にはそぐわないという国粋主義的な例外主義の主張があり、むずかしい問題となっている。こうした古いタイプの研究では、日本は、後進国とか挫折したブルジョワ民主主義国という変わった姿で西洋の発展を再現するはず、もしくは独特な国家なので比較分析できないと考えられている。

本書は分析のキーワードとして「自然」を掲げ、従来の学問体系を打ち破り、相対的だけれども文化的特殊性にも敏感な言葉を提示している。今日、「自然」という用語にはほとんどイデオロギー色がないので、このような手法が可能になる。もちろん、この用語にイデオロギー色がなく、政治的に中立というところこそ、日本の内外でイデオロギー的に重要なのである。本書では、自然という用語の伝統的な使い方に固執しているわけではないので、少なくともしばらくは議論の方向を転換することが可能である。

さらに、自然という用語には、本書で対象とする時期、特に社会ダーウィニズムの絶頂期には、そもそも物語的な目的論が含まれていたが、今日ではそのようなことはなく、自然はこれまでとは毛色の異なる単語になっている。たとえば、「自然」に言及しても、「革命」のように封建的な矛盾を乗り越えていくといった、お決まりの政治的な筋書きがあるわけではない。だからこそ、自然を使えば、近代化漸進主義の語りやマルクス主義の革命論、日本文化の例外主義とは一線を画した日本の歴史に関して議論できる。もちろん、昔から使っている政治用語をすべて捨てることなどできない。またそうしようとも思わない。明治・大正期の議論やそれ以降の歴史研究では、こうした政治用語を使っているからだ。しかし、これらの用語を分析の中心から外すことはできる。ちょうどヴィクター・コシュマンが主体性に焦点を合わせて日本の戦後民主主義に関する英語の議論の方向性を変えたように(34)、自然の概念の研究と「自然」を表に出せば、日本政治思想史の既存の枠組みを揺さぶることが可能だ。また、いかにも人為的ものさしに合わせて日本を測るという失敗をせずに、日本で何が起こったのかともう一度問うこともできる。さらに、個人には批判する自由があまりなかったのに、どうして政治、経済、国際関係、社会構造、言語、教育、技術は劇的に変化できたのか、旧秩序が崩壊したにもかかわらず、なぜ連続性を主張するのかともう一度問うことができる。自然というこれまでとは異なった分析用語を使えば、しがらみのある用語や叙述から一歩離れられるのである。

近代を意識しない自然

自然の概念に焦点を絞る第三の理由は、日本語文献や日本の史学史とは関係なく、世界の近代化という より大きな問題、非西洋世界の位置づけである。この研究を始めたころ、自然化した政治は近代のアンチテーゼになるだろうと想定していた[35]。政治イデオロギーにおける自然とは、自由を抑圧し、伝統を盲目的に受け継ぎ、「東洋」を表すことが多かった。有機的社会秩序、社会ダーウィニズム、社会生物学、人種、ジェンダーなど何らかの自然の形に言及して、社会の権力構造を正当化したり、個人の自由を制限しようとする人々は、危険で、有害ともとれるような擬古主義に陥っているように思われた。

当初このような疑問をいだきながら、私は日本で最も影響力の大きな政治学者である丸山眞男（一九一四〜九六年）の研究を始めた[36]。丸山は長年、日本が自然の政治的権威に依存していることを強く非難してきた。そのような政治体制では自律した政治主体が確立しないし、個人が確立されなければ国家権力に疑念を持つことはないと丸山は主張した。日本の政治思想にとりついた自然観が、丸山がぼんやりとあこがれていた近代をいびつにしていた。丸山の説は非常に影響力が大きく、日本だけでなく欧州でも広く知られた近代認識だったので、ここで簡単に検討することは意義がある。

丸山は一九四一年に書いた「近世日本政治思想における『自然』と『作為』」の中で自然を執拗に非難している[37]。この論文は江戸時代の政治思想を分析したものだが、戦時中に検閲されたにもかかわらず、丸山が仕える「ファシスト」体制の批判とも読み取ることができる[38]。江戸初期の政治哲学では、自然と作為という二つの概念が対立関係にあったと丸山が指摘しているように、朱子学は「自然」を[39]、荻生徂徠（一六六六〜一七二八年）とその弟子たちは「作為」を重用した[40]。両派とも徳川時代を支持し、不服従を戒めることを目的としていたが、理論的基盤が異なっていたため、将来大きく分かれていく可能性を秘めていた。

丸山の見解によれば、朱子学は封建的階層制で自然を手本として人権侵害を促進した。自然は将軍の権威を二重に創り出した。ひとつは「宇宙的秩序（天理）」といった宇宙レベルのイメージであり、その写しが「本然の性」という人間レベルのイメージなのである[41]。したがって、宇宙である幕府と人間の内なる魂とは表面的には異なるものの、同一の理（英語では「原理」と訳されることが多い）の相同の表明にほかならなかった。丸山が理解していたように、階層的・道徳的・政治的秩序は、正当化するために自然に依存して硬直してしまった。一切の批判は許容されず、この考え方は日本の近代的自由が死産する兆候だった。

朱子学に対抗して、丸山は当然、自然に背を向け、作為に関心を寄せた。丸山は次のように主張する。「社会関係が自然的な平衡性を失ひ」政局がますます不安定になると、「政治的無秩序を克服するためにも危機的状勢に於て登場するのは常に主体的人格の立場である[42]」。荻生徂徠と古学者の弟子たちは、中国のどこかで儀礼や音楽といった社会慣行、農業や織物といった経済活動を作為した聖人のようにふるまえばこの役割を果たすと考えた。つまり、聖人の作為が基準となり、それ以降の統治者の力量を判断したのだ[43]。主体的人格に関する徂徠の理論には、自由の将来が示唆されている。

朱子学者が擁護する「自然」と、徂徠が主張する「作為」の対立は寓話のような意味を帯びる。徂徠は非常に重大な失敗を犯す英雄の役まわりである。というのも、そもそも丸山は、徂徠が成功した際の想像図をまざまざと描いていたからである。「自然的秩序の論理の完全な克服には、自らの背後にはなんらの規範を前提とせずに逆に規範を作り出しこれにはじめて妥当性を付与する人格を思惟の出発点に置くよりほかにはない[44]」（強調はトーマスによる）。たしかに、徂徠は近代について叙述をしなければ、完全に自然を拒絶し、完璧に作為を受諾することで自律性を獲得したかもしれない。しかし、丸山は、徂徠が自然を完全に断ち切ることができなかったと考えていた。徂徠は「田園生活・自然経済・家族的主従関係等々[45]」に依存し、新しい制度を作る自律的統治者の権力を制限する。丸山は次のように落胆している。「徂徠学の体系は畢竟『作為』の論理によって『自然』を齎《もた》らさうといふ試圖に盡きよう[46]」。

丸山が徂徠に失望したとは皮肉なことだ。丸山は自然を拒絶し、作為を全面的に受け入れていたようにみえるが、実は彼自身、作為が歴史の産物だと受け入れず、重要なところで作為から遠ざかっていたし、純粋な作為を政治生活に持ち込んだため生じる不測の事態に楽観的ではなかった。この重要な点に関して、以下の一節に丸山のあいまいさがよく現れている。「吾々はさきに自然的秩序のイデーによる実定的秩序の基礎づけを以て当該秩序の勃興期乃至安定期に、主体的人格による基礎づけを以てその動揺期乃至『危機』に対応させて語った」（強調はトーマスによる）[47]。この図式にのっとると、丸山が希求していた近代は「動揺期乃至『危機』」の時期であり、主体的個人（作為の担い手）は転換期にほとんど役割を果たさなくなる。聖人同様、主体的個人は時代の最初に登場し、活躍するのだが、やがて安定し、ひとりで正当化された秩序の波間に消えていくのである。作為主体はとても自由なので、自律性を与えれば混沌となるだけだ。換言すれば、丸山が描く主体的個人とは、自然を作為する以外は何もできない[48]。

しかし、丸山が作為や近代そのものをどう考えていたにせよ、自然に立ち戻って安堵することは決してなかった。ドイツ人実証主義者で政治学者のハンス・ケルゼンの研究を発展させた丸山の自然対作為という二項対立的な対抗関係は、革命か黙従かという選択肢しかない厳格な「二者択一[49]」式に政治行動を押し込めてしまった。また、純粋な革命原理として自然が「具体的な社会秩序に抵抗する」場合もあるかもしれないと認めてはいるが、それは束の間のことであり、効力をもたないと考えている。結局、自然は「当該秩序の勃興期乃至安定期」を正当化するという保守的機能に結びついていると主張し、上述のような機会は重要視しなかった[50]。そもそも、自然と作為は交渉し続けると認めたり、個人、社会、国家は自然と作為が混じり合って発展しているという考えは忌み嫌われた。自然は家族国家共同体のような支配的な国家に心地よく吸収され、「自己を全的に事実的社会関係と合一せしめる事によって、それの永遠性を保証するイデオロギーとなる」(51)。つまり、二〇世紀半ばに大きな影響を与えた丸山の主張からすれば、日本政治は自然に言及して自らを正当化しているので、自然は必然的に反近代とか、どうしようもないほど伝統的、反自由だと定義される。これは自然につきまとう問題であった。

真の近代は自然の拒絶を条件に築かれると考えた大家は丸山に限らない。それどころか、特に二〇世紀初期から中期にかけて大部分の近代左翼・リベラル理論家は、政治思想において自然に重きをおくことに非常に懐疑的だった。彼らはそのような自然への依存は、自由意志に反する決定論的な自然の力、空想的なあいまいさ、伝統の重石と見なし、打倒すべきと考えていた。たとえば、マックス・ウェーバー、エミール・デュルケーム、ジョージ・ハーバート・ミードなどは、伝統の脱自然化が内省的な近代合理主義を発展させる重要要素だと考えた。このような理論的・史学史的伝統のおかげで、近代を擁護する大家ハンス・ブルーメンベルクが「自己主張」と呼んだ、個人の批判精神が台頭し、近代は定義づけられたのである(52)。

最も広く受け入れられた近代の必須条件である主体性のこの形態は、物理的環境の自然を支配するとともに、概念的な範疇の自然を抑圧してしまうように思える。政治理論家フレッド・ダルマイヤーが述べたように、「人間を自然と異なったものではなく、自然のアンチテーゼと見なす傾向がある」のが、デカルトからカント、カール・ヤスパースにかけての伝統だった(53)。ちょうど心が身体と切り離されるように、社会は人間や場所と切り離されている。その結果、一七世紀に登場した主体性という孤立した概念は、必然的に、自由という観念になったのである。神学者で哲学者のルイ・デュプレは(丸山と同調するように(54))次のように述べた。「これからの自由は自己選択となる。それは与えられた中から選ぶというものではない。

しかも、与える方が何がしかの制限を加えることは認められない」[55]。

このような自由を擁護する歴史は「第二の自然」、つまり自我、思想、人間の活動を重視した。この第二の自然こそ、一九世紀型近代にとって意味のある歴史の、唯一適切な主題だと考えられた。ここでいう近代は、たとえばヘーゲル、マルクス、ミルがいうところの近代とは異なる。彼らにとって歴史の使命は生物学的・地理的制約を超えた自由という普遍的なものを探し出すことである。自然は、特定の主体性、完全な自由、意味のある歴史のために抑制された近代の無意識の姿となったとも言える[56]。

近代を批判する人はこの主体性の脱自然化を酷評し、それが解放を意味するという主張に疑問を呈してきた[57]。たとえば、フランクフルト学派のマックス・ホルクハイマー（一八九五～一九七三年）やテオドール・W・アドルノ（一九〇三～六九年）といった思想家は、政治的意識から自然を取り除くのが近代の象徴と考えており、自然が理性と国家権力に絶対服従すれば、そこには抑圧しか生まれないと述べている。古代ギリシャにおける理性の思想に源をもつ近代の学問体系が「ついには征服し尽される恐るべき自然」を完全に征服できたのかもしれない[58]。しかし、「あます所なく啓蒙された地表は、今、勝ち誇った凶徴に輝いている[59]」。近代的自由ではなかったのである。国家は身体の自然な喜びにまで介入し、管理し、腐敗させる。すると、自然は自発的な主体ではなく、神秘的で人間の手の届かないものではもはやなくなる。自然はただの分析対象であり、解剖された死体である。人間は、自然がわれわれのものだということに気づくのが遅すぎたのである。つまり、理性が自然を征服する一方で、人間は自然から解放され、純粋理性の世界に入っていった。しかし、その理性も皮肉なことに、結局自然と同じくらい恐るべきものになる。これに対し、ホルクハイマーとアドルノは次のような警告を発した。「文明は、ついにその行きつく所、恐るべき自然へ逆戻りする[60]」。『啓蒙の弁証法』は、丸山が、徳川時代は自然に依存していたと批判した時期に書かれたが、両者はまったく異なる結論に達している。ホルクハイマーとアドルノは丸山とは逆に、自然そのものではなく、自然の完全な従属と生活のあらゆる面を支配する全体主義権力を結びつけて考えた。にもかかわらず、彼らは近代を擁護する人々と同様に、自然を超越するものとして近代を定義しているのである。

このようにたくさんの大家による評価はあるのだが、近代は本当に脱自然化したのだろうかと私は徐々に疑問を持ち始めた。たしかに抑圧が熱心に企図されたものの、自然は近代が弁証法的に発展する出発点として、もしくは近代のアンチテーゼとして、多くの分析の陰で生き延びてきたのである。こうした啓発的な叙述や革命史的叙述は定まったが、自然そのものの分析にはまったく関心が集まらなかった。自然の多元的な意味が無視され、近代は解放の普遍的・画一的な過程と思われた。しかし、現在から振り返ると、解放されるという明るい未来は色あせ、一九世紀に大きく高まった進歩も行き詰ってしまった。自分の立場を把握するために、人間の主体性と自然の関係を回復させる必要がある。フランスの理論家リュック・フェリーのような近代主体性の絶対的擁護者は自然を使って人間性を再建することに反対し続ける。[62] 他方、科学哲学者スティーヴン・トゥールミンとフランスのマルクス主義者アンリ・ルフェーヴルのような、共通点のない二人は、自己実現の主体は、歴史的台頭における自然にも、内部構造における自然にもかかわったと主張する。二人の思想家は近代を支持しており、やり方は異なるものの、自然の概念が、ひどく不自然に思える近代社会や個人の構成要素にさえなっていると主張する。二人に共通する近代自然主義の再評価は、もっと検討する価値がある。というのも、近代に関して自然を位置づけ直すことは、近代が世界に広まる勢いと関連させて日本をとらえたり、近代そのものに対するわれわれの考えを再構築する上で中心的な役割を果たすと私は気づき始めたからである。

トゥールミンは、近代には複数の起源があると考え、おそらく反自然的であろうデカルト派の主体が台頭する知的足場をつくり直す。彼の中心テーマは「コスモポリス」という概念で、自然または宇宙と、ポリスの社会秩序とが共鳴していることを示す[63]。トゥールミンは、哲学の世界、つまり合理主義者の厳密な世界は、平和で豊かなのではなく、三〇年戦争の破滅的恐怖に対する反応として考え出されたとする。疲弊したヨーロッパには何らかの秩序が必要であり、自然界を超える合理的個人だけではなく、合理的な自然界も見つけようとした。政治、科学、哲学が協力して「新たなコスモポリス」を創造しようとしたのである。「そこにおいては、神によって創造された自然の秩序と人間によって造られた社会の秩序が再び相互に照らし合うものとして理解されているのである」。この「新しいコスモポリス」は絶対的な確実性と安定を求め、一六世紀人道主義の寛容で穏当で懐疑的な世界を退けた。この新しい見解は、混乱から世界を守るため、「自然と社会を双子の、そして同じように合理的な『秩序』をもつもの」として扱う基礎となった[64]。デカルト、ニュートン、ライプニッツは各々異なった分野において、戦争で疲弊した身近で具体的な現象を研究の対象から外し、抽象的なものに向かった。合理的な高い水準にあって初めて、知識は分野が異なるために起きる衝突を和らげることができる（もしくはそのように思われた）。

トゥールミンは、「合理主義者の夢は……一つのもっと大きな夢の諸相であることがわかる。合理的方法、統一科学および正確な言語という夢は、全体として一つのプロジェクトを形成する」と説得力のある議論を展開している[65]。この一つのプロジェクト、すなわち宇宙であり政界の、体系的で完璧な知識を追求することは、トゥールミンの言葉を借りれば「近代的枠組み」なのである。この近代的枠組みの中で、「人類の合理的な歴史と自然の因果的な歴史」は「別々の研究トピック」になったが、合理的な近代の主体は決して反自然ではなく、普遍性と秩序を反映させるため、独特の自然形態に依存していた[66]。トゥールミンは、デカルト派のいう主体は自然を完全に拒絶しているように見えるが、その存在を確実にするために、まさにその独特な自然形態を必要としたと主張している[67]。

ルフェーヴルも、デカルト派の主体が歴史に登場したことよりも当時の実践に大きな関心を示したが、近代は決して自然と決別しなかったと述べている。彼は、哀調にみちた『現代への序説』で、自然の「二重の限定」と名づけたものを考察している。自然には過去と未来、外部と内部、「歴史が生じてくる根源、本源的なもの……」と『人間存在』、『人間的自然』、歴史からやがて抜け出すであろうし、現に抜け出してくる存在を示している……」[68]。ルフェーヴルによると、この二重の限定、この無と有という矛盾、無の中の有と有の中の無という矛盾は、「驚くほど刺激的である。矛盾は『それ自身』から『われわれのために』への過程でたえず分解し、その差異の真只中にたえず再出現する」[69]。この説明によれば、自然の概念の分裂とその描写の二重性は全体として近代の象徴となる。そうすると、近代の主体は自然をうまく抑圧できず、繰り返し、主体そのものの中に自然を発見することになる。自然から離れたと思っても、再度自然が近代の主体の中核に現れるのである。たしかに、完全に自立し、自発的な人間を想定する近代の概念もある。それは混乱した世界とは対照的できらびやかでとても魅力的だが、ルフェーヴルやトゥールミンにとって、抑圧された自然という世界は、近代の主体の世界や主体そのものの背景をなすだけではなく、知的基盤としても再び現れるのである。

自然と近代の問題を深く研究するにつれて私は丸山の主張を否定するように、いや、彼の主張は特定の世代の経験を象徴しているのだと考えるようになった。自然の特定の形態が近代を構成すると納得すれば、もはや自然は反近代、過去、抑圧、東洋と同義語ではなくなり、現在、「近代の向こう側」にいるわれわれにとっては、反意語というよりはむしろ多面的な言葉ということができる。第二章以降で示すように、形が変われば、自然は危険な思想になりうるし、現存する権力関係を崩す力にもなり得る。自然は、人間の共同体より前から存在し、政治的主体を分裂させて二つの意識を生む要素であり、人間の共同体の外側に存在し、全国的ではなく局地的な現象と理解され、現状批判を正当化してきた。だが、このような反体制の自然が、みな日本でみられたというわけではない。たとえば、自然は社会が形成される前から存在しているという思想は希薄である。一八世紀半ばに徳川幕府について風変わりな批判をした安藤昌益ですら、人間の共同体が形成される以前の、前社会的国家の自然を描いているわけではない。政治的主体は自らを、自然で文化的であるとか、生まれつきであると同時に創造されたものという二重性に苛まれるとはほとんど考えない。したがって、第六章で述べるように、自分を取り巻く制度的取り決めを内部から批判することができる。他方、自然の政治的価値は全国同じではなく地域が限られるという主張は、徳川時代の国学者（第二章）や生物学者である南方熊楠（一八六七〜一九四一年）のような大正時代の反体制派（第八章）に受け入れられた。現状の欠点を浮き彫りにできる外部標準として自然を利用することは、社会ダーウィニズムが前面に出てきた明治初期に盛んになった（第三、四、五章）。だが、植木枝盛（一八五七〜九二年）が頑なに身体を強調したため、現状と対立するもうひとつの自然が形成された（第七章）。つまり、政治的自由が制限されたのは、丸山が言うように政治思想に自然そのものがあったからではなく、コスモポリスの結びつきがとても固く、政治が自由になる余地がなかったからである。自然は、社会よりも前から存在し、二重意識を生み出し、社会の外にあり、地域的なものとして、現状を批判するために利用されることがある。

自然を完全に超越でき、永遠に制御できるといった二〇世紀半ばに流行した見解は、今日ではもはや通用しない。ポスト近代が歴史の外側で特権的な見解を提示しているからではない。それよりも、われわれが歴史の中で占めている特定の位置が原因なのである。その位置からみると、丸山が執筆した当時よりも、自然は壊れやすく、強く主張しているように思われる。近代を理解するために自然を回復させれば、従来の分析枠組みの範疇を広げるだけではなく、枠組みそのものを変えてしまう。環境史ですでに実証されているが、自然の物理的潜在力を認識すれば、人間は謙虚になり、歴史を律しなおすことができる。過去の環境要因を調べると、諸帝国の力の源泉は軍隊や経済、社会組織ではなく、病原菌にこそあり(70)、農業の発達には、技術的な知識や努力だけではなく、ミツバチと特定の雑草も必要だということがわかる(71)。だから、個人、国家、世界が交流する定めを説明するには、人間の希望、決定、行動を超える要因を考慮に入れなければならない。

このように思想史において自然の有効性を認識することが同様に、個人や集団といった歴史的主体の雄々しい近代の概念を台無しにし、歴史叙述の迫力を弱めかねない。その点でトゥールミンの「コスモポリス」の分析は、近代の源を一七世紀のデカルト主義ではなく一六世紀の懐疑派人文主義に求めることで近代に新しい方向を与えた。また、ルフェーヴルは自然が何度も現れ続けると認識するなら、近代史は終わらないと考えている。ルフェーヴルが記しているように、マルクスの自然観はまるで明瞭とは言えないが、人間の生産活動（つまり外的自然の領有）は、人間が内的自然に感じる疎外を解消すると考えていたようだ。だが、マルクスのような方法では自然を克服できないとルフェーヴルは主張し、歴史をもっと不確かな方向へ向けている。換言すれば、ダルマイヤーの言うように「人の」人間性は人の自然性とは正反対だと理解しなければ、近代に不可欠な、デュプレが主張するような純粋な自己選択はできなくなる。つまり、近代の無意識から概念的な自然を抽出すると、近代研究の中心に方法論の問題が生じ、人間の可能性に関する議論の中心に政治的な問題が生じてしまうのだ。

日本はこれまで近代の反自然的といわれる目標に照らしてたびたび評価されてきたので、近代に対するわれわれの理解がこのように変わっていったことは、日本研究にとって特に重要である。欧米思想史の研究者（トゥールミン、ルフェーヴル、デュプレを含む）でも十分にそう理解している者はほとんどいないのだが、いったん、近代の中に自然があると納得すると、その先には近代という地球規模の体験に、日本を含めた非西洋を完全に取り込む知的枠組みがある。たしかに、われわれは近代を歴史的に理解して、再び自然を回復し、それが東洋と西洋の頑なな隔たりを打ち壊したのである。ヘーゲルには失礼な話かもしれないが、世界が自然から文化へ、情緒から理性へ、必要から自由へ、伝統から近代へと移り変わるからこそ、人類の自己実現をかなえるために、世界史は自然と文化（つまり「東洋」と「西洋」）の緊張関係の上に成り立ってきたのだ。[72] このような一連の対立関係は意識的にせよ無意識にせよ、たいてい近代を救う物語となり、多くの日本人知識人は日本の特性を強調する声と、世界と同じようになるべきだという声の狭間におかれる。たとえば、明治期の福沢諭吉や後の丸山眞男、松本三之介、家永三郎のように「西洋化」「近代化」「民主化」を強く要求した人々は、上記の対立軸の「片方」を拒絶するか、もしくは「東洋」、伝統、自然という一方の極と、「西洋」、近代、自由というもう一方の極の間を不器用に揺れ動いていた。もし、近代に到達するために自然を征服したり、克服したり、背後に押しやったりする必要がなければ、このような一連の対立軸は解消し、日本（いや全世界）を近代に関する叙述で特に位置づけなくて済む。自然から文化へ、東洋から西洋へ、伝統から近代へという自明の軌跡を否定するなら、「西洋が」近代を構築したという限定的な考え方に立ち向かえるし、西洋思想のただの引き立て役とか理想的な何かである「東洋」という比喩を超えることができる。[73]

現在、近代における自然の構成要素に関する認識は高まっているが、私は、近代とは達成された状態ではなく、歴史的体験だと考えている。前述のように、自然を克服し乗り越えるという個人の重大な意識の獲得を目的にした筋書きに沿って近代を定義づけたり、自然を征服した政治・社会制度や生産様式としての近代化と近代を同レベルでとらえたりするのではない。近代とは、左翼から右翼までの幅広い、いくつもの結果を出す可能性をもった特定の歴史的体験と定義されるべきだ(74)。世界中で異なる近代の形をひとつにするのは、古い「コスモポリス」の崩壊、つまり自然と社会の根本的な関係の崩壊という共通の体験であり、さらに、異なった様式で両者の関係を意識的に再構築することである。社会的、経済的、政治的形態の合理化によって、自然と政治を意識的に再構築し、物質的生産力を高めることで、あらゆる矛盾を解決しようとした。左翼であろうが右翼であろうが、近代は、何らかの合理化をして、自由、秩序、寛容、正義、真理、懐疑、高度成長、持続可能性など、望むものすべてを手に入れられると約束した。

意識というものをブルーメンベルクや丸山などは非常に重視した。だが、近代の構築において、個人の意識を最も重視する必要はない。国家と人種に関する概念は、近代の創造において個人に関する概念とともに発展してきたし、両者とも近代的である。時として、このような集団性が最終的に個別性と両立し続けていたし、そう望まれていた(75)。一九世紀後半から二〇世紀初期の日本人政治思想家が、自然(人間であっても宇宙であっても)と社会の関係を構築する方法によって(たとえ自然と社会を同一視しても、正反対のものと考えても、あるいは生成していく叙述を通じて、両者に関連性をもたせたとしても)、近代的自由の異なる基盤が創りあげられている(76)。それは、純粋な国家ではなく所与のものと可能性のあるものの交渉によって特徴づけられている。自然そのものではなく自然の特定の形に関連して、政治的自由が制限されるようになるのだ。したがって、自然は与党であろうと野党であろうと、左翼思想であろうと右翼思想であろうと姿を現す。換言すれば、日本思想の最も強力な潮流に見られる国家統制的、反動的自然観は、必ずしも非近代的とは言えないのである。戦前の日本政治思想は右翼でありながら、自然に訴えかけ、近代的でもあった[77]。

たしかに、コスモポリスの意識的な再構築という近代の定義は、左翼やリベラルにとって必要不可欠のみならず、多くの人の体験と理解されている。本書で展開するように、この定義により日本は近代のより広い知的体験の中にしっかりと位置づけられる。日本の近代は歪んだり時代遅れのものではなく、ありとあらゆる問題を抱え、真の近代であった。このような地球規模のプロセスを理解するためには、なぜ社会生活で正義を生む近代もあれば、そうでない近代もあるのかを探求しなければならない。自然の概念が異なるのはその答えのひとつである。

日本における自然をめぐる政治史の概要

このように自然には政治的な歴史があるのだが、近代は自然を超越しているというイメージのせいで長年隠されてきた。日本政治史における自然の特殊な歴史はばらばらで複雑であり、一九世紀と二〇世紀初期には三つの連続しているが別個の主流派があった。さらに、国家権力が拡大するにつれて、非主流派の自然観や、政治領域に何を含めるのが適切かという考えが変わったためもあって、それぞれの主流派の構成は複雑になっていった。こうして筋書きは入り組み、自然は寡頭政治が自己正当化する道具にもなったし、中央集権国家を批判する論拠にもなった。換言すれば、自然は覇権的なイデオロギーという安住の地を求めてつねに姿を変えるヒーローでもあり悪党でもあるからこそ、本書で主役になることができる。

しばらくこうした複雑なことは脇におき、本書のあらすじは以下のようにまとめられる。徳川時代には、的な社会の調和をもたらすと広く考えられていた。その目的は、地理的場所と政治的実践が適切に結びつくような核を見つけることだった。ところが、一八七〇年代までには、自然はいたるところで変化し続け、調和のとれた人工秩序というよりはむしろ激しい競争によって生まれた階層的な社会ダーウィニズムのいう進化した将来へと追いやられてしまった。社会進化論は、今日では右翼の信条だと退けられることが多いが、当時は、加藤弘之（一八三六～一九一六年）のような寡頭政治を強く支持する人だけではなく、馬場辰猪（一八五〇～八八年）のような進歩的で民主主義に肩入れする日本人も容認していた。一九三〇年代までには、もはや進歩的でも普遍的ですらなくなり、国家主義化した自然へ完全に移行していた。この第三段階において、日本は日本独特の自然と密接な関係をもった。個人の人間性を前提とした近代が花開く可能性は、国家主義化した自然の利益になるようにまったく閉ざされてしまった。また、自然を、物質資源は少ないが、日本人の血統を通じた系統的発展という点では無限だと考えることで必然的に生ずる説得力によって閉ざされてしまった。さらにこれまでの議論を要約すると、近代化した日本で優勢な自然の政治イメージは、場所、時間、国家としての自然という特徴がある。

ロバート・ベラーは「自然にたいする関心は、多くの近代的な日本思想に広く見られるものであった」[78]と正確に指摘している。この自然観の歴史的な変わりやすさを検討し、その時代における支配的イデオロギー、およびそれにとってかわろうとする思想の枠組みの中で、今こそ日本が近代と対峙した特定の場面の政治を正確に描く時である。フレドリック・ジェイムソンが指摘するように、もし「異なった歴史的環境において、自然観が真に革命的な機能をもった破壊概念であるならば……」[79]批判も含め、自然の多面的な可能性に関して、より幅の広い視点で歴史に立ち戻ることが重要だと思われる。

註

（1） Howlin' Wolf（Chester Arthur Burnett）, "Nature," on *Howlin' Wolf: The Real Folk Blues*, 1957, Chess CHD-9273.

（2） レイモンド・ウィリアムズは自然を三つに分類し「（i）あるものの本質的な性質なり性格、（ii）人、世界、あるいは両方を動かす本来的な力、（iii）物質的な世界それ自体で、人を含むとされることもあれば、含まないとされることもある」。Williams, *Keywords: A Vocabulary of Culture and Society*, revised edition（Oxford: Oxford University Press, 1983）, p. 219〔椎名美智ほか訳『完訳キーワード辞典』平凡社、二〇〇二年、二二〇頁〕.

（3） John Stuart Mill, "Nature," in *Nature and Utility of Religion*（New York: Bobbs Merrill, 1958）; Arthur Lovejoy, "Nature as Aesthetic Norm," *Modern Language Notes*（1927）, p. 444; rpt. in *Essays in the History of Ideas*（Baltimore, Md.: Johns Hopkins University Press, 1948）, p. 69〔鈴木信雄ほか訳『観念の歴史』名古屋大学出版会、二〇〇三年〕; and Williams, *Keywords*, p. 219〔椎名ほか訳『完訳キーワード辞典』二二〇頁〕. レイモンド・ウィリアムズは自然について「英語のなかで最も複雑な単語かもしれない」と述べている。ルイ・デュプレは「レズリー・スティーヴンは自然という用語を、とりわけ曖昧なところが多いと言われると描写した」と書き記している。Dupré, *Passage to Modernity: An Essay in the Hermeneutics of Nature and Culture*（New Haven, Conn.: Yale University Press, 1993）, p. 15.

（4） 哲学的概念としての「自然」に関する分析は、歴史的概念を意識して考察すると最も説得力がある。たとえば、アンリ・ルフェーヴルの「自然と自然の征服」というエッセイでは、現代によく使われている自然の概念を人間の内面と外面の両方を示すものとして用いている。Lefebvre, *Introduction to Modernity*, trans. John Moore（New York: Verso, 1995）, pp. 132-56〔宗左近・古田幸男監訳『現代への序説』法政大学出版局、一九七二〜七三年、一六九〜九八頁〕.

（5） 意外なことに、英語の「自然」と「国家」には語源上、関連がある。どちらも生まれることという意味を

もつラテン語の *nasci* から派生した。

(6) このような自然を善悪で対比してとらえる見方はアメリカ史に通ずるところがある。たとえば以下の研究を参照。レオ・マークスの古典的な *The Machine in the Garden: Technology and the Pastoral Ideal in America* (Oxford: Oxford University Press, 1964)〔榊原胖夫・明石紀雄訳『楽園と機械文明——テクノロジーと田園の理想』研究社出版、一九七二年〕や Annette Kolodny, *The Lay of the Land: Metaphor as Experience and History in American Life and Letters* (Chapel Hill: University of North Carolina Press, 1975).

(7) 丸山眞男の用語。丸山眞男『日本政治思想史研究』(東京大学出版会、一九五二年) 二八頁。

(8) Sheldon S. Wolin, *Politics and Vision: Continuity and Innovation in Western Political Thought* (Boston: Little, Brown, 1960), pp. 17-21〔尾形典男ほか訳『組織化時代の政治思想』福村出版、一九七八年〕で展開されている二つの政治的ビジョン構想の議論を参考にしている。

(9) Donald Worster, *Nature's Economy: A History of Ecological Ideas* (New York: Cambridge University Press, 1977)〔中山茂ほか訳『ネイチャーズ・エコノミー——エコロジー思想史』リブロポート、一九八九年〕.

(10) 西洋の科学においても、自然の概念がいつも環境意識と結びついていたわけではない。実際、その意味は何度も変化している。R. G. Collingwood, *The Idea of Nature* (Oxford: Clarendon Press, 1945)〔平林康之・大沼忠弘訳『自然の観念』みすず書房、二〇〇二年〕.

(11) Clarence J. Glacken, *Traces on the Rhodian Shore: Nature and Culture in Western Thought from Ancient Times to the End of the Eighteenth Century* (Berkeley: University of California Press, 1967).

(12) Robert Pogue Harrison, *Forests: The Shadow of Civilization* (Chicago: University of Chicago Press, 1992)〔金利光訳『森の記憶——ヨーロッパ文明の影』工作舎、一九九六年〕.

(13) Stephen Toulmin, *Cosmopolis: The Hidden Agenda of Modernity* (Chicago: University of Chicago Press,

1990), p. 110〔藤村龍雄・新井浩子訳『近代とは何か——その隠されたアジェンダ』法政大学出版局、二〇〇一年、一七八頁〕.

(14) アイザィア・バーリンは、一九世紀の自由主義者は二つの見方が論理的に矛盾していたのに、何とか受容していたと論じている。「『自然の』『天賦の』諸権利、真理と正義との絶対的標準といったものは、試みをつみ重ねようとする経験主義や功利主義とは相容れるものではなかったが、それでも自由主義者は、ふたつながら信じていた」。"Political Ideas in the Twentieth Century," in *Four Essays on Liberty* (Oxford: Oxford University Press, 1969), p. 12〔小川晃一ほか共訳『自由論』みすず書房、一九七一年、一一七頁〕. この矛盾に気づいていたジョン・スチュアート・ミルは、「自然」をたてにさまざまな権利を打ち立てたり守ろうとはしなかったが、これを政治用語として利用することを厳しく非難した。

(15) もちろん、環境の現状とか環境保護の政治的な派生効果に関して意見は分かれている。たとえば、アンドリュー・ロスは、地球資源には限りがあるというのは、資本主義に懐疑的な人のスローガンではなく、需要を操作し消費者の欲望を高める資本家のでっちあげに過ぎないと主張している。Andrew Ross, *The Chicago Gangster Theory of Life: Ecology, Culture, and Society* (London: Verso, 1994).

(16) 日本の環境史研究には以下のようなものがある。William Wayne Farris, *Population, Disease, and Land in Early Japan, 645-900* (Cambridge, Mass.: Harvard University Press, 1985); Conrad Totman, *The Green Archipelago: Forestry in Preindustrial Japan* (Berkeley: University of California Press, 1989)〔熊崎実訳『日本人はどのように森をつくってきたのか』築地書館、一九九八年〕.

(17) 環境保護に関するイデオロギー的・政治的意義を検討した研究はあふれている。さまざまな立場の人がこのテーマにアプローチしているので、持続的な対話や共通の用語はまだ確立していない。環境保護の幅広い意義に関する対照的な見解として以下の研究が挙げられる。環境破壊を防ぐ観点から政治決定を下すべきだと主張したChristopher Manes, *Greenrage: Radical Environmentalism and the Unmaking of Civilization* (Boston: Little, Brown, 1990). 環境保護を主張しすぎると自由意志という概念が危険にさらされると警告する Luc Ferry, *The New Ecological Order*, trans., by Carol Volk (Chicago: University of Chicago Press, 1995)〔加藤宏幸訳『エコロジーの新秩序――樹木、動物、人間』法政大学出版局、一九九四年〕. そして、André Gorz, *Ecology as Politics*, trans., Patsy Vigderman and Jonathan Cloud (Boston: South End Press, 1980)〔高橋武智訳『エコロジスト宣言』緑風出版、一九八三年〕は、環境保護のために民主社会主義的な政治が必要だと述べている。

一方、「社会生物学」に分類される研究は上記のものとは見方が異なっている。社会生物学では環境保護の政治的意義というよりは、むしろ生物学的自然の政治的要件を扱う。その中には、公平な民主主義の実践や社会的平等といった人間社会の可能性に対して、疑いの目を向けるものもある。Edward O. Wilson, *Sociobiology: The New Synthesis* (Cambridge, Mass.: Harvard University Press, 1975)〔坂上昭一ほか訳『社会生物学』新思索社、一九九九年〕; Richard Dawkins, *The Selfish Gene* (New York: Oxford University Press, 1976)〔日高敏隆ほか訳『利己的な遺伝子』紀伊國屋書店、二〇〇六年〕. また、生物学の道徳的・社会的要件に非常に楽観的な研究もある。Matt Ridley, *The Origins of Virtue: Human Instincts and the Evolution of Cooperation* (New York: Viking Penguin, 1998)〔古川奈々子訳『徳の起源――他人をおもいやる遺伝子』翔泳社、二〇〇〇年〕. たとえば、リドレーは、天然資源は公的に管理するよりも民間に委ねる方が本質的に環境保護につながると主張している。

(18) 柳父章『翻訳の思想――「自然」とnature』(平凡社、一九七七年)。

(19) 日野龍夫「徂徠学における自然と作為」相良亨・益田勝実編『自然　講座日本思想1』(東京大学出版会、一九八三年)。

(20) W. B. Gallie, *Philosophy and the Historical Understanding*, 2nd edition (New York: Schocken Books, 1968).

(21) Hayden White, *Tropics of Discourse: Essays in Cultural Criticism* (Baltimore, Md.: Johns Hopkins University Press, 1978).

(22) Richard Rorty, *Contingency, Irony and Solidarity* (New York: Cambridge University Press, 1989)〔齋藤純一・山岡龍一・大川正彦訳『偶然性・アイロニー・連帯――リベラル・ユートピアの可能性』岩波書店、二〇〇〇年〕.

(23) Isaiah Berlin, "Political Ideas," p. 2.

(24) たとえば、人類学者の石田英一郎は、先史時代から現在に至るまで、日本人の自然へのアプローチは本質的に連続していると論ずる。石田英一郎「日本文化の条件と可能性――ある辺境文化の特質」梅棹忠夫・多田道太郎編『日本文化の構造』(講談社、一九七二年)二四頁。また、科学史研究者渡辺正雄も同様のことを述べている。「この事例〔一二世紀の動物行動〕で貴重な役割を果たした日本人研究者の動物に対する態度については、一二世紀の『鳥獣戯画』に見られるあの日本的動物観に通じるものがあると言っても誤りではないであろう」。渡辺正雄『日本人と近代科学』(岩波書店、一九七六年)一八〇頁。英語翻訳版は *The Japanese and Western Science*, trans. by Otto Theodor Benfey (Philadelphia: University of Pennsylvania Press, 1990), p. 110. 丸山眞男の論に反対の立場をとった社会学者の清水幾太郎は、一九二三年の関東大震災に対する日本人の反応、特にその日の夕焼けを楽しんだということと、宮廷生活を捨てて隠遁者になった鴨長明が一二一二年に刊行した『方丈記』を同一視している。清水幾太郎『日本的なるもの』(潮出版社、一九六八年)。どちらの研究にも、日本人に「固有の」自然観は一貫しており不変だという共通認識がある。

(25) たとえば、渡辺正雄の研究にその例が見られる。『日本人と近代科学』第六章「近代科学と日本人の自然観」で、渡辺は床の間、茶の湯、美しい日本料理、和菓子の形、地名などに菊が用いられているのは、すべて「自然とその景色を特別に愛好する日本人の気質のあらわれである」と結論づけている。*The Japanese and Western Science*, p. 103〔渡辺『日本人と近代科学』一六五頁〕.

(26) たとえば、人類学者の石田英一郎、考古学者の安田喜憲、哲学者の梅原猛、米国人研究者のリン・T・ホワイト、ロデリック・ナッシュ、エドワード・オルセンなどは、自然に対する日本独特の愛情は審美的な指標だけではなく、環境を注意深く管理する根拠にもなっていると言う。一方で、イアン・リーダー、アーン・カラン、ガバン・マコーマック、テッサ・モーリス＝スズキなどは異なった見解を持っている。自然に対する日本文化のアプローチはずっと一種類で、自然環境を守る気持ちがあるという見解に関しては、Yasuda Yoshinori, "Passivity and Activity of Japanese Studies," *Nichibunken Newsletter* no. 3 (July 1989), "Animism Renaissance," *Nichibunken Newsletter* no. 5 (January 1990); 梅原猛『「森の思想」が人類を救う』（小学館、一九九一年）、Lynn T. White, "The Historical Roots of Our Ecological Crisis," *Science* no. 155 (1967), pp. 1203-07; Roderick Nash, *Wilderness and the American Mind* (New Haven, Conn.: Yale University Press, 1967); Edward Olsen, "Man and Nature: East Asia and the West," *Asian Profile* 3, no. 6 (December 1975) を参照。また、これに対する批判に関しては以下を参照。Ian Reader, "The Animism Renaissance Reconsidered: An Urgent Response to Dr. Yasuda," *Nichibunken Newsletter* no. 6 (May 1990); Arne Kalland, "Culture in Japanese Nature," in *Asian Perceptions of Nature: A Critical Approach*, eds., O. Bruun and A. Kalland (London: Curzon Press, 1994), pp. 243-57; Gavan McCormack, *The Emptiness of Japanese Affluence* (Armonk, N.Y.: M. E. Sharpe, 1996)〔松居弘道・松村博訳『空虚な楽園——戦後日本の再検討』みすず書房、一九九八年〕; Totman, *Green Archipelago*〔熊崎訳『日本人はどのように森をつくってきたのか』〕; and Tessa Morris-Suzuki, "Concepts of Nature and Technology in Pre-Industrial Japan," *East Asian History*, no. 1 (June 1991), pp. 81-97, *Reinventing Japan: Time, Space, Nation* (Armonk, N.Y.: M. E. Sharpe, 1998), pp. 35-59.

(27) Morris-Suzuki, "Concepts of Nature and Technology," p. 82.

(28) 日本の環境問題に関しては以下を参照。McCormack, *The Emptiness of Japanese Affluence*; 神岡浪子『日本の公害史』（世界書院、一九八七年）、*Environmental Protection in Tokyo* (Tokyo: Tokyo Metropolitan Research Institute for Environmental Protection, 1970).

(29) たとえば、石田雄『日本の政治と言葉　上——「自由」と「福祉」』（東京大学出版会、一九八九年）や田中浩『近代日本と自由主義（リベラリズム）』（岩波書店、一九九三年）。

（30）これらの翻訳語にはときに欧米でも非常に新しい用語も含まれていた。たとえば、individualism はアレクシ・ド・トクヴィル（一八〇五～五九年）が一八三五年に米国人の性格を描写する際つくった。

（31）たとえば、全六巻の *Studies on the Modernization of Japan*（Princeton University Press, 1965-71）について、シェルドン・ガロンは次のように述べている。「大部分の近代化主義者にとって、近代日本の歴史は、西洋の自由民主主義秩序へ徐々に収束していくものだった。したがって、一九三〇年代は逸脱期であり近代化過程の『暗い谷間』だと考えた。彼らは、政党政治や労働組合といった戦後の民主化は一九二〇年代の進歩に根ざしていたと主張した」。Sheldon Garon, "Rethinking Modernization and Modernity in Japanese History: A Focus on State-Society Relations," *The Journal of Asian Studies* 53, no. 2 (May 1994), p. 348.

（32）この問題に関するコミンテルンの考え方は、Julia Mikhailova, "Soviet-Japanese Studies on the Problem of the Meiji Ishin and the Development of Japanese Capitalism," in *War, Revolution & Japan*, ed., Ian Neary (Japan Library, 1993), pp. 33-38 を参照。大正マルクス主義の分析に関しては、Miriam Silverberg, *Changing Song: The Marxist Manifestos of Nakano Shigeharu* (Princeton, N.J.: Princeton University Press, 1990)〔林淑美・林淑姫・佐復秀樹訳『中野重治とモダン・マルクス主義』平凡社、一九九八年〕; Germaine A. Hoston, *Marxism and the Crisis of Development in Prewar Japan* (Princeton, N.J.: Princeton University Press, 1986).

（33）一八八〇年代に明確になり始めたこのアプローチの根底にある文化的本質主義の主張に関しては、第八章で述べる。西洋の史学史の進歩主義はシュペングラーとトインビーを没落させ、対抗理論を生んだが、日本においては、悲劇、つまり完全に世俗的な比喩という意味ではなく、強制退去、つまり日本が歴史的進歩をありのままの形で受け入れれば世俗の特殊な（想像上の）環境とのつながりを失ってしまうという恐怖という意味で論理的対抗理論が産み出されると考えてもよいのか。

（34）J. Victor Koschmann, *Revolution and Subjectivity in Postwar Japan* (Chicago: University of Chicago Press, 1996).

（35） 私は modernity（近代）、modernization（近代化）、modernism（近代主義）という英語を非常に異なる現象を指すために使っているが、ほぼ同義語として用いている研究もある。たとえば Marshall Berman, *All That Is Solid Melts into Air: The Experience of Modernity* (New York: Penguin Books, 1982, rpt. 1988). Modernization（近代化）を私は、過去二〇〇年間、生産を合理化し、それにともない社会や政治制度を変化させた経済的、技術的、産業的発展を主に指す言葉として使っている。ユルゲン・ハーバーマスが論じるように、この用語は一九五〇年代に欧州外に適用できる機能モデルを作るという特定の目的で使われるようになった。Habermas, *The Philosophical Discourse of Modernity*, trans., Frederick G. Lawrence (Cambridge, Mass.: MIT Press, 1990), pp. 2-3〔三島憲一ほか訳『近代の哲学的ディスクルス』岩波書店、一九九〇年〕. Modernism（近代主義）はアンリ・ルフェーヴルが「新奇性のための新奇性信仰とその物神崇拝化」（*Introduction to Modernity*, p. 169〔宗左近・古田幸男監訳『現代への序説』法政大学出版局、一九七二～七三年、二一二頁〕）と説明し、だいたい一八九〇年から一九三〇年の芸術運動を指している。Malcolm Bradbury and James McFarlane, eds., *Modernism: 1890-1930* (London: Penguin, 1976, rpt. 1981)〔橋本雄一訳『モダニズム』鳳書房、一九九〇～九二年〕; T. J. Clark, *Farewell to an Idea: Episodes from a History of Modernism* (New Haven, Conn.: Yale University Press, 1999). 私は modernity（近代）を本書で最も重要な用語と考えており、詳細は本文で説明する。

上記のような区別は日本語にはあまり当てはまらない。たとえば、「近代主義」は modernity と英語に翻訳されることもあれば、芸術的な意味合いを持たせずに modernism と翻訳されることもある。前者の例としては、J. Victor Koschmann, "Maruyama Masao and the Incomplete Project of Modernity," in H. D. Harootunian and Masao Miyoshi, eds., *Postmodernism and Japan* (Durham, N.C.: Duke University Press, 1989)、後者の例としては、Matsumoto Sannosuke, "Introduction," *Journal of Social and Political Ideas in Japan* 4, no. 2 [1966], pp. 2-19 が挙げられる。アンドリュー・バーシェイは「近代性」を modernity、「近代主義」を modernism と翻訳し、どちらも政治的・社会的発展の意味合いで用いている。Andrew Barshay,

"Imagining Democracy in Postwar Japan: Reflections on Maruyama Masao and Modernism," *Journal of Japanese Studies* 18, no. 2 (Summer 1992), pp. 365-406.

(36) 戦後激論が交わされた時期の丸山の存在の重要性と独立した立場に関してはHerman Ooms and Harry D. Harootunian, "Maruyama's Achievement: Two Views," *Journal of Asian Studies* 36, no. 3 (May 1977)；笹倉秀夫『丸山眞男論ノート』（みすず書房、一九八八年）。『現代思想』は丸山思想に関する論評に丸一巻を費やしている（第二二巻第一号、一九九四年）。Andrew Barshay, "Imagining Democracy in Postwar Japan: Reflections on Maruyama Masao and Modernism," *Journal of Japanese Studies* 18, no. 2 (Summer 1992): pp. 365-406; Rikki Kersten, *Democracy in Postwar Japan: Maruyama Masao and the Search for Autonomy* (London: Routledge, 1996). 政治における自然の問題を検討する際、私は丸山だけではなく、彼の弟子や同僚の業績にも多くを負うている。特に、石田雄『明治政治思想史研究』（未来社、一九五四年）と家永三郎『日本思想史に於ける宗教的自然観の展開』（斎藤書店、一九四七年）、本書第六章の主人公、植木枝盛や松本三之介に関する丸山の詳細な研究などである。

(37) 丸山の「近世日本政治思想における『自然』と『作為』」は最初に『国家学会雑誌』に掲載され、その後、他の二つの論文と合わせて『日本政治思想史研究』（東京大学出版会、一九五二年）として刊行され、ミキソ・ヘインによって英語にも翻訳された。trans. by Mikiso Hane, "Nature and Invention in Tokugawa Political Thought: Contrasting Institutional Views" in Maruyama Masao, *Studies in the Intellectual History of Tokugawa Japan* (Tokyo: University of Tokyo Press, and Princeton, N.J.: Princeton University Press, 1974)〔丸山眞男『日本政治思想史研究』東京大学出版会、一九五二年〕. 特に断りがない限り、本書で丸山の本に言及する際にはヘインの訳書による。

(38) たとえば、日高六郎は、丸山が個人の自律性を戦時中に福沢諭吉についての論文で主張したのも抵抗の現れだと考えている。日高による丸山の「福沢に於ける秩序と人間」（初出は一九四三年一一月『三田新聞』）の紹介は、日高六郎編『現代日本思想大系34　近代主義』（筑摩書房、一九六四年）五五頁。

私は本書で「ファシズム」という用語を慎重に用いている。この用語を日本に適用できるか否かは議論の余地がある。Stanley Payne, *A History of Fascism, 1914-1945* (Madison: University of Wisconsin Press, 1995). しかし、「ファシズム」は丸山の論文も含め、戦後日本で広く使われている。Masao Maruyama, "The Ideology and Dynamics of Japanese Fascism," in *Thought and Behavior in Modern Japanese Politics* (Oxford: Oxford University Press, 1969), pp. 25-83（一九四七年六月の講演をもとにしている）. 日本独特の「ファシズム」は「天皇制ファシズム」と特徴づけられ、長期にわたる論争が繰り広げられている。小松茂夫「日本型ファシズム」久野収・隅谷三喜男編『近代日本思想史講座5　指導者と大衆』（筑摩書房、一九六〇年）二七七〜三二六頁、中村菊男「天皇制ファシズムはあったか」『自由』（一九六五年一一月）五〇〜五九頁、石田雄『ファシズム期』日本における伝統と『革新』」『思想』第六一九号（一九七六年一月）一〜二〇頁、山口定『ファシズム』（有斐閣選書、一九七九年）、天野恵一「『天皇制ファシズム論』の現在」『流動』（一九八〇年一月）五六〜六五頁。また、吉見義明『草の根のファシズム――日本民衆の戦争体験』（東京大学出版会、一九八七年、重版一九九六年）のように、「ファシズム」は現在でも使用されている。

(39) 原文の "Chu His" は、"Zhu Xi" もしくは朱子学の旧いローマ字表記である。

(40) 丸山自身がその後、初期の徳川思想において朱子学がヘゲモニーを握っていたという論に疑問をいだき、その結果、荻生の説はあまり力をもたなくなった。しかし、自然と作為の対立的相違は、丸山が戦中と戦後の日本を批判する際、重要であり続けた。Maruyama Masao, "Author's Introduction" in Mikiso Hane's translation, *Studies in the Intellectual History of Tokugawa Japan*, p. xxxiv; Herman Ooms, *Tokugawa Ideology: Early Constructs, 1570-1680* (Princeton, N.J.: Princeton University Press, 1985).

(41) Maruyama, *Studies in the Intellectual History of Tokugawa Japan*, p. 198〔丸山『日本政治思想史研究』二〇二頁〕.

(42) *Ibid.*, pp. 206-07〔同前、二〇八〜九頁〕.

(43) 丸山もフランクフルト学派の学者も、近代の主体をテーマに議論する際、神話上の英雄を回顧した。彼は、荻生徂徠の分析によって、古代の聖人を完全で創造的な主体的人格の手本と考えていた。適切に文脈から切り離すと、古代の聖人は、絹生産や新農業技術などの技術革新を通じて社会を再度形成し、自然を支配する能力を持った近代的な主体という丸山が望む価値を示すことになる。また、ホルクハイマーとアドルノは『啓蒙の弁証法――哲学的断想』において、オデュッセウスを近代的主体の最初の例と考えていた。オデュッセウスは、古代の聖人とは対照的に、自然の荒廃や神話の誘惑と恐怖によって歪曲された主体的人格を無理やりもぎとったために、故郷に戻っても（飼い犬以外には）気づいてくれる人もいなかった。丸山の考える古代の聖人は、社会と深くかかわり、生産的で、地域では尊敬されていたが、ホルクハイマーとアドルノが描く古代シュメール人の都市ウルの近代的主体には、孤独と社会からの隔離が示唆されている。

(44) Maruyama, *Studies in the Intellectual History of Tokugawa Japan*, p. 210〔丸山『日本政治思想史研究』二一二頁〕.

(45) *Ibid.*, p. 222〔同前、二二二頁〕.

(46) 同前。

(47) *Ibid.*, pp. 228–29〔同前、二二九頁〕.

(48) 後に、丸山は座談会で国家への継続的抵抗という考えを検討した。「日本社会のイデオロギーと構造」『世界評論』第一部（一九四八年二月）四〇～五〇頁、第二部（一九四八年三月）二六～四三頁。さらに、永久革命としての民主主義という考えも検討している。「ファシズムの諸問題」『思想』（一九五二年一一月）。また、この論文は英文に翻訳されている。"Fascism—Some Problems: A Consideration of its Political Dynamics" in *Thought and Behavior in Modern Japanese Politics* (Oxford: Oxford University Press, 1969), pp. 157–76〔丸山眞男『現代政治の思想と行動』未來社、一九六四年、二四七～六九頁〕.

(49)「一般に自然法は実定的秩序と関係づけられるや否や一つの Entweder-order の前にたたせられる。即ちそれは自然法の純粋な理念性を固守することによって、実定的秩序に対する変革的原理となるか、それとも自己を全的に事実的社会関係と合一せしめる事によって、それの永遠性を保証するイデオロギーとなるかいづれかである」。Maruyama, *Studies in the Intellectual History of Tokugawa Japan*, p. 199〔丸山『日本政治思想史研究』二〇三頁〕.

(50) *Ibid*., p. 228〔同前、二三九頁〕.

(51) *Ibid*., p. 199〔同前、二〇三頁〕.

(52) Hans Blumenberg, *The Legitimacy of the Modern Age*, trans., Robert M. Wallace (Cambridge, Mass.: MIT Press, 1983)〔斎藤義彦訳『近代の正統性I　世俗化と自己主張』法政大学出版局、一九九八年、忽那敬三訳『近代の正統性II　理論的好奇心に対する審判のプロセス』法政大学出版局、二〇〇一年、村井則夫訳『近代の正統性III　時代転換の局面』法政大学出版局、二〇〇二年〕.

(53) Fred R. Dallmayr, *Twilight of Subjectivity: Contributions to a Post-Individualist Theory of Politics* (Amherst: University of Massachusetts Press, 1981), p. 146.

(54) 丸山は次のように述べる。「(自然的秩序の論理の完全な克服には、) 自らの背後にはなんらの規範を前提とせずに逆に規範を作り出しこれにはじめて妥当性を付与する人格を思惟の出発点に置くよりほかにない」。Maruyama, *Studies in the Intellectual History of Tokugawa Japan*, p. 210〔丸山『日本政治思想史研究』二一三頁〕.

(55) Dupré, *Passage to Modernity*, p. 124.

(56) R・G・コリングウッドは、歴史家が研究対象を決めるときに自然と歴史は明確に区別できるし、必要なことだと主張する。「自然の過程は出来事の過程であり、歴史の過程は思考の過程である。そして、人間は歴史的過程の唯一の主体と考えられる。なぜなら、思考し、あるいは十分に思考し、また十分明確に思考して、自身の行為を自身の思考表現となし得る動物は人間だけだと考えられるからである。……だからといって、人間の全行為が歴史の主題だというのではない。事実、そうでないことに歴史家たちは合意している。……人間の動物性と呼び得るもの、つまり衝動や肉体的欲望によって人間の行為が決定される限り、その行為は非歴史的である。なぜなら、それら諸活動の過程は自然の過程だからである」。R. G. Collingwood, *The*

Idea of History (London: Oxford University Press, 1982 [1946]), p. 216〔小松茂夫・三浦修訳『歴史の観念』紀伊國屋書店、二〇〇二年、二三一〜三二頁〕.

(57) このような批評家にはトマス・カーライル、ショーペンハウエル、カール・シュミットなども含まれる。一方で、自然にはほとんど関心を示さない近代の批評家もいる。たとえば、ミシェル・フーコーは彼自身が行った最初の近代の批評に関して語っている。Michel Foucault, "Questions on Geography," in *Power/Knowledge: Selected Interviews and Other Writings, 1972-1977*, ed. Colin Gordon (New York: Pantheon Books, 1980).

(58) Max Horkheimer and Theodor W. Adorno, *Dialectic of Enlightenment*, trans., John Cumming (New York: Continuum, 1987), p. 105〔徳永恂訳『啓蒙の弁証法——哲学的断想』岩波書店、一九九〇年、一五八頁〕.

(59) *Ibid.*, p. 3〔同前、三頁〕.

(60) *Ibid.*, p. 113〔同前、一六八頁〕. スラヴォイ・ジジェクはポストモダンのヨーロッパに、同様のヘーゲル的矛盾を見出している。「(ポストモダンのヨーロッパでは) 偶発的な相手が……絶対的な相手になり」過度の暴力が引き起こされる。「真に合理的で具体的な普遍性がついに実現すること、つまり確執がなくなり、異なる集団が交渉することで共存する成熟した世界が登場することは、まったく反対の現象、つまり、まったく偶発的な過度の暴力と一致するのである」。Žižek, "A Leftist Plea for Eurocentrism," *Critical Inquiry* (Summer 1998), p. 1000.

(61) 一九四四年、ホルクハイマーやアドルノはドイツを捨て、カリフォルニア州サンタモニカに住んでいた。ユルゲン・ハーバーマスは、自著の『近代の哲学的ディスクルス』を「奇妙な本」だと考えている。その本は、ホルクハイマーとアドルノの議論に耳を傾けたグレーテル・アドルノが記したノートから大部分を抜粋し、切り貼りしたものだ。この本は完成から三年後の一九四七年、ケリード出版社から刊行された。ホルクハイマーとアドルノの『啓蒙の弁証法』はあまり売れなかったものの、その影響は広範に及んだ。この本の簡単な沿革にかんしては、以下を参照。Jürgen Habermas, *The Philosophical Discourse on Modernity*, pp. 106-7〔三島ほか訳『近代の哲学的ディスクルス』〕.

(62) Luc Ferry, *The New Ecological Order*〔加藤訳『エコロジーの新秩序』〕.

(63) Toulmin, *Cosmopolis: The Hidden Agenda of Modernity*, pp. 67-69〔藤村・新井訳『近代とは何か』〕.

(64) *Ibid.*, p. 98〔同前、一五六〜五七頁〕.

(65) *Ibid.*, p. 104〔同前、一六八頁〕.

(66) *Ibid.*, p. 111〔同前、一七九頁〕. いまやこの足場がなくなっているので、トゥールミンは、科学技術が局所的で具体的なものと抽象的なものを再統合できるように焦点をシフトさせたと論じている。pp. 182-83.

(67) エルンスト・カッシーラーも自然と知識は同時に自立すると論じる。「……自然の純粋な自立的法則性には悟性の自律が対応する。啓蒙主義哲学はひとつの精神的解放の過程のなかで自然の自立性と悟性の自立性とを同時に立証しようとした。今やこの両者はその本然的な姿において認識され、この本然の姿において互いに固く結びつけられねばならぬ」。Cassirer, *Philosophy of the Enlightenment*, trans., Fritz C. A. Loelln and James P. Pettegrove (Boston: Beacon Press, 1955), p. 45〔中野好之訳『啓蒙主義の哲学』紀伊國屋書店、一九九七年、五四頁〕.

(68) Lefebvre, *Introduction to Modernity*, p. 134〔宗・古田監訳『現代への序説』一七一〜七二頁〕.

(69) *Ibid.*, p. 137〔同前、一七六頁〕.

(70) たとえば、William H. McNeil, *Plagues and Peoples* (Garden City, N.J.: Anchor Press, 1976)〔佐々木昭夫訳『疫病と世界史』新潮社、一九八五年〕.

(71) たとえば、Alfred W. Crosby Jr., *The Columbian Exchange: Biological and Cultural Consequences of 1492* (Westport, Conn: Greenwood Publishing, 1972), *Ecological Imperialism: The Biological Expansion of Europe 900-1900* (New York: Cambridge University Press, 1986)〔佐々木昭夫訳『ヨーロッパ帝国主義の謎——エコロジーから見た10〜20世紀』岩波書店、一九九八年〕.

（72）フレッド・ダルマイヤーも（理性と文化を体現した）国家と自然の領域である社会の対立を論じている。Dallmayr, *Twilight of Subjectivity*, p. 172.

（73）日本の「自然」と「文化」の関係を再考するのと、「伝統」と「近代」を再考するのは対応している。Stephen Vlastos, ed., *Mirror of Modernity: Invented Traditions of Modern Japan* (Berkeley: University of California Press, 1998); Sharon A. Minichiello, ed., *Japan's Competing Modernities: Issues in Culture and Democracy: 1900-1930* (Honolulu: University of Hawai'i Press, 1998).

（74）最も期待できる近代の定義でさえ自然から完全に解放されているわけではない。もし、特定の自然観を必要とするならば、左翼と右翼を区別していた重要な相違がなくなってしまうからだ。左翼やリベラルでさえ自己実現する主体を信奉していたが、彼らの主張も、自然を秩序正しい意外性のない引き立て役としていたことがわかると、有機的な社会、自然なヒエラルキー、人種的純粋性のような右翼が提唱する生来の政治形態と近代の自由版を区別するために、異なった手法が必要になる。もちろん、左翼と右翼の区別が重要ではないと言っているわけではない。ここで述べたいのは、自然に基礎を置く左翼やリベラルの考え方だけが近代とは言えないということだ。

ノルベルト・ボッビオは近代対伝統の問題としてではなく、平等主義と自由の調和をはかる問題として右翼と左翼を区別する重要性を強調している。私もボッビオ同様、近代には右翼と左翼両方の政治見解が含まれていると思う。しかし、非ヨーロッパ地域において、この平等主義対自由という規準が有益かどうかに関しては意見を保留したい。Norberto Bobbio, *Left and Right: The Significance of a Political Distinction*, trans. Allan Cameron (Chicago: University of Chicago Press, 1996)〔片桐薫・片桐圭子訳『右と左——政治的区別の理由と意味』御茶の水書房、一九九八年〕。シェルドン・ガロンは近代化に関して似た主張をしている。「近代化を単に『進歩的に』転換するプロセスとして扱うのではなく、近代化や自由化から社会の国家統制にいたる各種の政治的な結果の関係を明確にする方が有益である」。Garon, "Rethinking Modernization and Modernity," p. 346.

（75）調和のとれた同質的な国家の形成に尽力したにもかかわらず、国家観と民族観はくいちがっていたとケヴィン・ドークは強く主張している。Kevin Doak, "What is a Nation and Who Belongs? National Narratives and the Ethnic Imagination in Twentieth-Century Japan," *American Historical Review* 102, no. 2（April 1997）, pp. 282-309.

（76）ルイ・デュプレは詳細に近代と自由に関する問題を論じている。「このように（つまり完全な自己選択として）認識されている自由を実現させるためには、外部環境におけるある種の不確定性が必要になる。完全に所与で予測可能な世界であれば、自己決定できる領域は非常に限定される」。Dupré, *Passage to Modernity*, p. 125. デュプレは結論として、自然と超越的な神の力が同じだと認識することで、近代は主体の絶対的な支配を放念し、自由という概念を必然的に再定義しなければならないと論じている。*Ibid.*, p. 251. また、ポール・リクールも自由の本質と主体を同じように再定義する。Paul Ricoeur, *Freedom and Nature: The Voluntary and the Involuntary*, trans. Erazim V. Kohák（Evanston, Ill.: Northwestern University Press, 1966）〔滝浦静雄・箱石匡行・竹内修身訳『意志的なものと非意志的なもの』紀伊國屋書店、一九九三～九五年〕.

（77）日本の学界では、近代とリベラル（もしくは左翼）の価値観を同一視し、近代をヨーロッパ啓蒙主義の延長線上としてとらえる傾向が圧倒的に強い。私は、ここで、近代と左翼（またはリベラル思想）を区別している。近代に対する右翼の原理主義者の対応の方が、左翼とリベラルの反応よりも一般的なものになろう。

（78）Robert N. Bellah, "Ienaga Saburō and the Search for Meaning in Modern Japan," in *Changing Japanese Attitudes Toward Modernization*, ed., Marius B. Jansen（Princeton, N.J.: Princeton University Press, 1965; rpt., Rutland, Vt.: Charles E. Tuttle, 1985）, p. 390〔細谷千博編訳『日本における近代化の問題』岩波書店、一九六八年、二八七頁〕.

（79）Fredric Jameson, "Reflections in Conclusion," in Ernst Bloch et al., *Aesthetics and Politics*, ed., Ronald Taylor（London: Verso, 1986）, p. 207.

第二章　徳川時代の地勢的想像力

徳川時代の文献には自然を表す言葉が多種多様ある。このことが劇的に示しているように、自然という概念は多面的であり、用語はその多面性を議論する上での出発点になる。自然を表す言葉は豊富にあるが、初期日本政治思想において自然を批判する際、丸山眞男は「自然」という語しか使わなかったといっても過言ではない。しかし、「自然」という語は一八九〇年代になるまであまり使われていなかった。たしかに、一八九〇年代以前には、「自然」はありふれた言葉ではなかった。儒教研究でも「自然」という言葉は中心的な役割を担っていなかった。歴史家の日野龍夫が指摘しているように、「四書五経の中には、『自然』という語を一例も見出すことができない」[1]。だから、丸山が好んで用いた「自然」は、徳川時代の朱子学思想では中心的な概念にはならず、儒学で用いられた。それでも、「自然《じねん》」と読まれることが多かったが、それは「物事そのもの」という儒学の考えを表している。ただ、「自然《しぜん》」「自然《じねん》」という語は、同じ意味、もしくは「彼自身」というような言い回しで名詞や代名詞を強調するために、徳川時代の儒学以外の文献でも用いられた[2]。これが副詞として用いられると、「自然《しぜん》」の意味は英語でいうと nature の副詞用法、つまり naturally（当然）にきわめて近くなり、「自発的に」「もちろん」という意味にもなり得る[3]。このような漢字は、自発性を強調するために、「おのずから」（通常は平仮名で表現される）と読まれることもある。[4] 場合によっては、「自然《しぜん》」が宇宙、自然界、物事の一般的秩序を表現するために用いられることもあるが、多くは他の単語や言い回しが使われた。しかし、徳川時代の自然が持つ政治的意義に関する議論において、「自然《しぜん》」という用語は、唯一の用語でもなければ、中心的な用語ですらなかったのである。

だが、そのかわりに、中国大陸と日本固有の伝統の厚みと徳川時代の識者の発明の才によって、自然に対する考えを表現する一連の用語や言い回しが生まれた。歴史家テッサ・モーリス゠スズキは、「文字通り訳せば『物事を開けること』という意味だが、『物事の性質を明らかにする』とか自然界を『開発すること』、『利用すること』とも解釈できる『開物《かいぶつ》』という用語と、物理的宇宙全体という意味を表すため、日本人哲学者が中国から借りてきた『万物《まんぶつ》』、すなわち『ありとあらゆる物体』」という用語に着目している。[5] さらに、朱子学者も「天地」「天僎」「天下」「天理」「本然の性」に関して語っている。たとえば、「天と地への道」は「天道」と「天地自然の道」という用語で表現され、「自然の法則」は「定理」、「天地性物の理」、「天地の定理」といった言葉で表される。また、一六世紀から一七世紀初期には宣教師、特にイエズス会士が、自然は神の創造物と考えるカトリックの教義にとって重要な用語を翻訳しようとして当時のヨーロッパ思想を採り入れたことにより、このような用語はさらに豊かになった。たとえば、ラテン語の natura は「天地万物」とか「天地日月」と表現されるようになった。

日本における解釈上の論争を強調するために、「自然」を表現する独特の形態も現れた。特に、「より高次の権威」を暗示する「天」という漢字の使用を拒否することで、識者は、社会には当然階層があるという前提を批判した。日本の正字法では「テン」に他の漢字を当てることも可能なので、創造力を働かせて、「回転する」や「変化する」という意味を持つ「轉」で代用し、「天」の使用に反対する態度を表明することができた。万人が土地を耕す小さな平等主義的共同体を理想としていた安藤昌益（一七〇三／六～六二年?）は、「轉定」と「轉傎」を使うことで自然のサイクルや恒常的な浮き沈みを強調した。[6]同様に、朱子学者で自然主義者の三浦梅園（一七二三～八九年）も、読者に自然の変動を伝えるために、「天地」に代えて「轉持」を用いている。[7]このような命名法が示すように、自然には多面性があり、さまざまな文脈で使用され、有益なものになっていた。

議論の際、丸山は徳川時代の文献からの書き写しとしてではなく、主に分析ツールとして「自然」という語を多用している。しかし、この方法論によって、徳川時代に「自然」という語が頻繁に用いられたことが事実上封印され、徳川時代の思想と現代の思想では自然の概念が、過度とも言えるほど似ていたと考えられるようになった。本章では、自然の現代版が単に昔の、前近代的で、単調な考え方の延長にすぎないという幻想を断ち切るために二つの目的を設定した。一つは、徳川時代に自然観を表現する多くの用語が存在しただけでなく、自然が持つ政治的意義に関して、競合する考え方があったことを示す。二つ目は、自然が正しい政治を行うための正統な場を提供しているという信念を、およそどのような立場に立つ人も共有していたという点を検討する。したがって、この章の二つの目的は相反するかもしれない。一方では、自然に関する徳川時代の政治概念の不均質性を強調するが、他方では、このように異なった「自然」に共通点を見つけ、明治・大正期の自然観とは異なったものにしている特徴を分析するつもりだ。最初に分析対象をこの共通の特徴に絞りこみ、自然に関する大部分の徳川時代の見解にみられる同じ前提を示し、その後、政治的に意味のある自然観の多様性に関して詳細に述べたい。

知の案内図

徳川時代の識者は（朱子学者、国学者、水戸学者、それに「蘭」学者も含む）、「政治的風景」という観念を比喩的かつ字義通りに理解していたようだ[8]。要するに、政治的公正さは正しいアクターが正しい行動をとっているかどうかだけでなく、正しい場にいるか否かによって決まったのである。したがって、正しい政治をしようとして、地理的調整をめぐって対立が起こることもあった。徳川時代の議論で自然の概念が最も重要な役割を果たしたのは、この外観、つまり政治権威の場をめぐっての対立だったのである。

場に関して非常に敏感になっていた徳川時代の政治思想家は、頭の中で世界を描き、空間的に権力パターンを表すイデオロギー的基盤を作成していた。このような知の案内図は、古典や理想像が描くような純粋に精神的なものではなかった。そうではなく、地理、気候、および最低限の生活よりもかなり上の暮らしができる豊かな社会という物理的な体験に影響を受けていた（あくまで部分的だが[9]）。江戸期の日本を、完璧な生態的均衡のとれた極楽のように退屈なところと描く鬼頭宏はたしかに言いすぎだが[10]、安定した人口と資源の再生という根本的な要因は、社会の安定と経済成長にすら積極的な効果をもたらした[11]。換言すれば、全般的な物理的環境によって、自然が上記の知の案内図作成に従属することが保証されたのである。さらに、自然界の安定と包括性によって、知の案内図は政治思想にとっての認識論的源泉となった。

基礎的な物理的体験を超えて、日本を組織化し支配していく幕府の力で、空間的な意味での自然を考えることが、ますます容易になった。数多くの地図が実際に作成され、各領域の境界線が決定され、幹線道路の輪郭が描かれた。新政策によって、社会の頂点から底辺までの各層の適切な居場所が定められ、行動も規定された。天皇は京都の狭い範囲に閉じ込められ、ほんの少ししか離れていない夏の離宮にすら自由に行くことができなかった。大名は、幼少時代に捕虜として江戸に住むことを余儀なくされ、成人してからも、参勤交代により、領地と江戸の往来をしなければならなかった。そして、これ以下の身分の人々は、一六世紀の豊臣秀吉の政策によって、城下町で官僚的都市生活を営む帯刀の侍になるか、農村に住む小農かのどちらかを選ぶしかなかった。後に、都市と農村は各々異なった共同体様式で統治される独特の地域になった。ヨーロッパでは貴族が農村地帯に隠遁する習慣があったり、農村ジェントリーの存在により都市と農村の一体化が図られていたが、日本ではそのような相互交流は比較的限定されていた。農民には独自の場所、目的、規則があり、都市の規制より緩やかなこともあった[12]。下層民でまったく政治的社会的地位のない、いわゆる「部落民[13]」は、少なくともある意味においては文字通り、まったく社会空間から排除されていた。街道沿いを測量する時、部落民地域は除外され、極貧地域を通過するときも、まるでその空間に何もないかのように振舞われた。もちろん、外国旅行も許可されなかった。無慈悲なことだが、暴風雨に見舞われ、うかつにも日本の水域から離れてしまった船員も、再入国を拒絶された。日本に住む少数の外国人や日本と外交関係を結びたいと考えた外国に課せられた制限は、非常にわずらわしかった。つまり、人々の住む場所と移動範囲を定めることは、徳川時代における統治の基本だったのである。徳川幕府は少なくとも、過程と同じくらい配置に、時間と同じくらい空間に重点を置いていた。

豊かな自然という物理的体験と幕藩の有益な地勢組織形態は、（アネット・コロドニーの語句を拝借すれば[14]）知的「地勢」の性質に大きな影響を与えた。このような体験と活動により、自然にそなわる政治的権威は、それが縦横に拡張していることを把握すれば理解できると徳川時代の識者たちは考えた。ところが、このような経験に基づく要因だけが徳川時代の知の案内図形成に影響を与えたわけではない。物理的場所の経験やその支配に基づく判断と、相対的に重要な場所に関する判断がたとえ一致しなくても、前者は後者に大きな影響を与えた（強調はトーマスによる）[15]。知の案内図は物理的な場だけではなく、強力な感情をも図に記した。つまり、知の案内図は地理感覚だけではなく、社会の不安や希望、社会の主体性と歴史観を組み込んだのである。知の案内図は、江戸文化が評価したものと価値のある場が互いにどのような関係にあったのかを示す（まるで博物館のコレクションのような）簡略化された展示物のようだ。知の案内図を使えば、政治アクターになれる場を持っている人と、そのアクターが動ける範囲をかなり厳密に特定することができた。場には、たっぷり価値が浸透していたので、徳川時代の日本の「地勢的政治的想像力」と呼ばれるものが生み出された。この地勢的想像力は物質と心を合体させ、場としての自然と人間の権力の関係を示している。

徳川時代の地勢的想像力にはまず二つの顕著な特質がある。第一に、知の案内図を創る人はするどく核心をつくことができるので、自然と政治的徳が結合する最大の価値がある場に焦点を絞った。自然の政治中心地から離れるに従い、場の重要性が低くなり、正義や高潔さがなくなり、富までも少なくなっていく。この考えはさまざまな形態をとったが、中心地には、自然と文化の両方にとってよいものがすべて含まれており、辺境は自然に反する無政府状態となっていた[16]。徳川家は地理的に中心であることを重視したが、それは、発展途上の国民国家が土地の測量をし、国境線の決定に躍起になったのとは異なる。たしかに、タイの歴史家であるトンチャイ・ウィニッチャクンなどが指摘したように、国境の確定は近代国民国家の中心テーマであり、日本も明治時代に入ると国境拡大に焦点を定めるようになった[17]。しかし、徳川時代では、国境（たとえば、幕府と琉球や蝦夷の関係）は比較的柔軟だった。その一方で、地理的中心を決定するという問題は、高潔な政治慣行と結合して知的明瞭さを求める動きとなり、政治的可能性を形成していった[18]。

徳川時代の知の案内図が持つ第二番目の特徴は、安定と動態を結合する能力である。一方で、地勢的想像力は全般的に大変革をともなわないという政治的展望がある。つまり、中心はつねに中心であり続けることが理想である。その一方で、自然空間は中心の周りに恒常的に形成されるべきだが、この自然の中心そのものが静的ではない。換言すると、自然の中心によって、政治は、単なる枠組みや行動を起こすための環境ではなく、行動を起こす際の手段として正統化される。たしかに、徳川時代の多くの文献において、実践の対象というよりは、むしろ実践の形式として、空間的自然そのものが概念化されたと主張しても、その概念を誇張しているとは言えない。「テンチ」という意味での「自然」を「天地」と書こうが「轉定」と書こうが、「轉持」と書こうが、それは特定の場における統治、労働、崇拝の政治活動だったのである。

こう見てくると、徳川時代の識者は時代錯誤ではあるものの、われわれの関心を時間の歴史から空間の歴史へ向けさせようとする当時の研究者の試みに、波長を合わせているようだ。たとえば、オーストラリア人識者のポール・カーターは「歴史的空間を『自然』で、受動的で、客観的に『そこにあるもの』として扱う」ことに反対し、伝統的な歴史叙述は「空間を時間に変え、時間の経過によってのみ展開していく出来事に関心を払う。そのような歴史叙述は帝国史と呼ぶことができるかもしれない」と主張している[19]。さらに、帝国史に代わるものとして、「空間史」を提唱している。空間史では、(オーストラリアで行われている) 場に名称を付けて土地と言語を結合させる活動に焦点を絞っている。日本では、徳川時代の識者も、空間史という形態をとり、土地と政治慣行を結合させた活動を重視した。このような行動は時として、文明化の儀礼や聖人が規定した帝国の規則になった。それは、日常の仕事や庶民の崇拝に表れることもあれば、世界の実態調査を含むこともあった。このような中心での動きは、時間を超えた活動と比べ、限定され、繰り返し行われるという点で少し性格が異なるが、徳川時代の政治思想では、自然は完全に静的というよりは、安定したものを意味していた。

自然が安定した政治慣行の動的中心になっていたという共通の前提があるにもかかわらず、意見の相違も多々あった。共通テーマは空間の構成についてだったが、どこに中心があるかに関しては熾烈な論争があった。ここではこの論争に着目したい。特に論争に出てきたさまざまな自然の政治的中心に焦点をあてる。すなわち、中国と日本という帝国の中心、日本国内の農村共同体という中心、中国、日本、時として西洋と場所を変えていく学問の中心に着目したい。中心となったものは、どれも地図上に各々の場を確保し、特定の政治アクターと政治活動を承認し、他のアクターや活動を否定した。自然は現状を正当化するためだけではなく、現状にとってかわる階層や急進的な平等主義形態を認可することにまで利用された。だが、どのように自然が利用されるかは、地図に描かれた識者の地勢的想像力次第だった。

帝国の中心としての中国

中国は世界の政治的、文化的、地理的中心になるべきだという自尊心が何世紀にもわたってたくさんの地図からうかがえる[20]。中国の資料がそう示しており、中国は、すばらしい文化と儒教の教えの発祥地だからである[21]。だから、徳川時代の朱子学者たちは、まん中の王国という意味の「中国」、もしくは中央の開花という意味の「中華」という言葉を用いて崇拝していた。世界帝国もしくは天下は、頂点に君臨している中国を中心に、ゆっくりと未開人が住む怪しげな辺境の地へと拡がっていった。世界秩序の構築という願望に付随して儒教の美徳に関する知識も辺境に伝わっていった。逆に言うと、『中庸』が記しているように、「この世の四隅」に住む未開人が中国の皇帝の下に集まり、統治下に入ったのだ。唐の学者である陳岩は次のように述べている。「未開地に生まれた人でも儀礼にかなった適切な行動をする者は、たとえ格好が未開人であっても、中国人と一心同体といえる」[22]。儒教の教えによると、自然はまさに政治の中心に位置していた。しかし、このようなかなり寛大な視点からすれば、中央の「徳」と辺境の「徳」の欠如の間には、物理的・道徳的に明確な境界線は存在しなかった。つまり、中国が中心にあるという儒教の概念はかなり大雑把なものだったのである。

「中華」とその周辺の境界線があいまいだったので、伊藤仁斎（一六二七〜一七〇五年）のような日本人学者は、中心である中国文明との関係を考え、「未開」という命名は理にかなうと考えていた。日本人は未開人かもしれないが、細心の注意を払って中心のやり方に従えば、徳を身につけることができると主張した。さらに伊藤仁斎は、「夫天之所覆。地之所載。鈞是人也。苟有禮義。則夷即華也。無禮義。則雖華不免偽夷（そもそも天が上からかぶさり、地が上に載せているのは同じ人間である。もし礼義があれば夷はそのまま中華の民である。礼義がなければ、中華民族でも夷狄に落とされるのをいかんともできない）」[23]と、陳岩に共鳴した。

換言すれば、中国は中心だったが、非中国人を歴史的主体から排除しなかった。「自然」を全世界と定義づけ、その広大な世界の中心から発散する慣行に価値を見出している反面、「中国」という概念は、自然の政治的教訓と人種を切り離して考えた。だから、中国人ではないからといって、必ずしも中国の徳を持たないということにはならなかった。要するに、地理的空間の重要性と比較すると、自然は生物学、まして人類の多少の相違などとの関連は薄かったのである。

しかし、中華世界で何らかの役割を果たしたいと考えていた徳川時代の思想家たちは、中国国内の個人が徳を積んでももちろん満足しなかった。朱子学者の間で広まっていた徳を積む方法は、中国聖人の生き方と神道を同等視することだった。ケイト・ワイルドマン・ナカイは、さまざまな方法を用いて識者を比べてみた。ここには林羅山（一五八三～一六五七年）、熊沢蕃山（一六一九～九一年）、山鹿素行（一六二二～八五年）、山崎闇斎（一六一八～八二年）、荻生徂徠などが含まれていた。[24] 徳川時代の朱子学者は、中国の軍事侵攻や王朝交替の歴史と、無敵日本および天皇制の継続とを対照的に考えていた。中国の状況を鑑みると、中国が道徳的な中心性を定めるために、何も物理的な中心性まで持つ必要はなかった。しかし、ナカイが指摘するように、朱子学者がそのような主張をしたために、「儒教を普遍化もしくは非中国化しようとする試みと、聖人の道における中国的な本質を肯定しようとする試みは、矛盾をきたしてしまった」。[25]

日本人学者が日本人独特の国家の徳を主張し、中国の政治的業績に疑問を抱くようになるにつれて、次第に徳と中国の関係は弱まっていった。歴史家ボブ・タダシ・ワカバヤシも「一八世紀後半までには、中華帝国という見方はかなり相対的になり、日本の価値や社会的政治的現実に応じて、割り引いて評価されるようになったため、もはや維持できなくなっていた」と論じている。[26] この頃になっても、日本人学者は、当然、政治的中心になる国があるという考え方を放棄しなかった。逆に、三つの異なる方法で、時間の地勢的想像力は中国から中心性を移植した。自然を政治的に認めるのは中華帝国の排他的特権と思われていたが、本居宣長（一七三〇～一八〇一年）と会沢正志斎（一七八二～一八六三年）はその慣習を破り、日本の皇室を神聖なものとして中心に据えようと尽力した。一方、安藤昌益（一七〇三／〇六～一七六二年？）と平田篤胤（一七七六～一八四三年）は、農村共同体に関心を集中させるべきだという競合する主張の代表的識者だ。また、実利主義者は別の考え方として、自然の働きが明確になっている場であればどこでも、道徳的政治的権威を示すこともできるだろうと示唆している。以下で、中国以外の場が中心となっている三つの地勢的想像力を検討してみたい。

日本の皇室の中心

最も著名な国学者のひとりである賀茂真淵（一六九七〜一七六九年）は、日本が中国に勝っているという主張の根拠を築き上げた。たとえば、『国意考』（一七六五年）では、とめどない喜びと勢いを持って、聖人君主の歴史、漢方理論、中国語の書記体系、中国人の近親相姦というタブー、鳥獣や他の生き物よりも人間を尊ぶ中国人の見解などに対し、日本人が賞賛を送る価値はないと宣言している。人の心が自然に持っている善というものは、教えに対する儒教の不自然なこだわりによって「わろくなる」[27]。実際には、中国から儒教を採りいれる以前から「此国は、もとより、……はた天地のまにまにおこなふ」のであり、そのような穏やかな原点に立ち返るべきだと唱えている。

本居宣長は賀茂真淵と会談し、彼の考え方に大筋で同意しただけではなく、『古事記』や古代の詩歌を研究して、さらに練りあげていった[28]。一八世紀の文書の研究では、日本が、自然の概念を再構成する最も直接的な方法で、知の案内図の中心を形成するということはなかったかもしれないが、本居宣長は自らの研究により、天照大神が生まれた国であり、それ以降天照大神の子孫が統治する国として、日本の道徳的優位性を示した。天照大神の子孫、つまり天皇（すめらみこと）は世界中の統治権を持っていた。だから、「天地のあるきはみ、月日の照す限は、いく万代を経ても、動き坐ぬ大君に坐り」と本居宣長は宣言する[29]。日本全般だけではなく、皇統そのものが、万物の要としての機能を果たしていた。

この本居宣長の分析的アプローチは、賀茂真淵と同様、日本と中国の相違を際立たせる二項対立的な形態を提示している。まず、言葉に焦点を絞って、日本語の生きた言葉と中国語の死んだ言葉を対比させた。そして、引き続き、統合的に理由づけして、目に見えるもの（たとえば最上の米）もあれば、目に見えないものもあるが神聖なる恵みにあふれる自慢の日本を、不自然さと誤った学問に満ちた中国から分離する一連の反意語を創った。(30) 本居宣長によると、中国人は言葉と物事、出発点と現在、自然と文化のもっともらしい区別を根拠に、自分たちを賛美しようとしたという。彼らはそうすることで、まがいもの、抵抗、腐敗という状態を作り出した。その一方で、日本では、中国思想が導入されるまで、そのようなもっともらしい区別は一切求められなかった。

しかし、賀茂真淵と異なり、本居宣長はこの二項対立的な形態を放置しておけない性分である。というよりはむしろ、中国との確固たる差異となっている日本の特質は、両国の対立をも包含すると主張することで、自らが提唱した相違形態を放棄した。本居宣長は、相違を具体化することを拒否した点で、日本は中国とまったく異なるという命題を提示した。しかし、日本国内では、中国との相違も含め、あらゆる特質が日本文化の総体に吸収され、消化されていく。(31) したがって、日中どちらの基準で考えても日本は中国と異なるだけではなく、中国よりも優れている。

このような優劣をつける論理は、特に、本居宣長の自然の概念に明白に表れている。(32) 彼をはじめとした国学者たちはさかしらを攻撃するために、儒学の自然観を利用していると非難された。水戸学者の藤田東湖（一八〇六～五五年）は「国学者たちの微に入り細を尽くした研究は、一致して、道の精髄が自発性（自然《じねん》）にこそあって、それは人間の意図（人為）によって汚されるべきものではないことを訴えている。しかし、それならば老子や荘子のような道家の教えの焼き直しに過ぎない」と非難している。(33) 一方で、本居宣長は「くず花」で、侮蔑されたさかしらに対比するものとして自然を取り上げたのは中国の儒者であり、自分ではないと、儒学の批判から自分を擁護した。だが、こうしたまちがった批判をうけて、本居宣長は儒者の「自然は真の自然にあらず」と主張している。「もし自然に任すをよしとせば、さかしらなる世は、そのさかしらのままにてあらんこそ、真の自然には有べきに」[34]。歴史家ワカバヤシは、「儒者は自然を規範的なものと考えたが、宣長はそれとは対照的に、日本の神々は『随神《かんながら》の道』というじつに自然なやり方をとり、もし神が『賢明さ』をお望みなら、日本人もそのようなものとして甘受しなければならない」と論じている[35]。換言すれば、本居宣長は、中国の文化に対する日本の自然を主張することで、文化から自然を切り離したのではなく、日本の庇護の下に自然と文化を包摂したのである。

自然と日本の皇室文化を混合させたとき、本居宣長は、朱子学者と同じように、完全に自然化された政治を提唱したものの、真の中心は京都だと考えていた。京都では、古代の習慣に則った皇室儀礼を挙行することで、周辺地域に日本の安定を保証していた。同様に、善悪を問わず神意としての自然、人間の心としての自然、そして、日本という「神聖な土地」としての自然など表面的には異なって見える自然の形態も、このような皇室行事によって、言葉、規則、教義といった媒介物の必要もなく統合されていた。このように自然のさまざまな形態が統合されているのは日本だけなので、日本は宗教的、政治的、および道徳的な中心地であり、天皇は「神道に随ふとは、天下治め賜ふ[36]」。

一七八六年に、国学者の上田秋成(一七三四〜一八〇九年)が「皇國」は特に土地が広いというわけではなく、オランダの世界地図では、「吾皇國……たた心ひろき池の面にささやかなる一葉を散しかけたる如き小嶋なりけり」と本居宣長に示唆している。宣長はもっともだと同意したが、上田秋成が指摘した言外の意味は一蹴した。つまり、地理的に小さいことと、日本の道徳的中心性は無関係だと主張したのである[37]。その後、日本が相対的に小さな国だと認識し、地球が球体だと新たにわかり、中心点の重要性が低くなっても、近代初期の地勢的想像力によって、日本が地理的に傑出していると再度主張する識者も依然現れていた。[38]

空間的に卓越していることと政治的・道徳的権威が共鳴するということは、いろいろな方法で繰り返し述べられてきた。たとえば、祠官の真木和泉（一八一三～六四年）は、「日本は世界の大地の頂点にあった」と主張することで、政治的、道徳的、地理的に中心性を結びつけた。[39] また、国学者の平田篤胤は、「神国」との地理的距離は政治的道徳的徳の距離だったと論じた。彼は、西洋医学、天文学、キリスト教にさえ、仕方なく敬意を払っていたにもかかわらず、「これらの夷人が……浅はかな空言を吐くのは、かれらが神国からほど遠い穢わしき底辺の国に生まれ」たためだと確信していた。[40] ほぼすべての思想学派に通じた折衷派の思想家である大国隆正（一七九二～一八七一年）は、儒学者は概して中央と辺境を混同しているだけではなく、日本の責務は、他の国が「日本国をもとし、わが天皇を、人間世界の大本と仰ぎたてまつるとき、上帝・造物者のはじめよりのみこころざしにかな」うように手助けすることだと主張した。[41]『万国公法』によれば、中国人が考える世界システムとフーゴー・グロティウス（一五八三～一六四五年）が唱えた国際法も、金銀といった天然資源から米、布、紙まで高品質で豊富に享受している日本帝国の威厳にはかなわなかった。換言すれば、政治的権威を公正・高潔・富の中心に合わせておきたいという地勢的想像力の衝動が非常に強かったので、多くの論者はこのような概念枠組みを放棄するのではなく、知の案内図そのものを再構築したのである。

日本と皇室を世界の中心に置きたいという動きと同じだが、水戸学派の最も著名で大胆な会沢正志斎は、一八二五年に刊行された『新論』の最初のページで、地理的描写、身体の隠喩、道徳的優越性を統合し、次のように主張している。「然れども凡そ物として、自然の形體態有りて存せざるはなし。而して、神州、其の首に居る。故に幅員甚だ廣大ならず。其の萬方に君臨する所以のものは、未だ嘗て一も其の性を易へ、位を革めざればなり。西洋の諸蕃は、其の股脛に當る。故に船を奔らし、舸を走らし、遠しとして至らざるなし。而して海中の地、西夷名づけて亜墨利加洲と曰ふ者に至っては、則ち其の背後なるが故に其の民愚戇にして爲す所有るあたはず。是れ皆自然の形體なり」[42]。また、外交に関する『新論』の後半部分では、(中世ヨーロッパ人は、世界地図の中心をエルサレムとしたように)中心地である京都から世界を測ることによって、より明白な政治地理を創っている。[43] 会沢正志斎は、西側にある大陸(西洋夷はアジア、アフリカ、ヨーロッパと呼ぶ)と東側にある大陸(南北アメリカ)を、日本全体から見てというだけではなく、特に宮廷から見て正確なように思える(でも不正確なのだが)位置づけをした。

賀茂真淵は、「元来のまっすぐな心に立ち戻る」べきだと訴え、本居宣長は、神を満足させる行為と犠牲を強調したが、会沢正志斎は、それを超えて、幅広い活動が京都の自然な政治的中心性に合致すると主張した。つまり、国学者たちは、自然が元来持ち合わせている政治的調和を目指した温和な行動を推奨したが、会沢正志斎は、もちろん、最も重要な皇室の永続的安定という例外はあるものの、他の水戸学派と同様に「変動して居らざるは天地の常道なり」なので、地と民を合体させることを目的とした政策はつねに更新しなければならないと主張する。[44] つまり、武士を土地に帰し、お米を基礎とした貨幣のない経済を再構築し、沿岸防衛と通信網を十分発達させ、小火器を含めた武器を製造・貯蔵すべきだというかなり積極的な提案だった。そしてさらに、蝦夷に日本の主権を拡げるべきだと主張したのである。

会沢正志斎が有益な活動を強調すると、丸山の用語を使えば、「作為」のために自然にそなわっている政治的方向性を拒否しているようにも見えるという識者もいた。たとえば、歴史家J・ヴィクター・コシュマンは、水戸学派は、「自然秩序の作為」によって統合を目指していたと論じている。[45] しかし、会沢正志斎などが提唱した活動は、それ自体が自然の変形だったので、反自然的な活動だと本人たちは考えていなかった。『新論』の最後で会沢が書いているように、「謂ふに、天地は活物にして、人も亦、活物なり。活物を以て活物の間に行ふ。その変は勝げて窮むべからず。事は時を逐うて転じ、機は瞬息にあり」[46]。会沢のダイナミックな自然の概念は「天地不変」というおとなしい国学者の見解とは非常に対照的だが、活動と転換は自然の質であり続け、自然の範囲を超えたわけでもなければ、個人の人智に独特なものでもなかった。

農村の中心

本居宣長や会沢正志斎などは中国から中心性をもぎ取り、京都と日本の天皇を世界の中心に据えたが、徳川時代で地勢的再編をしたのは彼らだけではなかった。一八世紀半ばに安藤昌益、後には平田篤胤と彼が率いる農村の国学者は、中心は日本の皇室ではなく、農村生活だと考えていた。このような理論家にとっては、小部落や村落こそが、自然によって（平田篤胤の場合は神によって）認可された社会・政治構造の真の場所だった。

東北出身で宗門を離脱し、医者だった安藤昌益はあらゆる神や宗教を信じなかった[47]。そして、妥当な政治・社会生活を送るために、自然、つまり「自ら活動する生きた真理」の世界にしか直接目を向けなかった。安藤昌益が書いた『自然真営道』[48]は「自然とは何か」[49]と問うて、過酷な幕藩体制と農民の悲惨な状況に対する批判を始め、すべての人が土地で働く平等な人間の共同体という観点から自答している。さらに、政治体制を評価するため、幕府と同じように徳と安定という規準を用いながらも、幕府は自然を適切に理解していないので、農民は満足せず、社会も安定していないと主張した。自然と政治の道徳的交差点は、中心にたったひとつだけ存在するのではない。むしろ、適切な交差点は複数あり、地方に分散し、階層的ではなく、土地の「直耕」によって形成された。そして、日本人全員が直接耕作をすべきだと主張した。このような適切な出会いをすれば、自然と政治は階級を形成するのではなく、階級を解消し、平等な社会を形成できる。その結果、国の中心はひとつではなく、小規模で自給自足的な小部落や小さな地方中心部から政治的風景ができあがるだろう。

農業重視の社会を提唱していたため、統治者は特権的地位を捨てて農村で額に汗し、農民と同じように酒はなく、質素な野菜料理を分かち合うべきというのが安藤昌益の見解だった。いったん、階級、租税、学問、贅沢がなくなれば、人間は色欲、貪欲、反感などの感情を持たなくなり、病気にもかからなくなると考えた。人間どうしの区別、つまり、「治・乱・富・貧などの名目がない」からである(50)。こうして適任者が現れ、すべての人間が「直耕」に戻ることが必要になる。安藤昌益によると、「直耕とは食物と衣服の生産の別名である(51)」。このような調和のとれた平等主義的見解を揺さぶる唯一の問題は、すべての人が労働に従事させるためにはやはり村長が必要であり、特に手に負えない悪党には家族が食べ物を与えなかったり、即座に殺すべきだという点である(52)。ただ、どのようにして村長を選び、悪党を見つけ、悪党だと判断するのか。安藤昌益はその方法は示していない。

人間と自然界の複雑な相互関係は、社会階級、顔と身体、内臓、鍋、惑星、星の間の一連の類似性によって定められている。たしかに、安藤昌益は人間の「心身」は天地の自然と不可分に結合していると説く。しかし、儒教、仏教、道教、神道などにおいては、自然界に平等な相互関係があるにもかかわらず、統治者は「五穀」を自分自身で作ることなく、被統治者の労働の上にあぐらをかくような体制を維持してきた。

だから、日本はこのようなパロディをやめ、自然な農村生活に立ち戻るべきだと要求し、さらに、農村生活は理想的幻想ではないと主張した。たしかに、蝦夷とオランダの共同体の成員は「無始無終なる天地の自然活真の精妙な運行」、簡単に言えば、自然に逆らわずに暮らす生涯を享受していたのである。[53]

当然ながら、安藤昌益が唱えている自然の共同体はヨーロッパ啓蒙哲学者が唱える「自然状態」とは異質である。第一に、人間の共同体の外側には誰もひとりでは住んでいない。そして第二に、安藤昌益が定義する平等と労働の自然領域が始点となり、そこから発展して成熟した社会になるのではなく、それ自体で完結しているからである。換言すれば、ヨーロッパ人理論家とは異なり、まず自然に立ち返り、再出発し、合意、理性、安全に従って、よりよき共同体を作り上げるのではなく、その自然に立ち返った状態を永遠に保とうというのである。丸山眞男は安藤昌益を大変尊敬していたが、その急進主義は非常に形式的だった。「昌益がいかに封建社会を概念的に否認し、また『自然ノ世』の到来を期待しようと、法世を自然世に転換さすべき主体的契機は一切の『人作説』に対立する彼の理論のなかには見出されない」としている。[54]「純粋な教義を厳格に維持」していたので、安藤昌益は幕府の理想に反対できても、交渉によってその理想を変えることはできなかった。

安藤昌益ほど皇室および幕府を頂点とした階層社会を直接批判しなかったが、平田篤胤と彼の弟子も、日本という小宇宙の道徳的中心としての京都をあまり重要視しなかった。[55]彼らは伊勢神話や太陽神天照大神と決別し、蝦夷やオランダではなく、出雲信仰や地方に点在する小さな神社に関心を向けた。このような場所は古代日本の産霊《むすび》の神と呼ばれる神々につながる直接的なパイプとなり、[56]世界の中心にある単一の皇室ではなく、畑の真ん中にあり、ミニ世界の小さな中心を形成する何百という農村共同体において、徳と土地をがっしりと結びつけた。耕作の場は安藤昌益同様、平田篤胤にとっても重要ではあっただろうが、地方の小部落を重要視するのは、それだけが理由ではない。ハリー・ハルトゥーニアンが述べるように、平田篤胤は、「土地の形成と同時に人間の共同体が形成されたと唱えた。そのような関係が成り立てば、土地と人は天皇が登場する前から存在していたという結論も導きだした」[57]。このような神との最初のつながりは、何よりも、村落が中心的な役割を果たしていたことを示しており、その後も地方共同体における作業や祭儀によって、その重要性が何度も確認された。先祖代々の土地を耕し、家の社を守り、先祖の供養を通じて、農村共同体は継続的に御霊の不可視の世界との結びつきを保つことができた。村落は人間、神、自然が完全な調和を維持している場と考えられていたので、この三要素を区別しようとすると即座に、その幸せな結びつきはほどけてしまった。安藤昌益は人間と自然のギャップを農業労働で縫合しようとしたが、地方の国学者は人間、自然、神を労働だけではなく、日常生活という文脈で崇拝を通して統合しようとした。

調和のとれた村落の生活と実際の生活とのギャップはますます大きくなった。「土着主義は都市に根付かず地方へ向かった」[58]一八三〇年代初期までに、農村起業家は伝統的な村落指導者の地位を脅かし、村落の階級秩序を乱していた。農民の名望家は市場経済による変化を抑え、自分たちが農村の指導者になるのが自然で有益だということを確認するために、自給自足的な村落という国学のイメージを必要とした。ハルトゥーニアンの言葉を借りれば、このイメージは「政治的というよりは宗教的なものであり、制度として服従を強制されたというよりはむしろ、社会の相互依存の必要性から出た『自然』な秩序観によっている」[59]。負債に苦しんで死に物狂いになった農民が一揆を起こした際、村落指導者がまず思い浮かべたのは公的部門による再編ではなく、民間慈善事業だった[60]。換言すれば、徳川時代後期には市場志向型生産様式が拡大するにつれて、伝統的な農業慣習はイデオロギーとして主張されるようになった。新企業家が天然資源を利用したために起こる政治的社会的影響、および中国や京都を中心と考える世界観と対峙する形で、自然共同体に関する地方の国学者の見解が提起されたのだ。

安藤昌益の思想と地方の土着主義者の思想には、神性に関することや、どこに自然共同体ができるのか、また、それが実際にできたのか否かという問題に関して相違があるが、一方で大きな共通点もある。両者とも、自然は人間の階層社会に悪影響を与えるとし、従順ではなく相互協力、行政的・法的手続きよりも本能的な尊敬と優しさが、人間関係にとって好ましいと考えていた。政治は競合する利害関係を調整する制度だと定義づけるとしよう。社会で自然を十分に表現することができれば政治のかわりになりうる。同様に、両者の見解は民主的ではなく大衆主義的な考えである。自然の調和が中心になるところでは、選択という概念は忌み嫌われるもの、より正確に言えば誤った概念となるので、選択の余地はなく、また、あるべきでもない。[61] 利害関係は競合するというよりはむしろ矛盾のないものであり、欲求は弱められているか儀式化されている。[62] たしかに、選択という行為において、根本的な最初のステップとなる分別知を創造することを通じた論理的思考は、自然ではなく、堕落につながる。選択と欲求に対するこのような不信、すなわち自然共同体が完全無欠の満足感を与えるという見解は、政治慣行にほとんど役立たない。このような定式化において、自然は、丸山が規定するような行動、つまり、故意で、有益で、道理に基づいた「作為」を認めないが、労働や崇拝のような行動は前向きに容認した。このような特徴が前提にあると、安藤昌益や平田篤胤らが思い描いた自然共同体はやはり、幕府にとって計画的な批判というよりは無計画な反証なのである。

学問の中心

私は本章で、自然は、徳川時代の政治思想に関係する限り、基本的に空間的意味合いで定義されたと述べてきた。朱子学者、国学者、水戸学者、または、安藤昌益や大国隆正のようにどの学派にも属さない学者の著作において、地勢的想像力によって、これまでとは異なる政治正義を持つ中心が形成されるのだが、その足跡をたどることは至極簡単である。彼らは皆、今までは異なる文献に依拠し、異なった分析方法を用い、政府内でも平民の間でも違うグループを支援していたが、自然のパターンを正確に理解して、適切な政治慣行の場を定める必要があることを敏感に察知していたからだ。

すでに徳川時代初期に彼らが真実を見ぬいていたのは、驚くべきことだ。文字知識への依存を止め、体験的観察を政治理論に取り込もうとした学者にもそれは当てはまった。安藤昌益は、医学を修め、飢餓に苦しむ地域の人に出会うという胸の張り裂けるような経験をしたため、地方小部落の真の自然に合致するような政治状況をしっかりと回復させる必要を主張しつづけた。また、蘭学者、医学者、農業技術者、研究の才に長けた商人など経験に基づいた他の学者も、地理的空間としての自然に対する鋭敏な知覚を保持していた。彼らの知の案内図が重視したのは、最も発達した自然の知識（徳の徴候）がある場だった。高い道徳的政治的価値観は成功した自然の究理に導かれるので、それに最も貢献した場こそがすべての分野の中心的模範としての役割を果たした。(63) 世界の再構築はこの中心点から始まるべきだった。当初、自然に関する知識と自然そのものはかなり安定したものと認識されていた。それは調査の過程がダイナミックだったからだ。しかし、その後、調査の過程だけではなく、知識や自然が、よりダイナミックに変化した。

一九世紀初期までには、自然を空間的意味合いではなく、時間的意味合いで定義づけるように重点が移り始めた。

もともと中国は中心であり、理を完全に理解しているところだと考えられていた。中国は混沌とした世界の基礎を成す、秩序ある真髄だった。しかし、自然を考察の対象とした徳川時代の思想家にとって、中国は自然現象、特に医学と軍事科学のような分野を理解したり説いたりするのでもなく、特に優れた国でもないことがますます明らかになってきた。こうした思想家はヨーロッパの文献をあまり利用していなかったが、多くの人は、自然に関する研究が最も進んでいるのはヨーロッパだと考えた。自然を適切に理解できれば、政治も適切に把握できる。ヨーロッパ人は自然科学で成功を収めているから、政治的取り決めでも優位に立つと思ったのだ。

「蘭」学者の中には、ヨーロッパ君主制の徳を賞賛する際に、この見解を論理的結論とする者もいた。たとえば、前野良沢（一七二三〜一八〇三年）は、ヨーロッパが自然の支配と科学で優位に立っているゆえに、政治的手腕も優れているにちがいないと主張した。[64] 山片蟠桃（一七四八〜一八二一年）も自然に関する知識によって世界を順位づけ、アルバート・クレイグの言葉を借りれば、オランダを「儒教のユートピア」とした。このように外国人を賞賛しながらも、山片蟠桃は「西洋欧羅巴ノ人々ハ天下万国ニ渡リテ、天文ヲ明ラメ地理ヲ察シ、世界ノ大キナル全体ヲ弁へ、忠孝仁義ノコトハ本ヨリ、到知格物ノコトノミニ耽リテ、諸芸諸術ノ無用ノコトニ日ヲ費スコトナク」と記している。[65] 理を理解することと市民道徳を関連づけること自体は目新しくはない。しかし、知識は文書にすべて書かれたわけではないという考えは新しい。古典を実際の経験に適用すると、知識は進歩的で、有益で、変幻自在になる。その自然に関する知識が変化し、ますます自然そのものが変化するように思えると、政治の世界も同様に流動的になった。このように知識と自然物を理解し直すと、政治の世界のイメージも再構築できた。

この再構築された世界を最も情熱的に信奉したのが、熊本藩の下級武士で、福井藩で顧問をしていた横井小楠（一八〇九～六九年）だった。一八六〇年に刊行された『国是三論』で、横井は、天地が計画したのは変化であって一貫性ではないと説いている[66]。横井は、変化しつつある状況、特にヨーロッパ人の侵入と悪名高きアヘン戦争に直面した当時の中国を軽蔑の眼差しで見て拒絶するとしても、中国の過去の栄光が傷つけられる必要はないと考えた。横井は儒教の古典を真っ向から拒絶せず、政府の主たる任務は「人民を養うこと」という古典的な教えを参考にし、政治の良し悪しを判断するには儒教の経典と同じ基準を使うべきだと主張した。しかし横井は、古代に提唱されたり、徳川幕府が提起した解決法は退けている。その代案として、横井は現在の「天地の気運」は国際主義を要求していると論じる。「日本一国の私を似て鎖閉する事は……弊害あり[67]」。さらに、イギリス、ロシア、米国を目標にし、外国との通商貿易、積極的で強力な防衛力、時事問題の公開論議、活気があり再編成された政府の台頭を促進した。横井は自然や天地の力を否定したわけではなく、自然を再定義したのである。「自然の条理」に従えば、こうした諸改革は必要不可欠だと横井は主張する[68]。一方、彼が拒絶したのは、静的もしくは安定して自然な政治秩序である。それは、自然を革新的なものとして再定義し、西洋列強の支配がますます強まる世界において日本の進むべき路線を探る時、歴史的変動と結合する物語的な自然を創造するからである。

この横井の考え方は時間的広がりを空間の世界に注入した。会沢正志斎も「変動して居らざるは天地の常道なり[69]」という反面、皇室の中心を相対性と変化とは無縁だとしていた。一方で横井小楠は固定した中央という考え方を一蹴した。これによって、歴史的変化を気まぐれなものであるとか、定点に対してどの程度回帰したかではなく、未知の状況への転換として捉えられるようになった。外国に関心がある識者は日本が物質的世界を熱心に研究することで、この新しい国際関係に参加できると感じ始めていた。しかし、前途はたしかに不安ではあった。

離別過程——空間と時間

神に関する理解、適切な社会・政府形態に関する理論、自然界に関する知識は一致しないようだが、ヨーロッパ史でもよく似た苦悩の時期があり、聖典、市民道徳、自然哲学の三者を一致させるために努力した。それは複雑だが、興味をそそるような内容だった[70]。徳川時代の最後の数十年を生きた日本人識者も、一神論という重圧はなかったにせよ、同じようなプレッシャーを感じていた。その中で最も過激な解決法のひとつは、道徳的政治的支配と自然界の支配を分けようとしたことだった。当時、幕藩体制を認める自然社会秩序の伝統的な理解を揺るがすことなく、自然界の知識は西洋の科学や技術を用い手に入れられると考えられていた。したがって、物質的世界を支配する「オランダ」式は、自然の政治原則を支配する朱子学と全面的に合致するのだ。

この見解を最初に提唱したのが、人体解剖学に関するオランダの本をイラスト付で翻訳(『解体新書』)した杉田玄白(一七三三～一八一七年)だった[71]。彼はヨーロッパの治療技術に魅惑されたが、医学やその他若干の分野にその新しい知識をなるべく応用しなかった。杉田は、人体解剖によって明らかになったように解剖学に関する中国の文献には明らかな誤りはあるが、西洋の専門知識は、当時の道徳性や政治的枠組みに疑問をはさむ根拠とはならないと主張した。科学と政治は本質が異なるが、同じほどの価値があって併存できれば、世界には両者を受け入れられるだけの容量はある。杉田玄白にしてみれば、ヨーロッパ医学の専門知識は、同僚の前野良沢が仮定したような政治手腕も徳も意味しなかった。

　西洋の科学技術の知識を導入しても、日本の倫理的・政治的知識は維持できるという考え方は、佐久間象山（一八一一～六四年）が論じた「東洋道徳、西洋芸術[72]」という『省諐録[73]』の一節に端的に示されていた。彼は、自然科学と物理学の実験をし、社会原理を調査すれば普遍的真理に到達できると信じていた。西洋は物質的世界における真理を発見したが、中国と日本もジェンダー、年齢、家庭と政治における権力という階層の「五つの諸関係」で例証されたように、社会倫理の真理を理解した。端的に言えば、本質的に異なる自然の二形態は互いの知識が必要なのだが、制限されていたということだ。通商や外交関係を無理矢理結ぼうとする外国人を撃退するのに効果がある要塞をつくり銃火器を製造するのに必要な特に物理学の知識を吸収することで、幕藩体制の自然の秩序は維持された。

　一九世紀半ばの激動期に、佐久間象山が西洋の知識は政治的に中立だと見当違いの確信をもっていたおかげで、かえって科学技術は利用しやすくなった。しかし、論理面でも実用面でも、ひとつの体制内に二つの根本的に異なる「自然」を維持することは困難だった。幕藩権力体制を認め、安定し、成熟し、人間を中心に据えた普遍的な自然の秩序は、研究対象にはならなかった。このような自然の社会形態に関する知識は、一般に容認された知恵に基づいていた。その対極には、西洋の科学が研究した自然と、厳密な実験で獲得した知識があった。

　「芸術」についてはきわめて実用的な関心がもたれたが、技術は社会的にも政治的にも中立ではないので、自然に関するこの二つのタイプの緊張関係を未然に防ぐことはできなかった。ラングドン・ウィナーは「技術的なものが政治性をもっている……特定の形をもった力と権威を生み出す」と論じている[74]。物理学と力学の基礎となる科学や哲学の原理を無視したとしても、技術の利用と生産は人間関係を変える。

たとえば、近代戦争で非人間的な技術を使いながら、同時に侍の個人的な武勇をほめたたえることはできない。イギリスとフランスの軍隊は、アジャンクールの戦いで、騎士の栄光や腕前を披露するのではなく、名もない弓の射手の努力の賜物である垢と汗によって戦争の勝敗は決まると思い知った[75]。同じく日本軍も刀ではなく銃と大砲を使うようになると、必然的に平等主義が進み、無名の兵士の集団となった[76]。つまり、科学技術は西洋に対してと同様、日本に対しても、理想的な自然の政治秩序に脅威を与えた。急進的な新しい手段を通じて保守的な政治目的を達成するために「東洋道徳、西洋芸術」という奇妙な知的混合物が出来上がったものの、そのせいで不安定さが増し、やがて徳川幕府の崩壊につながった。

横井小楠と佐久間象山は科学知識を朱子学の哲学と合体させようとしたが、「二人は、歴史のために自然を否定するような基礎を築くことを最終的な解決とし、これは明治期末に、便利で役立つ知識の体系を構築する際に非常に重要となった」とハリー・ハルトゥーニアンは論じている[77]。この分析は一九世紀半ばの日本における自然と歴史の対立を過大評価しているように思える。しかし、横井小楠と佐久間象山の業績は、自然には古い反歴史形態と新しい歴史化した形態の二つがあることを示していた。二人は水戸学派の業績に基づき、時代の変遷という制約を受けながらも、自然そのものと自然に関する知識は変化すると考えていた。両者の業績を通じて、自然は「無視するもの」ではなく時間的に位置づけるものであり、自然自体が歴史形態になる。皮肉なことだが、この点に関して、横井小楠と佐久間象山の考えは諸外国と同じだった。そして明治時代に、日本人は自然を追放して歴史を獲得するためではなく、ライエルの地質学、ダーウィンの生物学、スペンサーの社会理論を通じて自然を歴史化するために国際社会を発見したのである。徳川時代後期の知的活動は自然から歴史へと向かわなかったが、それと同じくらい革新的で、空間的な自然の概念から時間的に位置づける自然の概念へ向けられた。新しい時代のはじまりに空間と時間の位置が変わり、空間ではなく時間が政治において自然の教訓を表現する媒介となった。

註

（1）日野龍夫「徂徠学における自然と作為」相良亨ほか編『講座日本思想　第一巻　自然』（東京大学出版会、一九八三年）一九三頁。

（2）たとえば、荻生徂徠『弁道』trans., Olof G. Lidin, *Distinguishing the Way* (Tokyo: Sophia University, 1970), p. 94.

（3）言語学者の柳父章をはじめ、いろいろな人がこの点に関して疑問を呈している。つまり、natureという英単語に自発性という意味はない。自発性は日本語の「自然」という語が持つ独特な意味であると主張する。

（4）テレンバッハと木村は、日本最古の歌集である『万葉集』には、「おのずから」と「しぜん」に同じ漢字を使っている例がある、と指摘している。Hubertus Tellenbach and Bin Kimura, "The Japanese Concept of 'Nature,'" in J. Baird Callicott and Roger T. Ames, *Nature in Asian Traditions of Thought* (Albany: State University of New York Press, 1989), p. 154.

（5）Tessa Morris-Suzuki, "Concepts of Nature and Technology in Pre-Industrial Japan," *East Asian History* no. 1 (June 1991), pp. 83-84.

（6）Maruyama Masao, *Studies in the Intellectual History of Tokugawa Japan* (Tokyo: University of Tokyo Press, and Princeton, N.J.: Princeton University Press, 1974), p. 256, n. 29〔丸山眞男『日本政治思想史研究』東京大学出版会、一九七一年、二六五頁〕.

（7）源了圓「コメント」日本文化会議編『自然の思想——東西文化比較研究』（研究社出版、一九七四年）四六頁。

（8）"Politische Landschaft" というドイツ語を書名としている芸術史家マルティン・ヴァルンケは、その言葉の源流を探る研究に関して、興味深い説明を提供している。ヴァルンケによれば、ドゥーデン辞書では、この言葉を作ったのは第三帝国で国民啓発・宣伝担当大臣だったヨーゼフ・ゲッベルスだという。ヴァルンケは一八四九年の記録にその言葉を発見したが、これは、ゲッベルスの生きた時代よりかなり前のことだった。Martin Warnke, *Political Landscape: The Art History of Nature*, trans., David McLintock (Cambridge, Mass.: Harvard University Press, 1995), p. 7〔福本義憲訳『政治的風景——自然の美術史』法政大学出版局、一九九六年〕.

(9) 徳川時代の日本社会は広範な知的活動が行えるほど物質的に豊かだった。大惨事となるような伝染病の蔓延も一三世紀以来ほとんどなかったが、ほどほどの人口密度があり、大陸との交流を続けていたため、あまり悪影響のない伝染病は日本に入ってきていた。William H. McNeill, *Plagues and Peoples* (New York: Doubleday, 1976)〔佐々木昭夫訳『疫病と世界史』新潮社、一九八五年〕の第一章では、日本における小寄生物の全般的な影響に関して、また原書の一二四～一二五頁では疾病パターンに関して論じている。農業や林業の経営技術はよく発達しており、特に、一七二一年から一八四六年まで日本の人口は三一〇〇万人あたりで安定していた。Conrad Totman, *The Green Archipelago: Forestry in Preindustrial Japan* (Berkeley: University of California Press, 1989), p. 172〔熊崎実訳『日本人はどのように森をつくってきたのか』築地書館、一九九八年〕; Thomas C. Smith, *Nakahara: Family Farming and Population in a Japanese Village, 1717-1830* (Stanford, Calif.: Stanford University Press, 1977), p. 7.

徳川時代を通じて日本の人口はかなり多かったが、環境に恵まれていたため、維持することができた。もちろん、個々の論点に関して議論の余地はある。たとえば、スーザン・ハンレーとヤマムラ・コウゾウは、一七世紀は「良好な気候条件にも恵まれ、大飢饉があったという記録はない」と主張するが、コンラッド・タットマンは反対意見を次のように述べている。一六三〇年代には「東北アジアの気候パターンが悪化したことにより、日本でも全国的な凶作に見舞われていた。その結果あらわれたのが寛永の飢饉である」。Susan B. Hanley and Kozo Yamamura, *Economic and Demographic Change in Pre-industrial Japan,*

1600–1868 (Princeton, N.J.: Princeton University Press, 1977), p. 320〔速水融・穐本洋哉訳『前工業化期日本の経済と人口』ミネルヴァ書房、一九八二年、二九六頁〕; Totman, *The Green Archipelago*, p. 94〔熊崎訳『日本人はどのように森をつくってきたのか』一一〇頁〕. 一般的には、徳川時代の最後の数十年間に天候が若干悪化し、政治的不安定をもたらしたと考えられている。鬼頭宏は、徳川時代中期と後期に平均気温が二度低下したと指摘している。鬼頭宏「江戸時代の自然と人間」『ソフィア』33（一九八四年）一六一頁。ドナルド・キーンは「一七七〇年（明和七）から九〇年（寛政二）にかけては、噴火、洪水、伝染病、旱魃など、未曾有の天災がつづけざまに発生し、深刻な飢餓状況を招いた」と書いている。天候パターンの変化は、天明の飢饉（一七八三～八七年）、天保の飢饉（一八三三～三六年）、およびそれに続く一連の農民一揆の一因になったと考えられている。Donald Keene, *The Japanese Discovery of Europe, 1720–1830*, revised edition (Stanford, Calif.: Stanford University Press, 1969), p. 97〔芳賀徹訳『日本人の西洋発見』中央公論社、一九六八年、一四九頁〕. 徳川時代末期になって、文化的な慣行は気候の悪化により、少し束縛を受けるようになったようだ。

（10） 鬼頭「江戸時代の自然と人間」三三頁。

（11） スーザン・B・ハンレーは、徳川時代の健康的な日常的活動という意味での「物質的文化」が、それ以降の経済成長の基礎をなした、と主張する。Hanley, *Everyday Things in Premodern Japan: The Hidden Legacy of Material Culture* (Berkeley: University of California Press, 1997). アラン・マクファーレンは日本とイギリスにおけるこのような要因の比較研究をしている。Alan MacFarlane, *The Savage Wars of Peace: England, Japan and the Malthusian Trap* (Oxford: Blackwell, 1997)〔船曳建夫監訳、北川文美・工藤正子・山下淑美訳『イギリスと日本――マルサスの罠から近代への跳躍』新曜社、二〇〇一年〕.

（12） トマス・C・スミスは、徳川時代に日本の非都市住民が比較的自由を謳歌していたため、農村起業家層が生まれたと主張する。Thomas C. Smith, "Premodern Economic Growth: Japan and the West," in *Native Sources of Japanese Industrialization, 1750–1920* (Berkeley: University of California Press, 1988)〔大島真

理夫訳『日本社会史における伝統と創造——工業化の内在的諸要因1750–1920年』ミネルヴァ書房、二〇〇二年〕.

(13) このカテゴリーの中には「非人」と呼ばれた人もいた。

(14) Annette Kolodny, *The Lay of the Land* (Chapel Hill: University of North Carolina Press, 1975).

(15) ここで、(遠まわしながら) 私は極端な生物学的決定論主義をとる社会生物学者と、人間は完全に自然を操作することができると主張する文化決定論者の中間の立場をとりたい。前者の代表的論者はエドワード・O・ウィルソンであり、「イデオロギーさえもが遺伝子という隠れた主人には頭をさげている」と強く訴えている。Edward O. Wilson, *On Human Nature* (Cambridge, Mass.: Harvard University Press, 1978), p. 4〔岸由二訳『人間の本性について』筑摩書房、一九九七年、二〇頁〕. しかし、「遺伝子は、その主導権の大部分を引き渡してしまったとはいえ、少なくとも諸文化間の変異の基礎となる行動上の特性についてはある程度の影響力を保持している」とも述べている。Wilson, *Sociobiology* (Cambridge, Mass.: Harvard University Press, 1975), p. 550〔坂上昭一ほか訳『社会生物学』新思索社、一九九九年、一〇七九頁〕. 政治学者でルソーの翻訳者でもあるロジャー・D・マスターズの著作も参照。マスターズは、人間をばらばらの個別DNA保持者ではなく、すべてひっくるめて社会的動物と見なして、遺伝子型に焦点を当てるために生じる諸問題から逃れようとした。Roger D. Masters, *The Nature of Politics* (New Haven, Conn.: Yale University Press, 1989). 文化決定論の代表的論者は文化人類学者のマーシャル・サーリンズであり、「人間の生物学は文化によって形成されており、それ自体、われわれが理解している人類よりもかなり古いものである」と主張する。Marshall Sahlins, *The Use and Abuse of Biology: An Anthropological Critique of Sociobiology* (Ann Arbor: University of Michigan Press, 1976), pp. 12–13. 上述のように、私自身は、自然は人間の経験を条件づけるが、分析レベル次第でその影響力は変わるという見解をとる。ここで、セバスティアーノ・ティンパナーロの系統論的論述を支持したい。「唯物論という言葉を使うなら、とりわけ、『心』より自然、表現を変えれば、社会経済・文化レベルよりも生物学的レベルが、そしてその生物学的レベルよりも物質的レベルの方が、重要度が高いと理解している。それは、どちらも（地球上に生命が誕生する前と、生命と人間誕生の起源の間にある非常に長い）時代の重要度の問題という意味でのことであり、同時に、自然が現在も人間に働きかけ、少なくとも予想しうる将来にわたって働きかけ続けるための条件という意味のことだと理解している」。Sebastiano Timpanaro, *On Materialism*, trans., Lawrence Garner (London: Verso, 1980), p. 34. ここでいう「条件」は経験のレベルに応じて異なり、徳川時代のように、物質的にかなり豊かであれば、知的および政治活動の領域を決定することはなかなかできない。

(16) 作家や地図製作者の文明観では受容できないような、自然現象、生理学、社会的政治的枠組みなどをすべて、未知の野生なるものと表現する例が多くの文化では見られる。たとえば、ヘロドトスが描いた馬にとりつかれたスキタイ人、中国の『山海経』（紀元前二世紀）に描かれた三つの頭を持つ人、平安時代と鎌倉時代の地図で日本の南部にあった羅刹国という女性の鬼の国などが挙げられる。これらの例でもわかるように、「野生」というものは通常、自然と文化における異常なものの組み合わせになっている。Herodotus, *The History*, trans., David Grene (Chicago: University of Chicago Press, 1987)〔松平千秋訳『歴史 上・中・下』岩波書店、一九七一〜七二年〕; Richard J. Smith, *Chinese Maps: Images of "All Under Heaven"* (Oxford: Oxford University Press, 1996); J. B. Harley and David Woodward, eds., *The History of Cartography*, vol. 2, book 2, *Cartography in the Traditional East and Southeast Asian Societies* (Chicago: University of Chicago Press, 1994); and Hugh Cortazzi, *Isles of Gold: Antique Maps of Japan* (New York: Weatherhill, 1992).

(17) たとえば、Thongchai Winichakul, *Siam Mapped: A History of the Geo-Body of a Nation* (Honolulu: University of Hawai'i, 1994)〔石井米雄訳『地図がつくったタイ――国民国家誕生の歴史』明石書店、二〇〇三年〕. ジェレミー・ブラックは一九世紀に国境が注目されたことを論じている。Jeremy Black, *Maps and Politics* (Chicago: University of Chicago Press, 1997), pp. 134-36〔関口篤訳『地図の政治学』青土社、二〇〇一年〕.

（18）他の文化でも、物質的、精神的、政治的に中央集権化されている場合は、世界は中心から周辺に放射していると解釈してきた。このような比喩の効能とその範囲については、古代ギリシャ、儒者、およびアンデス山脈の宇宙発生進化論に関する以下の論集で論じられている。Robin W. Lovin and Frank E. Reynolds, eds., *Cosmogony and Ethical Order: New Studies in Comparative Ethics*（Chicago: University of Chicago Press, 1985）, p. 2. 中世ヨーロッパのキリスト教徒にとって、エルサレムは人間と神両方の血で封印された地点であり、人間と神の新しい関係の起点としての役割を果たした。キリストによる罪のあがないによって、特定の場所から世界が再構築されることとなった。だから、時として、エルサレムが地図の中心点となった。図表のちょうど中心に魅力的な場所を描くもう少し風変わりな例としては、ウォルター・ローリー卿が描いた伝説のエル・ドラドが挙げられる。彼は南米探検をしている間も、この空想の宝と美の町にたどりつけなかったが、自分の描いた地図のちょうど真ん中にエル・ドラドがあると予想していた。しかし、南部の不明な地域はすべて空白のままだった。Charles Nicholl, *The Creature in the Map: A Journey to El Dorado*（New York: William Morrow, 1995）, pp. 13-15.

（19）Paul Carter, *The Road to Botany Bay: An Exploration of Landscape and History*（New York: Knopf, 1987）, xxi, xvi.

（20）世界を写実的に説明する中国の長い歴史は紀元前六世紀の書経、特に「虞帝」（舜）の朝貢と呼ばれる章にまで遡ることができる。この章では、世界を「首都から外向きに発散している五大同心地理的ゾーン、すなわち、王領地、王子領地、平和ゾーン、同盟異邦人ゾーン、未開ゾーン」に分割して描写している。Smith, *Chinese Maps*, p. 23. 以下の議論も参照。John B. Henderson, "Chinese Cosmographical Thought: The High Intellectual Tradition," in *Cartography in the Traditional East and Southeast Asian Societies*, eds., J. B. Harley and David Woodward.

（21）Marius B. Jansen, *China in the Tokugawa World*（Cambridge, Mass.: Harvard University Press, 1992）.

（22）Smith, *Chinese Maps*, p. 8より引用。

（23） Bob Tadashi Wakabayashi, *Anti-foreignism and Western learning in early-modern Japan: the New theses of 1825* (Cambridge, Mass.: Council on East Asian Studies, Harvard University, 1986), p. 25〔伊藤仁斎「論語古義」関儀一郎編『日本名家四書注釈全書　論語部』東洋図書刊行会、一九二二年、一三七頁。現代訳は伊藤仁斎「論語古義」貝塚茂樹編『日本の名著13』中央公論社、一九八三年、二一四頁〕より引用。

（24） Kate Wildman Nakai, "The Naturalization of Confucianism in Tokugawa Japan: The Problem of Sinocentrism," *Harvard Journal of Asian Studies* 40 (1980), pp. 159–60.

（25） *Ibid.*, p. 165.

（26） Wakabayashi, *Anti-foreignism*, p. 51.

（27） 賀茂真淵「国意考」（一七六五年）平重道・阿部秋生編『日本思想大系39　近世神道論』（岩波書店、一九七二年）三八二頁。

（28） ただ、人間は他の生き物よりも偉くはない、という賀茂真淵の見解には、本居宣長は同意しなかった。本居宣長はあらゆる生き物は究極的に「産巣日神」から生まれるということは認めたものの、下等動物と異なり、教えなくても行動の仕方を知っているので、人間は生き物の中でも特に優れていると考え、「いはゆる仁義礼譲孝悌忠信のたぐひ、皆人の必あるべきわざ」と主張した。本居宣長「直毘霊」『宣長選集』（筑摩書房、一九八六年）五九頁。trans. Harry D. Harootunian, *Readings in Tokugawa Thought* (Chicago: The Center for East Asian Studies, University of Chicago, 1994), Select Papers, vol. 9, p. 123.

（29） *Ibid.*, p. 119〔同前、五三頁〕.

（30） Harry D. Harootunian, *Things Seen and Unseen: Discourse and Ideology in Tokugawa Nativism* (Chicago: University of Chicago Press, 1988), p. 60, and Tetsuo Najita, "History and Nature in Eighteenth-Century Tokugawa Thought," in *Early Modern Japan*, ed. John Whitney Hall, vol. 4 of *The Cambridge History of Japan* (New York: Cambridge University Press, 1991), p. 618.

（31） 柄谷行人は近代日本と「西洋」を比較する際に同様の手法を用いている。柄谷行人『言葉と悲劇』（第三文明社、一九八九年)。本書第七章参照。

(32) 丸山は特に賀茂真淵と関連づけてこの点を重ねて強調している。Maruyama Masao, *Studies in the Intellectual History of Tokugawa Japan*, p. 268〔丸山『日本政治思想史研究』二六九頁〕.

(33) Victor Koschmann, *The Mito Ideology* (Berkeley: University of California Press, 1987), p. 53〔田尻祐一郎・梅森直之訳『水戸イデオロギー——徳川後期の言説・改革・叛乱』ぺりかん社、一九九八年、七八頁〕より引用。

(34) 本居宣長「くず花」『本居宣長全集　第八巻』(筑摩書房、一九七二年)一六三頁。翻訳は Wakabayashi, *Anti-foreignism*, p. 288, n. 81.

(35) Wakabayashi, *Anti-foreignism*, p. 288, n. 61.

(36) 本居宣長『直毘霊』trans., Harootunian, *Tokugawa Thought*, p. 123.

(37) Wakabayashi, *Anti-foreignism*, pp. 38-39〔本居宣長・上田秋成「呵刈葭」『本居宣長全集　第八巻』筑摩書房、一九七二年、四〇三頁〕参照。

(38) 地理的重要性を強調したいという要求が全員に影響を与えたわけではなかった。たとえば、大槻玄沢(一七五七〜一八二七年)は、地球は丸いと判明したために「中央王国」という概念は完全に崩壊したと理解していた。大槻は「狭量な儒者先生や凡庸なお医者方は天地世界の広大なことを知らない。……世界はひとつの巨大な球体で、その表面に万国が配置されているのだ。自然によって各国の領域は分れているのだが、どの国民も自分の居場所に尊称をつけている」。Keene, *Japanese Discovery of Europe*, p. 26〔芳賀訳『日本人の西洋発見』三五〜三六頁〕より引用。大槻は中国と日本だけではなく、オランダ、ドイツ、イギリスを例にとり、どの場合においても、愛国的虚栄心の発露として中心性という概念が使われていると指摘している。

(39) Harootunian, *Things Seen and Unseen*, p. 382.

(40) Keene, *Japanese Discovery of Europe*, p. 159〔芳賀訳『日本人の西洋発見』二四四頁〕.

(41) 大国隆正「新真公法論」田原嗣郎ほか校注『日本思想大系50　平田篤胤・伴信友・大國隆正』(岩波書店、

一九七三年）五〇九頁。翻訳は以下参照。John Breen, in *Readings in Tokugawa Thought*, Select Papers, vol. 9 (Center for East Asian Studies, University of Chicago, 1994), p. 245.

（42）会沢正志斎「新論」『水戸学大系　第二巻』（井田書店、一九四一年）二〜三頁。trans., Wakabayashi, *Anti-foreignism*, p. 149. さらに次の翻訳も参照。J. Victor Koschmann in *Readings in Tokugawa Thought*, pp. 197-233.

（43）会沢正志斎「新論」六八頁、Wakabayashi, *Anti-foreignism*, p. 193.

（44）会沢正志斎「新論」六八頁。

（45）Koschmann, *The Mito Ideology*, p. 48〔田尻・梅森訳『水戸イデオロギー』七二頁〕。『水戸イデオロギー』の第五章も参照。その中でコシュマンは幕末期に戦略的シンボルとして、場が使われていたことを論じている。

（46）会沢正志斎「新論」下、一八七〜八八頁。翻訳はWakabayashi, *Anti-foreignism*, pp. 276-77.

（47）安藤昌益は（禅宗の訓練をつみながらも）仏教、神道、道教、および書物から学ぶあらゆる形式を軽蔑した。それどころか、学者は農民になるべきだと主張した。その理由は「およそ文字・書物による学問なるものは、人に、耕さずして貪り食らうことにより天道を、さらには天下国家を盗むようにさせる、一番の根元である。だから、なによりもまずこれにたずさわることを禁止する」。Toshinobu Yasunaga, *Andō Shōeki: Social and Ecological Philosopher of Eighteenth-Century Japan* (New York: Weatherhill, 1992), p. 239〔安永寿延『安藤昌益——研究国際化時代の新検証』農山漁村文化協会、一九九二年、二二四頁〕。

（48）安藤昌益存命中は、幕府の報復を恐れて『自然真営道』は刊行されなかった。東京帝国大学所有の九二巻の草稿が刊行される前に、一九二三年の関東大震災によって焼失し、一五巻しか残らなかった。丸山以外では以下を参照。Maruyama, *Studies in the Intellectual History of Tokugawa Japan*, p. 250, n. 17. E. H. Norman, "Andō Shōeki and the Anatomy of Japanese Feudalism," *Transactions of the Asiatic Society of Japan*, Third Series, II (December 1949)；渡辺大濤『安藤昌益と自然真営道』（木星社書院、一九三〇年）、

Yasunaga, *Ando Shoeki*〔安永『安藤昌益』〕.

（49）安藤昌益「自然真営道」野口武彦編『日本の名著19　安藤昌益』（中央公論社、一九八四年）七七頁。

（50）同前、二五六頁。

（51）Yasunaga, *Ando Shoeki*, p. 263〔安永『安藤昌益』二四四頁〕.

（52）安藤昌益「自然真営道」二五三〜五四頁。安藤昌益はこのようにきわめて厳しい方法を書いている。だが、それは冗談に過ぎない、という安永寿延の主張には同意できない。Yasunaga, *Ando Shoeki*, pp. 94-95〔安永『安藤昌益』〕.

（53）Yasunaga, *Ando Shoeki*, p. 263〔安永『安藤昌益』二四三頁〕. 丸山は、安藤昌益が頻繁に長崎を訪問し、オランダ医学を信奉していた点を指摘しているが、オランダ人が「直耕」に熱心だという安藤昌益の矛盾した記述のために混乱を来たしている。「阿蘭陀國も開始より今に至て兵亂合戰無く、直耕し、自然に細工の事に奇具り、船具能く作り、萬國乗廻り、諸物有無の替代を業とする者半ばなり」。つまり、貿易を重視することと、誰もが農業に従事するという理想像とは矛盾する。以下を参照。Maruyama, *Studies in the Intellectual History of Tokugawa Japan*, p. 262, n. 34〔丸山『日本政治思想史研究』二六五頁〕.

（54）Maruyama, *Studies in the Intellectual History of Tokugawa Japan*, p. 263〔丸山『日本政治思想史研究』二六三頁〕.

（55）平田篤胤は幕藩体制が「永遠」に続くと考え、特に徳川家康の軍事能力と彼が形成した平和を高く評価している。

（56）天御中主神（神々の世界を統括した宇宙最高神）、高御産日神（たかみむすびのかみ）、および神産日神（かみむすびのかみ）は国学の文献で特に取り上げられた神々だった。

（57）Harootunian, *Things Seen and Unseen*, p. 161.

（58）*Ibid.*, p. 176.

（59）*Ibid.*, p. 276.

(60) アーウィン・シャイナーは村落指導者の民間慈善事業と、援助は公的なものに限るという幕府の方針との緊張関係を論じている。Irwin Scheiner, "The Japanese Village: Imagined, Real, Contested," in *Mirror of Modernity: Invented Traditions of Modern Japan*, ed., Stephen Vlastos (Berkeley: University of California Press, 1998), pp. 71-73.

(61) 万物の相互依存性に関する安藤昌益の見解は欲求を除外している。プラトンの法則を使えば、相互依存性には不足というものがないからである。「男の本性は女、女の本性は男」、男性には女性が必要であり、女性には男性が必要なので、自然共同体では性的欲求は少なくなる、と安藤昌益は考えていた。Yasunaga, *Ando Shoeki*, p. 277〔安永『安藤昌益』二五六頁〕.

(62) 平田篤胤と本居宣長が交わした欲求に関する議論や、この点における相違に関しては、以下を参照。Harootunian, *Things Seen and Unseen*, pp. 140-42.

(63) 歴史家アルバート・クレイグは、西洋の未開人に関して少し躊躇したものの、「[山片] 蟠桃の基本的な立場は、西洋の『理』の知識における優越は道徳的実践における優越を意味する」とした。Albert Craig, "Science and Confucianism in Tokugawa Japan," in *Changing Japanese Attitudes Toward Modernization*, ed., Marius B. Jansen (Rutland, Vt.: Charles E. Tuttle, 1965), pp. 133-60 [145]〔細谷千博編訳『日本における近代化の問題』岩波書店、一九六八年、一五二頁〕.

(64) Wakabayashi, *Anti-foreignism*, p. 47.

(65) Craig, "Science and Confucianism," pp. 145-46〔細谷編訳『日本における近代化の問題』一五二〜五三頁〕より引用。山片蟠桃は地動説を受け入れており、「中国(=中心の国)」という古い概念を軽蔑していた。テツオ・ナジタが論じたように、「その時、山片蟠桃は比較地理によって日本史の特殊性に言及し、何ら神の恩恵を受けていないことを示している」。Tetsuo Najita, "History and Nature," p. 654.

(66) 横井小楠『国是三論』(講談社、一九八六年)。trans., Miyauchi, D. Y., "Kokuze Sanron: the Three Major Problems of State Policy, Recorded in the 1st Year of Man'en (1860) at Fukui, Echizen Province by Yokoi

Shonan," *Monumenta Nipponica*, Volume 23: 1/2 (1968), p. 160.

(67) *Ibid.*, p. 160〔同前、二四〜二五頁〕.

(68) *Ibid.*, p. 167〔同前〕.

(69) 会沢正志斎「新論」六八頁。

(70) さまざまな識者が、自然界、天界、人間界の関係をどのように理解するかという問題に取り組んできた。その中には、Jean Bodin (*Method for the Easy Comprehension of History*, trans., Beatrice Reynolds [New York: W. W. Norton, 1945]) から Louis Dupré (*Passage to Modernity: An Essay in the Hermeneutics of Nature and Culture* [New Haven, Conn.: Yale University Press, 1993]) まで含まれている。ブルーノ・ラトゥールは近代を「『人間性』『非人間性』『抹消した神』という三つの事象が結合して出来上がったもの」ととらえているので、この範疇に含めてもよいかもしれない。Bruno Latour, *We Have Never Been Modern*, trans., Catherine Porter (Cambridge, Mass.: Harvard University Press, 1993), p. 13.

(71) 経験科学に対する、徳川時代の関心に関する議論は以下を参照。James R. Bartholomew, *The Formation of Science in Japan* (New Haven, Conn.: Yale University Press, 1989), 特に第二章。

(72) 「芸術」は「科学」と翻訳されることもあるが、私はスケヒロ・ヒラカワが用いた「テクノロジー」という語を使う。Sukehiro Hirakawa, "Japan's Turn to the West," trans., Bob Tadashi Wakabayashi, in *The Nineteenth Century*, ed., Marius B. Jansen, vol. 5 of *The Cambridge History of Japan* (New York: Cambridge University Press, 1989), p. 442.

(73) 佐久間象山「省諐録」『日本國粋全書　第二輯八』(日本國粋全書刊行會、一九一七年)。

(74) Langdon Winner, *The Whale and the Reactor: A Search for Limits in an Age of High Technology* (Chicago: University of Chicago Press, 1986), p. 19〔吉岡斉・若松征男訳『鯨と原子炉——技術の限界を求めて』紀伊國屋書店、二〇〇〇年、四五頁〕.

(75) John Keegan, *The Face of Battle: A Study of Agincourt, Waterloo and the Somme* (New York: Penguin

Books, 1976).

(76) 藩によっては、徳川時代末期に平民に軍事教練を許可するような初期実験もあった。このような実験は、侍と侍以外という重要な階級差をなくしただけではなく、すべての社会階層を対象とした明治時代の徴兵制度の先駆となった。

(77) Harry D. Harootunian, "Late Tokugawa Culture and Thought," in *The Nineteenth Century*, ed., Marius B. Jansen, vol. 5 of *The Cambridge History of Japan* (New York: Cambridge University Press, 1989), p. 241.

第三章　明治初期に異論の多かった自然

徳川時代の著作で展開された空間的で階層的なコスモポリスは、明治時代の最初の一〇年間で見込みがなくなってしまった。中国であれ、江戸であれ、京都であれ、地方の村であれ、いわゆる完璧なオランダという国であれ、政治的実直さ、地理的中心性、特定の場所がワンセットになっているなど、もはや自明の公理とは思えなかった。一八六〇年代、七〇年代の激動のため、政治と自然の関係が不安定になったが、識者は、自然が政治的な影響力を持っていると引き続き考えていた。識者は自然という語を多用し、その概念から何かを都合よくひねり出せると考えていたようだが、それが正確に何であるかを明示するのはむずかしい。本章では明治初期の状況がきわめて不安定だったことを強調するために、当時の自然の混沌とした遍歴を大雑把に説明したい。政治と自然の関係を構築しようとさまざまな意見が出てきたので、明治初期、日本のコスモポリスが根本的に完全に再編成されたというのが本章の結論である。

徳川時代では、幕府と知識の土台に関する政治論争、行動の可能性、権力の正当性という媒介変数の範囲で、さまざまな自然の概念にわずかだが構造的類似性があった。しかし、日本が地理的にも知的にも拡大していくにつれて、明治初期には、このような古い媒介変数は消えていった。一八七二年に琉球王国を公式に併合、北海道を正式に日本の国土とし、一八七四年に台湾を攻撃して、日本の国境は拡大した。知的分野では、旅行や学問を通して、ヨーロッパ、米国、およびアジアの他の地域を視野に入れることができるようになった。国境は固定せず、さらに拡大を続けた。その頃、徳川幕府は崩壊し、天皇が「復活」したが、正当な政府体系に関してはまだ議論が交わされていた。一八七七年六月に天皇に捧げられた記念碑で、請願者は日本国内で「最近起こった反乱」を次のように指摘している。

田租ノ改正ヲ疑惑シテ暴挙スルモノアリ征韓ノ議ヲ主張シテ兵ヲ起シ封建ノ旧習ヲ追慕シテ乱ヲ唱エ或ハ名ヲ君側ノ奸ヲ除クニ籍キ以テ衆ヲ集ムルモノアリ若シ明治十年間ノ歴史ヲ後世ニ脩スルモノアラハ西征東伐殆ント虚日ナク土崩瓦解天下一日ノ安ナシト書スルモ亦誣言ニアラサル也(1)。

このような「間断なき」混乱の中で、当然、自然の定義も一八六〇年代、七〇年代に猫の目のように変わった。

自然には正確な概念がなかったが、いや、むしろなかったために、明治初期に強力で迫力のある言葉であり続けた。だから、自然の意味をめぐる論争で、自然という語がすぐに抽象的な「脇役」に追いやられることはなかった。逆に、公文書や政府に影響を与えたいと考える人の著作に数多く現れた。明治初期の記録に出てくる自然という語をすべて並べたとしても退屈だろうが、二、三の記録（公文書とそうでないもの）を調査するだけで、当時における自然の概念の概要がわかる。そのあたりを広範に考慮し、次の二点にしたがって、記録を選択して整理した。まず、第一点目は、自然法が普遍的で統一されたものなのか、それとも個別のもので多様性があるのかどうかという問題である。第二点目は、自然が認可するのはどのような基礎的政治単位、つまり政体なのかという問題である。本章では一八六八年の五ヵ条の御誓文の作成者である木戸孝允および政治の中枢にいた伊藤博文に関連づけ、自然法に関して検討する。そして、教育者福沢諭吉と自由党党首板垣退助の著作を通して、自然の政治機関に関して検討を加えたい。さらに、当時、自然の意味が非常に不確定であったのに、どうして識者は自然の権威に注意を喚起し続けたのかというより大きな問題に取り組みたい。

論争の自然な形態——法と機構

自然法——普遍対個別

明治新政府が最初に出した公文書のひとつは一八六八年の五ヵ条の御誓文だ。内乱である戊辰戦争中、「明治維新」初期の混乱した時期に公布された五ヵ条の御誓文は、侍に対し、東京の新政府に忠誠を誓わせ、政府の新生日本のビジョンを示唆することによって国家を統一しようとした。一読すると、五ヵ条の御誓文は慎重で、言葉が省略されすぎてあいまいな印象を受けるが、決して安易な気持ちで作成されたわけではない。一八六八年三月中旬までにすでに二回書き直されていたが、驚いたことに積極的な政治行動をとる公家の岩倉具視（一八二五〜八三年）などは、これまでの草稿にはすべて中国の軍事支配が残っているような趣があるといって反対した。彼らは、このような統治方法は、天皇の神官としての機能を重視する日本の伝統にはそぐわないと主張した。(2)

このとき、長州藩出身で生涯を通じて教育と中央集権体制を擁護して活躍した木戸孝允（一八三三〜七七年）が、草稿を修正し合意を形成するために介入した。草稿は一〇ヵ条だったが、それを五ヵ条に削り、この五ヵ条の御誓文を崇高な一般論として、多くの具体的な約束事は記載しなかった。木戸は「自然」にも言及した。木戸が圧力をかけ、五ヵ条の御誓文第四条は次のようになった。「旧来ノ陋習ヲ破リ天地ノ公道ニ基クヘシ」[3]。この「天地ノ公道」という最も重要な表現は綿密に吟味され、修正された。当初、「宇内ノ通義」という表現が使われていた。この部分はおそらく「宇宙の一般原理」もしくは「コスモス」と翻訳されることもあろう。結局、「天地ノ公道」で落ち着いた。

これまで、こうした用語の調整は重要なことではないと一蹴されてきた。尾佐竹猛は一九二八年に五ヵ条の御誓文に関する論評で、「宇内の通義といふも天地の公道といふも同じ意味」と主張している[4]。どちらの表現も、新政府が国際関係に積極的に関与し、日本から夷狄《いてき》を追放すべきだという幕末攘夷論の断固拒否を強調したものだと尾佐竹は述べる。たしかにそうだ。木戸は慎重に国際関係に関与することの必要性を認識しており、その一般的原則を御誓文の中で明確に表現したいと考えていた。しかし、もし、両方の表現が「同じ意味」ならば、国際関係への積極的関与は、木戸が御誓文の第四条の表現をわざわざ修正した説明にはならない。

木戸は、注意深く言葉を選ぶことで、「宇内」という語で表される自然と「天地」という語で示される自然の間に重要な相違があると考えていたのかもしれない。政治にかかわる自然の法則を表すのに、馴染み深い明確な用語に変更したのは、融和的な歩み寄りと捉えられる。「宇内ノ通義」には、宇宙を遠くから冷静かつ客観的に検討するという意味が込められているが、これでは包括的な自然の構造以上のものを描くことも、その中にある倫理的政治的原則に関して論評することもできない。「天地」は文字通り「天と地」であって、階層的な構造を持った自然を示している。これが「公道」（文字通りの意味は「公の道」）と一緒に用いられると、たしかに、単なる「一般原則」よりは、公正だが若干専制的な規範を自然に与える。木戸が修正した部分は、全世界とは新しい原則を探し出す実験場のようなものだが、そこで発見された原則は儒教的趣を多分に残していることを暗示している。

だが、木戸には反動化して朱子学の教義に戻る意図があるわけではない。「旧来ノ陋習ヲ破リ」という第四条の前半部からも、そのような解釈は成り立たないことがわかる。さらに、もし木戸が国家の憲章に、もっと伝統的な自然観を刻みたいと望んでいたならば、おそらく「理」や「天理」のようなより朱子学の教義色の濃い言葉を選ぶことも可能だった。だが、そうしなかったうえ、どの言葉を採用するかで微妙な綱引きがあったようだ。「理」と「天理」は一定の原則に基づいた自然という旧来の考え方に合致しているし、徳川時代でも普遍的だったが、その時代に想像された自然の概念以上に、広い世界を包含していると主張した。木戸が自然の普遍性を拡大させたため、日本は国際秩序に参加するようになった。そして彼自身、そうすべきだと主張したのである。木戸の修正が付された五ヵ条の御誓文は海外に進出し、この世界秩序を発見したことによって、日本は、特定できないが国内統治に必要な規範を獲得した。木戸はその自然の概念を採用したことで、「天地ノ公道」の意味を明確にせず、きわめて重要な新しさを付与しているのである。(5) こうして五ヵ条の御誓文は満足のいくものとなり、翌年六月に再利用され、一八六八年憲法の前文に採用された。一九四六年の「新年の詔書」で天皇の神格は否定されたが、五ヵ条の御誓文の五条は再度国家の基礎として蘇った。(6) 天皇は、「朕ハ茲ニ誓ヲ新ニ」したいと宣言し、「須ラク此ノ御趣旨ニ則」ることを再確認したのである。

木戸は自然法が普遍的だと考えていたようだが、他の識者は、自然の普遍的な指針は、つねに地方の要求に柔軟に対処せざるを得なくなると慎重だった。自然法は一様ではないという見解を支持する識者は、モンテスキューの『法の精神』（法学者の箕作麟祥（一八四六～九七年）が『明六雑誌』に翻訳している）を拠り所としている。日本の憲政制度の立役者であり初代首相（一八八五～八八年）でもある伊藤博文（一八四一

〜一九〇九年）も、自然法は場所に応じて変化すると考えていた。伊藤は一八七三年、「我國の土地風俗、人情時勢に随て、我が政体」は必然的に民主主義を制限することになると記した。[7] 伊藤は、国の地理と気候の特性が歴史と絡まり、個々の場に適切な政府形態を生じさせると考えた。しかし、伊藤の見解は明治初期にはそれほど世間に受け入れられなかった。普遍的ではない自然法に対する関心は、徳川時代の地域主義への回帰や大名所領の半独立性に向けられていった。[8] このような地域主義は新たな中央集権を目指した政府にとっては障害になるため、自然が場所によって異なるというテーマは一八六〇〜七〇年代には下火になった。明治後期になって、全国的に風土は同じという新しい見解がようやく現れたのは、国有の鉄道網が形成されて日本の凝集力が高まったためだと社会心理学者南博は論じている。[9]

ここでの問題は、自然法があらゆる政府の普遍的モデルとなり得るか、もしくは、自然が異なった法律を定めたさまざまな管轄区域ごとに影響力を行使しているのか否かである。この点は、日本が近代化する過程で何度も検討されてきた。というのも、その根底には、日本の国家アイデンティティと世界における近代化の歴史的拡大との関係があるからだ。自然法は普遍的だと唱える識者は、自然から自由へという普遍的な近代を示す叙述の中で、日本は国家のアイデンティティを探すべきだと提唱している。この分析では近代の形態はただひとつだけなので、近代の（皮肉なことに自然の）要件をより上手に満たすと考えられている「西洋」との関係で、日本は自国を理解しなければならない。先述したように、丸山眞男の分析はこの範疇に入るが、自然に反する形で近代が台頭するという見解については、ヘーゲルまでさかのぼる。ヘーゲルは、『精神哲学』の実現という全般的な目的を持った世界史は、暗黙の形態、すなわち最も深層に隠された無意識の直感である自然という形態からしか始まらない。（すでに見たように）歴史の全体過程というのは、この無意識の衝動を意識的なものにすることである」と述べている。[10] もしこれが自然と精神の普遍史的関係であれば、また、もし西洋がすでに「精神哲学」を実現しているなら、日本が西洋に「追いつく」必要があるのは自明の理だ。残る唯一の問題は、日本がどれくらい迅速に普遍史と政治の自然法に従えるようになるかである。[11]他方、西洋と日本のアイデンティティは異なるとする識者は、日本の独自性を強める特色ある自然法を探し求めた。その過程で近代化に譲歩するときもあったが、第七章で議論するように、かなり近代化が進まないとこのような譲歩はなされない。自然法の普遍性に関する議論は、明治時代の西洋と日本の関係における問題を再現するのが重要だ。これは徳川時代に拡大した世界主義的な形態（これはある意味では普遍的だが）とは異なり、普遍的自然の近代的形態は国家のアイデンティティに直接挑戦したのである。

自然の機関——政体対民主的リヴァイアサン

木戸と伊藤は自然に政治的教訓を求め、制度的構造を支配する法と規制を追求した。また、福沢諭吉と板垣退助は自然の政治を念入りに構築する際、自然の政治「機関」（body）という考えを活用する。このように政治機関を定義するために、自然に依拠する方法はたくさんある。その中で最も馴染み深いのは、比喩的に人間の肉体と骨で出来た政治的構成要素を政府の基礎単位として扱う方法である。政治は、自然に任命された個人が進める。そして、（ロック、ホッブズ、ルソーなどの）諸理論は、社会が形成される前の個々人の関係、社会、そして、究極的には個人が生来的に持っているといわれる「自然権」に対応するかどうか曖昧な政府に関する叙述を織り成す。また、自然を利用して、基礎的な政治単位を定義する別の方法は、自然の実体として「国民」を形成するように有機的共同体、人種、地理の概念に依拠しながら、全体のために個人を無視することである。たとえば、生物学と身体的環境によって是認された人種的含意をもつ有機的共同体（ゲマインシャフトの日本語訳）は、二〇世紀の日本のイデオロギーにおいて強力な役割を果たした。個人であれ、集団であれ、「国民」のこのような形態は自然な政治単位、および正義と希望に関する政治的叙述の出発点としての機能を果たしてきた。しかし、本章で論じるように、明治初期は、いずれの「国民」もそれほど重要ではなかった。

私見では、維新後数年は、ヨーロッパ啓蒙思想、人種理論、地理的決定論などさまざまな考えが日本思想界に入ってきたにもかかわらず、最も重要な政治機関は個人や共同体に基づいていなかった。明治初期に用いられた政治機関という言葉は、究極的な政治機関（唯一の政治機関という場合もある）としての政府そのものを強調するために使われ、ヨーロッパや後の日本での考え方とは異なっている。明治初期の文書には、政府声明であろうが反対派の嘆願であろうが、政府が自然に組織化された全体性をもつことは、多くの議論の出発点と考えられていた。たしかに、政体は、個人であろうが集団であろうが、単なる人に過ぎない被統治者より、先に形成されていると示唆する識者も時には現れる。

このような見解は非常に権威主義的であり、民意に疎く前近代的である。対照的に、日本とヨーロッパにおける最も保守的な近代思想ですら、自由民権主義の形態を奉じており、大衆に権力は与えずとも関与させようとしてきた。一九世紀から二〇世紀への世紀転換期に発達した家族国家という日本のイメージは、子どもに見たてた民衆の存在を不可欠の前提とし、一九三〇年代の国体という思想も独特な形で日本人を称賛していることに由来していた。ヨーロッパにおいては、リベラル思想とはほど遠いホッブズのリヴァイアサンが、その広大な枠組みの中にすべての人を含めている。しかし、明治初期の論説では、自然の階層性という従来の徳川時代の見解に代わるような、民衆、国家、政府を結合する新しい自然の概念はまだ登場しておらず、大勢の政治理論家は、政治制度のためだけに自然の権威を利用しているに過ぎず、人を脱自然化させた。しかし、以下の例が示すように、当然政府が主要な政治機関であっても、政府と民衆の関係は、非常に寡頭政治的なものから穏健な自由民権的なものまでさまざまある。本章では最初にこのイメージの最も保守的な使われ方に的を絞る。特に福沢諭吉その人と、彼を民主主義の推進者とする少々怪しげな主張を分析する。次に、政府文書に登場する民衆も含めるため、板垣退助による少しばかり民主的な試みを検討したい。

政体

政府だけが国家機関であるというイメージのおかげで、官僚は個人の利害や被統治者の願いなどを考慮する必要はなかった。これは、最も反民権的なイメージである。たとえば、一八八〇年代にデフレ政策を断行し、劇的にインフレーションを沈静化させた大蔵卿（後の大蔵大臣）の松方正義は、国家の最高行政機関である太政官に宛てた一八八一年九月の請願書で、このようなイメージを示唆している。[12]「國ニ財政アルハ猶ホ人ニ気脈アルカコトシ、気脈通セス死亡随テ至ル、財政整理セス國家衰頽必ス随フ」[13]。松方は政府の財政を強化するため、個々の農民を犠牲にしてでも、厳しい金融統制政策を積極的に進めた。その結果、農村地帯で不満が高まり、農村は反乱を起こしたが、失敗に終わった。[14]農村では社会層によって松方デフレ政策の影響が異なっていたので、小作人と小地主の対立も高まり、農村地帯は一致団結して野党を支援できなかったのである。[15]しかし、国際貿易・金融による危機から日本を救った厳しい政策の立役者として、松方を称賛した識者は多い。つまり、主要な政治実体としての国家は生き残ったのである。

政府は自然の政治機関として特に優れているというイメージは、少なくともそれを最も必要とする人には役立った。徳川時代には士族しか武装できなかったが、その後の徴兵制への劇的な転換期に、政府は、躊躇している農民新兵を国家機関に抱きこむようなイメージを創り上げた。そして一八七八年、規律の乱れに関する厳しい警告である「軍人訓戒」が布告されて引き締めが求められ、一八八二年の「軍人勅諭」では、天皇が軍人に次のように語りかけた。「朕は汝等軍人の大元帥なるそされは朕は汝等を股肱と頼み汝等は朕を頭首と仰きてそ其親は特に深かるへき」[16]。イデオロギー的にいえば、「帝国リヴァイアサン」が、天皇以下の有機的な指揮系統を強化した。さらに、「軍人勅諭」では国家機関に農民兵士を組み入れたものの、それでもまだ大多数の民衆を除外していた[17]。

驚いたことに、政府形態を自然の身体であると考えていたのは寡頭政府の独裁者だけではなかった。なかでも福沢諭吉（一八三五～一九〇一年）のベストセラーはリベラルな作品と分類され、彼は政府の役職に就かなかったことに誇りを持っていた。その福沢も政府を自然の身体だと考えていた。たとえば、「学問のすゝめ」は一八七二年から七六年にかけて連続刊行されたが、福沢は「（ただ生力の働くところにまかしてこれを放頓することあらば）人身の健康は一日も保つべからず。国もまた然り」と宣言している。「国」には人が含まれていると考えるかもしれないが、福沢は民衆について、指導者が組み込まれた国家の周りを、ただブンブン飛んでいるアブのような者たちだと描写した。「政府はなお生力のごとく、人民はなお外物の刺衝のごとし」と[18]。最も身分の低い者もリヴァイアサンに含めたトーマス・ホッブズと比較すると、福沢は、政府は自然の身体だと考えていたが、民衆はその身体から切り離され、政府機関にとって単なる刺激に過ぎないと考えていた。

福沢は一貫性のないまま「自然」をよく使っており、これはほんの一例に過ぎない。福沢は国家統制を支持していたが、一方で民主的衝動も支持していたため、彼の日本を再考する著作では両者が対立する様が多く見られる。福沢の著作では、自然は矛盾する両方の立場を支持するものとして用いられ、同じテキストに両方の立場が並存していることもある。さらに、彼は前述のような考えにもかかわらず、「学問のすゝめ」の他の箇所では自由民権運動を支持しており、「自然権」提唱者のイメージを強めていた[19]。たとえば、福沢が「天は人の上に人を造らず人の下に人を造らずと言えり」と言ったのは有名だ[20]。この立場は、「天」は厳格な階層を作り出す徳と秩序の源であるという朱子学者の見解とは根本的に異なるが、福沢の平等主義は少なくともあまり信用できないと言わざるを得ない[21]。

　これまで多くの歴史家が福沢の著作に混乱した衝動が存在することに気がついていた。丸山眞男はそれを流動的な価値と捉え、時代の流れに順応した状況的思考として肯定的に解釈している。実際、丸山は、福沢のアプローチが教条主義でなかったので、戦後思想のモデルとして重視し、「福沢諭吉は明治の思想家である。が同時に彼は今日の思想家である」（強調は丸山）と論じた[22]。他方で、福沢の思想のぶれにそれほど好意的ではない歴史家もいる。色川大吉は、もし福沢が持論の平等主義を論理的に突き詰めていたならば、「自由民権運動のナショナリズムにまっすぐにつながってゆく」と語る。しかし、色川の見解によると、残念ながら、福沢は時の政府と妥協してしまった[23]。そして、色川以上に家永三郎は福沢に批判的で、確固たる理想に欠けると判断している。絶対的なものが欠如していたため、最終的に福沢は、個人主義、自由、平等を実現させる基礎を確保することができないと家永は主張した[24]。家永同様、私も福沢の価値観には「流動性」があり、人気は高いが、民主的政府の推進者とは言えないと考える[25]。後に、福沢が「自然」という語の使用を控えるようになったことでもわかるように、彼は政府権力に抵抗する確固としたものを思い描く能力に欠けていた。もちろん、民衆と近代中央政府が同等に見えることもあるのだが、民衆というより近代中央政府そのものに自然の真の姿が現れているように思われる。

　一八七五年に刊行された『文明論之概略』を読むと、根本的に、福沢の自然の概念では個人の自由が認められていないことが明らかであり、同著には人間の起源からの発展段階が記されている。福沢にとってその初期段階は、野蛮である。野蛮とは、前社会的な状態、もしくは自発的な人間の性格という意味での「自然状態」とはかけ離れた状態で、後に生ずるものがより自然に近い。野蛮な状態では、人間性は人間の内なる自然や天然《てんぜん》の力の怖れとしっくりいかない。文明が徐々に進化すると人生の天然《てんぜん》と自然の勢の両方を実現できる。(26) 文明は自然の表現となり、個人の選択や意志の産物ではなくなっている。(27)

福沢によると、人間は元来社会的動物であり、野蛮と文明の間に断絶はまったくない。したがって、人々は共同体や政府を形成するのに、約束を交わす必要はない。その証拠に、福沢が「約束」という言葉を使うときは、政府を形成するために、国民どうしが相談するということではなく、政府と国民の間の取り決めを念頭においている。(28) 個人にどのような権利が本来そなわっていようとも、すぐに、より大きな国家にのみこまれてしまうものだ。『通俗民権論』（一八七八年）で福沢は、「右は一人の身に関する権理なれども、一人に権理あれば一村一町にも権理あり、一郡一県にも権理あり、郡県集りて一国となれば、又一国の権理あり」と主張している。(29) 換言すれば、政府形成の起源もしくはそれ以降で、政府の権利というものは、他者の要求から必ず個人を保護できるとは限らない。そうではなく、個人の権利は個人から滑り落ちていき、次第に大きな有形の構造を通じて、最終的には国家に流れ着き、国家こそが最も自然なものとして国民に絶対的服従を命じるのである。

このような一連の流れは、最終的に何らかの国際機関ではなく国家に留まるということは興味深い。福沢にとって、不変の有機的政治組織は国家そのものなので、個人にそなわっている諸権利は、最終的に国家だけが持つことになる。したがって、福沢の自然の概念は、国家から個人を区別し保護するのではなく、世界から日本を区別し保護する機能を果たしているのである。一八八〇年代以前でも、民権運動からはっきり距離をおいていた福沢だったが、民主的政府を概念的に支持することもほとんどなかった。

板垣退助の「民主的リヴァイアサン」

さらに、福沢よりも民権を重視していた政治思想家たちも、国家機関としての政府という前提を受け入れていた。彼らの目的は民衆を政体に接木し、「民主的リヴァイアサン」を創り上げることだった。すると、人々は単に「外物の刺衝」ではなく、身体の骨格部分に相当するものとなる。彼らは、このように少し巧妙な荒療治をすれば、政府と民衆が共存する国家機関ができあがると期待していた。自由党創始者の板垣退助（一八三七〜一九一九年）は民主的参加を訴えるために、こうした有機的全体性のイメージを利用した。一八七〇年代初期の板垣は旧士族、特に四大藩以外の出身というハンディを背負った人を対象にしていたが、彼が唱えた参加型政府は次第に拡大していき、ますます多くの男子市民を含むようになった[30]。そして、一八七四年一月一七日に提出された民撰議院設立建白書で板垣と八人の仲間は、「今民撰議院ヲ立ルハ則政府人民ノ間、情実融通、而相共ニ合テ一体トナリ、国始メテ可以強、政府始メテ可以強キナリ[31]」と主張しながら、代議員議会の開設を要求した。この単一の機関、つまり民主的リヴァイアサンの力の源泉は、人民の発意ではなく、政府と被統治者の間の感情的な絆の創造である。これはほとんどリベラルとは言えず、真に民主的とも言えないのだが、「而相共ニ合テ一体トナリ」に「情実融通」があるので、代議員議会は、少なくとも国政で民衆が何らかの役割を果たしているということを認識していた。

このように民衆と政府の団結を主張しても、過去に存在した全体性を取り戻すことにはならない。板垣が将来の日本国家の構造として「民主的リヴァイアサン」を推進しても、それは、安藤昌益が提唱したような大昔の原始共同体における平穏な日々の再現を目指しているのではない。板垣は、公正な政府は、社会が形成される前の自然状態で民衆が協力し、契約を通じて政府の適切な形態に関する合意によって創設されると言っているのではない。福沢同様、板垣も、ロック、ホッブズ、ルソーなどの思想家を非常に魅惑した堕落する前の人間を想定するような人類学を退けている。たしかに、数千年前に戻り、社会が形成される以前の状態で、人間が保持していた諸権利を再現しようとする欧米の熱心な見解を支持する人は少ない。さらにそれは、政府批判の基盤を見つけようとする日本人にも受け入れられなかった。自然界の聖書に登場する創造主、原罪によって残されたエデンの園、古風な羊飼いの放牧的なイメージ、荒野でうめく孤独な野蛮人の恐怖、自然に戻る道筋をつける発見の旅など、西洋独特の用語や思い入れがないので、自給自足の個人やすべての人間から独立するという見解に共鳴する人は非西洋圏にはほとんどいない。また、日本の新しい状況を理解するために新しい方法で自然が利用されたが、そのような状況に、政治思想家が「自然状態」の人間について考えていると示すものは何もなかった。むしろ、板垣やその他多くの民権主唱者は、社会だけではなく政府もすでに、当然のものとして存在しているという前提から思考を始めている。彼らの歴史的分析の根源ははるか太古ではなく、記憶がはっきりしている徳川時代なのである。

自由党が結成された一八八二年頃に行われた講演で、板垣は自然状態ではなく、幕府の下にある個人に関することから話を始める。板垣は日本史を次のように記述している。「我邦旧来封建の制に據れり。其國を建るや群雄の武力に伏て民を服し、……宛も奴隷の如くなるを以て、國家と秦越の思を懐き、毫も共同の念なく、……各々単独の心を持し、共同の念に乏く、徒らに私己の自由あるを知て而して公衆の自由あるを知らず(32)」。こう板垣が指摘するように、奴隷のような状態にあるにもかかわらず、「単独の心」と「私己の自由」を保持する人を、「公衆の自由」を享受できる新しい政府に統合していくことが課題なのである。ヨーロッパの自然権理論の叙述的前提を考えると、板垣の言説には紆余曲折がある。彼は自然状態ではなく政府から講演を始めながらも、民衆は厳しい状況にあるが幾ばくかの私的自由領域を保持していると言うのだ。民衆に公的自由をもたらすために、政府は、人民の創作品であることよりも、人民の権利をつくるよう求められる。板垣の言説の中で、リベラルなヨーロッパの自然権理論と共鳴する唯一の要素は、各自が個性と私的自由を付与されている点である。自然な個人は公的政治機関に属することができるとする点で板垣は福沢よりは民主的であるものの、多くの日本人自由民権論者同様、個人の方が当然力は劣るという現状で、政府と個人にどのように公正な関係を築かせるかという問題を抱えていた。

明治イデオロギーに関する史学史

前述の例は決して包括的なものではないが、明治初期の政治的著作における自然の概念を考慮に入れれば、一連の意義を十分に示すことができる。その際、自然は世界の基本構造もしくは法則、将来を支配する力、中央政府の主要な政治機関と定義づけられている。自然が静的な場合もあれば、世俗の力を持っている場合もある。また、福沢や板垣のように、同じ著者の著書や論文においても、用語の使用法が一貫しているとは限らない。そればかりか、同一の記録文書でも、首尾一貫した使い方がされていないことすらある。自然は明らかに、現存する政府を自動的に承認するわけではないが、その他の特定の政治的立場をあらかじめ定めているわけでもない。自然はあらゆる政治的立場をとることができる。

しかし、妙なことに、日本思想史家はこれまでこの驚くべき多様性を検討してこなかった。自然の意味を一定にするために、論証不可能なメッセージを忘れ、明治初期の偶然性をうまい具合にあいまいに処理した。W・B・ガリーが示唆したように、歴史家はつねに偶然性を解明するのに苦労するものだが、偶然性、すなわち不確かな意味のある時期こそ歴史の基本とも言える。しかし、ガリーは、歴史家が不確定性を説明しようと努力しなくてもよいと考えていた。というのは、叙述力によって必然的に荒削りの部分が滑らかになると考えているからである。[33] しかし、ガリーはすこし諦めるのが早すぎたようだ。歴史には、過去の意味を明らかにしようとする歴史家の努力の裏に潜在する支離滅裂な戯言もある。明治初期について、自然の猛威を無視することも四角四面に理解しようとすることも適切ではない。このテーマについての議論の揺れが非常に大きいことからもわかるように、社会と世界の基本構造、政治的正義の原則、および変化の可能性の激論が交わされたのである。つまり、このように自然の政治性がもちうる形態が試行錯誤されているように、明治初期には拡大均衡に関するイデオロギー的論争があったようだ。

キャロル・グラックは『日本の近代神話』の中で別の考えを示した。彼女は明治初期の政治指導者たちが、「イデオロギー的」なことよりも「現実的な」問題に取り組んだと主張している。グラックは、イデオロギー面からみて最初の二〇年間を停滞期と考えている。明治初期のエリートは「近代化という困難な課題にどっぷりつかり」、社会的変化（階級の法的平等化、義務教育、産業化、および鉄道・通信・金融機関といったあらゆる国家インフラストラクチャーの構築）に対処するのが精一杯で、イデオロギーのことなど考えている暇もなかった。[34] しかし、明治時代の最初の二〇年と比べると、「一八八〇年代後半はイデオロギー活動が盛んになった」とグラックは述べる。[35] この一八八〇年代後半になるまで明治国家の「天皇制」イデオロギーは固まっておらず、完全な制度として表現していなかったという点には同意する。しかし、明治初期の記録や論争を見ると非常にイデオロギー的であり、さらに、明治後期のイデオロギー論争はこの初期の論争によって決定づけられたといえる。

ここでは「イデオロギー」というよく使われる語が問題になるので、そのことに関して少し検討を加える。グラックはイデオロギーについて、「社会生活を重要」にし、社会の中で個人に意義ある居場所を与える価値だと定義づけるが[36]、もし、この定義を用いるなら、五ヵ条の御誓文、天皇から軍隊への勅諭、国会の記念碑といった記録で明らかにされたイデオロギー的価値観こそ、まさにイデオロギーそのものだといえる。さらに、社会生活を重要なものにする価値観は、階級の法的平等化、義務教育、産業化、その他グラックが挙げた明治初期の政策などによって形成されていると主張したい。グラックが引用したルイ・アルチュセールは、「イデオロギー」という語を「人と世界の生きた関係[37]」と定義している。この定義を使えば、明治初期の指導者たちと世界の生きた関係にも幅広い考えが含まれるので、同様にイデオロギー的だといえる。一八八〇年代後半以前、国家の指導者たちは大きな可能性と混乱が混在する世界に住んでいたに過ぎない。

また、アルチュセールのような意味で「イデオロギー」という語を使うと、数量化できない。つまり、特定の時期に多くなったり少なくなったりはしないのだ。しかし、特定の時期に、特定のイデオロギーがはっきりと提唱されると、より広範に同意され、より支配的になることがある。そのような場合（グラックは明治後期に起こったと主張する）、確立したイデオロギーが形成され、高揚し、あらゆる社会制度を通じて世の中に流布していく。明らかにそういった意味で、明治初期には「天皇制」など確立したイデオロギーはなかったが、だからといってイデオロギー的に希薄であったわけでも、社会生活を重要なものにすることに関心がなかったわけでもない。もちろん、「人と世界の生きた関係」がなかったわけでもない。たしかに、確固たるイデオロギーがなく、知的閉鎖性が低かった日本だからこそ、明治初期の数十年はイデオロギー的に重要なのである。歴史家の色川大吉が述べているように、「約二〇年間、絶えざる激しい論争が日本近代化のイメージをめぐってかわされ[38]」た。社会的価値、権力の正当化、拡大する世界における日本のアイデンティティに関する議論（流動的で広範囲に及び、かなりイデオロギー的な議論）はパラメーターを形成していき、天皇制と天皇制に代表されるイデオロギー的合意が、明治後期にできあがった。

もちろん、このような議論のイデオロギー的重要性を受け入れたとしても、「自然」が果たしている役割を理解したことにはならない。本章の冒頭で提唱した政治言説における自然の潜在力という問題に立ち返らなければならない。どうして自然はこの時期にイデオロギー的実験の一部だったのか。どうして、社会や個人との関係の中で自然を定義づけようと、多くの関心が寄せられエネルギーが投入されたのだろうか。たとえば五ヵ条の御誓文や福沢の著作に見られるように、つねに、しかも矛盾することも多いのに、自然を頼りにしようとするのはなぜか。

西洋思想に影響力と権威がある第一のそして唯一の理由は、それが自然の概念を後ろ盾にしているからだと考える識者は多かった。当時の状況を社会学者・経済学者の加田哲二は「明治七年以後において、自由民権・天賦人権に関する著書論文は洪水の如く現はれた」[39]と記し、天賦人権論もしくは自然権理論は「この時代の日本人が発明し、創造した思想ではない。それは、当時の多くの新思想と同じやうに、ヨオロッパ伝来の政治思想である」[40]と主張している。欧米と接触したショックで日本文化は混乱し、敵陣への尊敬、もしくは防衛措置として新しい考えを丸ごと取り込んだのだろう。[41]

アルバート・クレイグは明治初期に政府が西洋の「自然」を丸々輸入していたと一貫して主張していた。彼によると、明治初期の日本では、自然に関するヨーロッパ思想が早送りで再生されており、「一八七〇年代に儒教の『理』は啓蒙自然法にとって代わられ」、それから「一八七〇年代の優しい自然法は一八八〇年代の道徳を超越した、生存競争の激しい自然法にとって代わられた」[42]。換言すれば、日本はたった二〇年間で、ヨーロッパで一七〜一九世紀に繰り広げられた展開を経験した。そのことは、ナショナリズムによって増幅された知的効率性として歓迎された。

クレイグの考え方によると、このような思想の展開は明らかに不可避であり、そういった経験をしたからといって、日本人が西洋で激しい論争を呼び、日本には何世紀も馴染みのなかった思想の導入に付随し得る矛盾、機微、競合する主張に困惑したようには思われない。ミル、ルソー、ブラックストーンが「優しい自然法」を紹介して「当時は知的混乱を引き起こした」が、それは著作が年代順に翻訳されなかったせいだとクレイグは記している。「しかし、全体として考えると、ヨーロッパの自然権に関する基本的概念は単純化され、単一のシステムとして理解されていた」とクレイグは続けた[43]。換言すれば、ヨーロッパの三世紀の経験を二〇年間で加速的に摂取する際、ヨーロッパ概念の凝縮化が付随して「単一のシステム」になったのである。政治と哲学的談話における「自然」を軽蔑するミルの考え方[44]、自然状態に対するルソーの恍惚とした見解、さらに、ブラックストーンの国王と議会は当然優越するものだという完全な保守的思想を前提とすると、年代通りに著作が翻訳されなかったことだけが日本の知的混乱の原因ではなかった。ヨーロッパから輸入された思想の矛盾は、邦訳書の刊行順のせいだけではない。

クレイグは、こういった競合する「自然権」の概念が最終的に「単一のシステム」に収斂される過程や、日本という文脈でこのシステムがどのような形態になるのかに関して説明していない。しかし、単一のシステムが一八七〇年代になって、日本に新しい倫理観をもたらすことができたと主張している。この単一倫理観システムは一〇年間中心的な位置を占め、一八七〇年代後半から一八八〇年代にかけてようやく、「一九世紀後半の多様な風潮」[45]がとってかわった。その多様な風潮の中には、「積極的な社会的価値観」を持たない「実証主義、唯物主義、功利主義、特にスペンサーの社会ダーウィニズム」の「道徳を超越した」影響力も含まれる[46]。このような分析によると、日本は西洋の展開を再現する運命にあるが、いや、むしろそのような運命を持っているので、自然に関する思想は日本の文脈においてもきわめて「西洋的」であり続ける。翻訳の問題はすぐには出てこない。明治初期における西洋の権威を意識していたものの、ひとつの伝統から別の伝統への翻訳はむずかしいと敏感に察知していた歴史家もいる。すなわち西洋の観念を全体として理解することはできない。たとえば、アール・キンモンスは、日本人読者のために翻訳された欧米の作品を取り巻く落とし穴を検討し、次のような説得的な議論を展開している。「初めて接触した時点では、二つの文化の思想を丸々無傷のまま、片方の文化からもうひとつの文化へ移動することはできない。翻訳家はそうしようとさえせず、翻訳という隠れ蓑を利用して自分自身の考えを伝えたり、外国作品という独特の趣と権威に自分自身の考えを包み込もうとする」[47]。翻訳の問題に対処するには、特定の語に焦点を絞る方法がある。自然の問題に対して特定の言及をすることに関しては、日本政治思想史家松本三之介が以下の議論を展開している。「すでに高度の文化を発達させた国が、外国の別の文化と出会って吸収し始めると、自国の文化も理論構成の枠組みを提供するために介入する。外国の文化的要素は、吸収する国で馴染み深い概念や語で選択され、消化されるのである」[48]。松本によれば、儒教の伝統による「天」という概念は自然権理論を吸収する手段を提供した。というのも、徳川時代に、「天」は神から与えられた「生命」という意味を獲得していたので、尊敬に値するからだ。したがって、幕末と明治初期に「自然権」を翻訳することができた。松本が記すように、「「天」は「西洋の思想と原則の混合において頭角を現し、理解に導く効果的な橋渡しの役割を果たしている」[49]。

「天」は自然の政治に関する議論において広く使用される重要語で、松本は、この語を使えばヨーロッパの自然権理論がもつ急進性を日本語に十分翻訳できると考えているようだが、それはあまりにも楽観的だ。個人の生命が「天から与えられている」という考えによって、個人の生命の価値と権威は高まるが、これまで見てきたように、日本の文献では個人の存在だけではなく、社会全体を「天から与えられたもの」としていることが多い。個人の権利は自然だからといって、社会の権利を超える特権をもたないのである。松本は、板垣や福沢が西洋思想の導入に特に秀でていたと語る[50]。二人の著作を読めばわかるように、個人の権利は簡単に社会の権利と融合する。松本が示したように、変転する儒教の伝統においてさえ、「天」に関しての語りは、まだ政府が樹立されていない時代に関する語りではない。「天」に賦与されている生命の享受は前社会的な自然状態での享楽ではなく、明治時代の識者がそのような幻影を構築するために「天」の概念を利用しているわけでもない。したがって、「天」が西洋的思想と日本的思想の橋渡しおよび「融合」概念として相応しいものか疑問である。

日本政治思想史家石田雄も、儒教の言葉のおかげで西洋理論を導入しやすかったという松本の見解には疑問を持っている。実際、「結論的にいえば、わが国では自然法思想の摂取そのものに限界があり、それが儒教主義によって歪められていたため、そうした儒教的自然秩序思想の素地の上に、容易に――近代科学に基く実証主義の名において――自然と倫理、存在と規範との一元化がなされた」と石田は論じており[51]、そこで明らかにしているように、「天」が自信を持って伝えているのは自然権理論ではなく、有機的国家の共産社会的見解なのである。

たしかに、国際的圧力と見解によって明治期に知的実験の範囲が拡大し、偶然にも日本人と外国人が共に、人間の政治行動の指針として「自然」を使うことで、その権威は高まった。「天」とその類義語は、西欧と米国における「自然権」の急進性を十分には伝えていない。しかし、だからといって、「天」という言葉が日本の文脈では非常に急進的な目的で使われたという可能性は否定できない。いや、それこそが重要なのだ。西洋と翻訳の問題に的を絞ると、明治期の論争の文脈から関心を逸らせてしまう。欧米の伝統と比較すると、欧米をよく知っている人は日本での特殊な使い方を理解できるかもしれないが、西洋を賞賛するだけでは明治期における自然への多くの言及を十分に説明できない。用語の翻訳に関する松本の楽観主義に反対している石田も、ヨーロッパでは「啓蒙的な自然法思想の退潮期」なので、その思想を日本で用いても、思慮のない反響にしか成りえなかったと指摘している。[52] 日本人の著者は同時代のヨーロッパにおけるこの「自然」形態を見つけるために、格別な努力をしなければならなかった。彼らは自分たちの目的のために自然の概念を採用したが、それは、見劣りがし、遅れをとっているとし、ヨーロッパにおける論争を再現することが明治期の論争の運命だと考えていたからではなかった。自然の力を理解するために、翻訳の問題などにとらわれずに、当時の政治環境における自然の概念に焦点をあてる必要がある。

自然の不確定な決定論主義

この時期になぜ自然がイデオロギー的実験に大きくかかわったのかを考える際、政治論争における自然の概念そのものの矛盾に目を向けなければならない。自然の概念は徳川時代から使われ始めたもので、再解釈も可能だった。他方、完全無欠で申し分のない政治の指針という装いに依然として包まれてもいた。この指針がどこへ向かうのかに関しては意見の一致はなかったものの、徳川時代の遺産と新たに登場した欧米識者によって、自然は、疾風怒濤の時代に信頼できる権威として台頭してきた。このような決定論的な性質があったため、自然は大変強力なツールとなって現れたのである。明治初期の識者は、時代の要請からは一歩離れたところにある絶対的な規範を喚起したいと願い、自然に目を向けたのである。自然とは公正さと正義にとって最適の規範を定めるものか、もしくは単に人生に不可避の苦しみを示しているものかはわからないが、その決定を否応なく受け入れなければならない。しかし、先述したように、自然の決定に関しては解釈の幅が広かった。つまり、明治初期において、自然の決定はあいまいだったのである。このように自然には矛盾した性質があった。その不安定な決定論主義を植えつけたのは徳川時代の歴史でも、西洋からの輸入でも、もちろん明治国家でもなかった。だからこそ、自然の概念は論争の的になったのである。この矛盾によって、明治初期の論争における自然の力と自然の移ろいやすさを説明することができる。

第一章で議論したように、丸山眞男は、まさに自然の概念が決定論的な性質をそなえていたからこそ、政治論議における「自然」に非常に猜疑心を持ったのである。丸山は、この決定論主義を破壊的なものに仕立てた明治初期の論争の歴史的状況を考慮しなかった。その理由は、現存する政府を支える確立したイデオロギーの中に自然が含まれていなかったからだ。換言すれば、福沢諭吉の「流動的な価値」とタコ壺式の思考ではないことを賞賛していたにもかかわらず、丸山は自然の概念の歴史的流動性を銘記していない。明治初期に政府がまだ自然の概念を十分把握していなかった頃、自然は政治的想像の産物に過ぎなかった。自然の概念は発明を阻止したわけではなく、むしろ、識者に世界を創造する許可証を与えたようなものだ。民衆の参加と現在とは異なった形態の共同体を支持する「自然」は「作為」にとってかわったのである。

明治の識者は自然法の制度、歴史と政府において活躍している自然の力、そして、社会に参加している自然の政治機関に目を向けた。ある意味では、この二〇年間は丸山が望んでいたような自然「からの」解放ではなく、政府の支配の外側で正しさ、正義、不可欠性の規範としての自然に向かう解放があった。自然が必然性の力をそなえていなかったならば、政治的介入の基礎にはなり得なかったであろう。自然は決定論的だからこそ、政府を転覆させることができるのだ。

従来、明治維新は管理された転換期だという研究が多かった。この時期に、近代化の必要条件に関して先見の明があった寡頭政治指導者が、富国強兵のために必要な制度的経済的変化をもたらしたと考えられてきた。たとえば、歴史家ウィリアム・ビーズリーは、「日本人指導者の政治的手腕に顕著なのは、彼らが日本を導こうとする歴史的過程を明確に理解していたことだ」と述べている。(53) しかし、自然の不確定な決定論主義という点から考えると、明治初期のイデオロギーは革命的状況であり、ビーズリーが考えているほど先見の明や凝集性のある専制支配が貫徹されていたわけではない。一つの政治的展望があったのではなく、日本が達成すべき目標について複数の見解が競合していた。五十嵐暁郎の最近の研究によれば、明治の寡頭政治指導者の間でも、「維新」の目標に二つ以上の考えがあった。(54) そして、幕末史の解釈はさらに多岐にわたる。歴史家ジョージ・ウィルソンは、幕府の終焉は一つの原因と結果という話ではなく、複数の「同時に起こった争い」の物語だと考えている。農民が天下をとる千年王国説から尊皇派の熱烈な忠誠まで、少なくとも大きな四つの互いに相容れない主要な路線があった。(55) ウィルソンの研究が指摘するように、明治の転換は、企業が計画的に事業拡張していくようなものではなく、誰もが参加できる自由競争だった。また自然という基本的な観念を定められなかったことからもわかるように、明治初期にはいかなる政治路線をとることも可能だったのである。

この時期の日本国内における革命思想の再構築は、少なくとも自然の爆発的な潜在能力に関していえば、いくぶん、一〇〇年前の米国革命のレトリックに似ている。米国の愛国主義者たちも「自然」と「自然権」への言及を通して世界の再編を正当化した。彼らにとっても、自然の概念には力があり、潜在的に危険だった。たしかに、歴史家ダニエル・ロジャーズも「米国独立革命で用いられた大言壮語の中で、最も強力で最もまとめにくいものは自然権である」と記している。[56] さらに、英国との戦いのために あらゆる武器を手中に収めていた植民地の人たちは、「新」世界（英国人が植民してからわずか二〇〇年）という特殊な地位と諸権利の法的概念を組み合わせ、「議論の差し迫った目標のために……自然状態と米国の荒野」を融合するとも説いた。[57]

「この世のあらゆる政府の先達」という立場から自然権を理由づけることは、革命下では許されるものの、現存の政府に抵抗する恒久的な主張の源泉となった。この境遇に対し、ロジャーズは「このような言葉（自然権）は、人間が過去を振り返り、法律や習慣というふるいを通り抜けて政治的正当性の源までたどり着いたことで、権利に関するレトリックも不安定で予見できないものになってしまった」と批評を加えている。[58] こういった理由で、米国が独立し、新しい政府が樹立されると、英国に対して自然という概念を振り回していた植民地の人たちが、新たにできた国家でその観念がそなえている不安定さを懸念し始めた。ロジャーズはさらに、次のように述べている。「一七七六年の新政府の人々にとって、権力の封じ込めと利用が緊要だった。そして、愛国主義的指導者は、自然権に関する議論から憲法制定と同盟の路線にすばやく舵を切り、独立前にはジョン・ロックを引用していたが、より分別のあるモンテスキューの格言に切り替えた。このような状況では、自然権という言葉に含まれる求心的な衝動が重荷になった」。[59] 米国革命と明治維新は異なるが、どちらも自然の概念が旧態依然たる政府を破壊するための武器となった。それは、自然が革命的な状況において獲得した不確定な決定論主義の性質による。革命後、自然という概念はまったく同じ理由により、権力を握る者にとって重荷となった。

主に薩長両藩の指導者で構成された明治期の藩閥政府も、米国の指導者と同じように、権力が拡大していくにつれて自然の破壊的な潜在能力をますます懸念するようになった。幕府という旧レジームや政府内部の権力闘争では、自然は便利な武器であったが、自然にそなわった、ともすれば噴出するエネルギーをてなずけ、管理し、政府のニーズに合わなければ抑圧する必要があった。木戸孝允が一八六八年の五ヵ条の御誓文に挿入した「天地ノ公道」のような言葉は、当初は安心して妥協できたが、実際にはかなり危険な要素を含むように思えた。早くも一八七五年、福沢諭吉は自然という語が普遍的規範に傾倒しており、日本が他の国とは異なるという根拠を失う要因になったと考えた。福沢は、このような普遍的形態の自然を怖れていたのである。丸山眞男が記したように、ここで福沢は自然よりも『天地ノ公道』や『弁理』という観念が持つ普遍的系譜に反して、『偏見』と呼び始めた愛国主義の方を好むようになった[60]」。一八七〇年代の終わりから一八八〇年代初頭にかけて、政府役人とその支持者は自然の概念を囲い入れ、そのエネルギーを封じ込める努力を共同で始めた。

　以降の章で検討するように、明治初期には、自然の概念にはさまざまな異論があったが、次第に少なくなっていった。加藤弘之を先頭に寡頭政治信奉者は自然の概念を支配しようとした。彼らは自然の空間的特質に重きを置いた古い徳川時代の自然の概念から、地質学や生物学のように社会と国家を通じて作動した時間的力としての自然を思い描く観念へ転換した。この空間から時間という転換は、社会進化に関する作品が山のように出版され、同時に、さまざまな形態で幕末期における世直し運動の基盤となった鋭い変化の意識と一致していた[61]。幕末期の混乱で噴出した膨大なエネルギーに対応して、明治期の指導者たちは、あまり成功とは言えないものの、日本が不断の進歩的なテンポに合わせられるような宇宙観を、束の間展開しようとした。

註

(1) Walter Wallace McLaren, ed., "Japanese Government Documents," *Transactions of the Asiatic Society of Japan* 42 (May 1914), p. 460〔「立志社国会開設建白」(明治一〇年六月) 色川大吉・我部政男監修『明治建白書集成　第五巻』筑摩書房、一九九六年、三三五頁〕.

(2) 尾佐竹猛「五ヵ条の御誓文」文明協會編輯『明治戊辰』(文明協會、一九二八年) 六三頁。

(3) 英訳は以下を参照。William Theodore de Bary, ed., *Sources of Japanese Tradition* (New York: Columbia University Press, 1958), 2: p. 137〔徳富猪一郎『大久保甲東先生』民友社、一九二七年〕.

(4) 尾佐竹猛「五ヵ条の御誓文」八〇頁。

(5) 丸山眞男は、「天地の公道」の概念が西洋思想に関心がある人にも受け入れられなかった点を指摘した。たとえば、早くも一八七五年に福沢諭吉はそのような概念の普遍性を拒絶している。岡倉天心や内村鑑三と同様、福沢も「日本の低い国際的地位によって、世界は限定されたものになっていたが、その世界に対する日本の自意識」の表れとして、普遍的概念に反発したと丸山は考えている。Masao Maruyama, "Fukuzawa, Uchimura, and Okakura: Meiji Intellectuals and Westernization," *The Developing Economies* 4, no. 4 (1966), pp. 596–97.

(6) 米国出版省 No. 2671 が復刊した公式英語翻訳リプリント。『國體の本義』trans., John Owen Gauntlett (Newton, Mass.: Crofton Publishing, 1974), pp. 196–97.

(7) de Bary, *Sources of Japanese Tradition*, 2: p. 159〔徳富、前掲書、二五三頁〕より引用。

(8) 南博『日本人論の系譜』(講談社、一九八〇年) 第二章「不動と日本人」でこの問題に関して論じている。

(9) 同前、四五頁。

(10) Georg Wilhelm Friedrich Hegel, *The Philosophy of History*, trans., J. Sibree (New York: Dover Publications, 1956), p. 25〔武市健人訳『歴史哲学　上・中・下』岩波書店、一九七一年〕.

(11) セバスチャン・コンラッドがこの問題を論じている。Sebastian Conrad, "What Time is Japan?" *History*

and Theory, 38, no. 1 (February 1999).

(12) 一八六八年から一八八五年まで、日本政府は太政官制度を採用していた。その起源は七〇二年にまでさかのぼり、当時の太政官は国家の非宗教的事項をすべて運営していた。宗教的事項は神祇官の管轄であり、理論的には太政官よりも上位だった。

(13) Ike Nobutaka, *The Beginnings of Political Democracy in Japan* (Baltimore, Md.: Johns Hopkins University Press, 1950), p. 139〔大内兵衛・土屋喬雄編『明治前期財政経済史料集成　第一巻』明治文献資料刊行会、一九六二年、四三三頁〕.

(14) 明治期の農村反乱の議論に関しては以下を参照。Mikiso Hane, *Peasants, Rebels, and Outcastes: The Underside of Modern Japan* (New York: Pantheon Books, 1982).

(15) 農村の不満と自由党の解党の議論に関しては、以下を参照。Ike, *The Beginnings of Political Democracy in Japan*〔大内・土屋編、前掲書〕.

(16) de Bary, *Sources of Japanese Tradition*, 2: pp. 198-99〔「軍人勅諭」明治一五年陸軍省　達乙第二号（一月四日）〕.

(17) 後に、この帝国リヴァイアサンは、憲法学者の美濃部達吉（一八七三～一九四八年）が取り上げた。美濃部は天皇を立憲国家の最高機関と考えていたが、この見解は穂積八束によって批判され、やがて一九三〇年代には不敬行為とされた。とうとう一九三五年、美濃部の書物は発禁処分を受けた。Frank O. Miller, *Minobe Tatsukichi: Interpreter of Constitutionalism in Japan* (Berkeley: University of California Press, 1965).

(18) 福沢諭吉「学問のすゝめ」永井道雄編『日本の名著33』（中央公論社、一九六九年）六六～六七頁。

(19) 編者が福沢をどのように考えているかを参照。*Sources in Japanese Tradition*, 2: p. 117. 色川大吉が自由民権運動に対する福沢の影響を議論している。Daikichi Irokawa, *The Culture of the Meiji Period* (Princeton: Princeton University Press, 1970), pp. 59-68〔色川大吉『明治の文化』岩波書店、一九九七年〕.

(20) 福沢「学問のすゝめ」一頁。

(21) この有名な一節に関する議論は以下を参照。Carmen Blacker, *The Japanese Enlightenment: A Study of the Writings of Fukuzawa Yukichi* (Cambridge: Cambridge University Press, 1969), pp. 101-06.

(22) 丸山眞男「福沢における秩序と人間」日高六郎編『現代日本思想大系34 近代主義』(筑摩書房、一九六四年) 五五頁。

(23) Irokawa, *Culture of the Meiji Period*, p. 62〔色川『明治の文化』六四頁〕.

(24) 家永三郎『近代精神とその限界』(角川書店、一九五〇年) 二〇二〜四頁。

(25) 一九〇一年に福沢が亡くなると、三田で行われた葬儀には一五〇〇人の学生と一万人の一般弔問客が参列した。Carmen Blacker, *The Japanese Enlightenment*, p. 13.

(26) 福沢「文明論の概略」富田正文・土橋俊一編『福沢諭吉選集 第四巻』(岩波書店、一九八一年) 二六〜二七頁。

(27) 同前、四七頁。

(28) 福沢「学問のすゝめ」三、七八頁、福沢「通俗民権論」富田正文・土橋俊一編『福沢諭吉選集 第五巻』(岩波書店、一九八一年) 九二頁。

(29) 福沢「通俗民権論」九〇〜九一頁。

(30) J・マーク・ラムザイヤーとフランシス・M・ローゼンブルスは、民主的特権が徐々に拡大していく様子について、寡頭制の独裁者がイデオロギー的思い入れがあったり、欧米のような統治形態を真似たいと望んだりした結果というよりは、彼ら自身の不安定な仲間内で権力を高めるための策略だと理解している。Ramseyer and Rosenbluth, *The Politics of Oligarchy: Institutional Choice in Imperial Japan* (Cambridge: Cambridge University Press, 1995). 特に板垣に関しては、以下の頁を参照。pp. 23-24.

(31) McLaren, "Japanese Government Documents," p. 430 および de Bary, *Sources of Japanese Tradition*, p. 177〔「主権在民史料 愛国公党の議会開設建議」http://www.japanpen.or.jp/e-bungeikan/sovereignty/pdf/

aikokukoto.pdf〕.
（32） McLaren, "Japanese Government Documents," p. 605; 板垣退助『自由党史 中』（岩波書店、一九五八年）一〇六～七頁。
（33） W. B. Gallie, *Philosophy and the Historical Understanding* (New York: Schocken Books, 1968), p. 103.
（34） Carol Gluck, *Japan's Modern Myths: Ideology in the Late Meiji Period* (Princeton, N.J.: Princeton University Press, 1985), p. 17.
（35） *Ibid.*, p. 18.
（36） *Ibid.*, pp. 6-8. ここでグラックはクリフォード・ギアーツの定義に沿っている。
（37） Gluck, *Japan's Modern Myths*, p. 7より引用。
（38） Irokawa, *The Culture of the Meiji Period*, p. 52〔色川『明治の文化』五九頁〕. ユージン・ソビアックは色川に同意している。Eugene Soviak, "An Early Meiji Intellectual in Politics: Baba Tatsui and the Jiyūto," in *Modern Japanese Leadership: Transition and Change*, ed., Bernard S. Silberman and Harry D. Harootunian (Tucson: University of Arizona Press, 1966), p. 128.
（39） 加田哲二『明治初期社會經濟思想史』（岩波書店、一九三七年）六〇五～六頁。
（40） 同前、六〇三頁。
（41） 戦後歴史家の色川大吉は、日本は欧米文明の影響に「飲み込まれてしまった」という加田哲二の思いに同意している。文化間の知的交流は日本人指導者が「進んで敵中に入って利器をつかみ、それを逆手にとって国益をはかる」ための努力だと考えられている。*The Culture of the Meiji Period*, p. 51〔色川『明治の文化』五八頁〕.「利器」の中には、自然権や自然な平等という考えも含まれていた。しかし、このような輸入思想に対応するために、国内から民権意識が台頭してきたと色川は主張する。
（42） Albert M. Craig, "Fukuzawa Yukichi: The Philosophical Foundations of Meiji Nationalism," in *Political Development in Modern Japan*, ed., Robert E. Ward (Princeton, N.J.: Princeton University Press, 1968), p.

147.

(43) *Ibid.*, p. 105. ルソー、ミル、ブラックストーンはクレイグが言及した識者である。

(44) John Stuart Mill, "Nature," in *Nature and Utility of Religion* (New York: Bobbs-Merrill, 1958) 参照。

(45) Craig, *Political Development*, p. 105.

(46) *Ibid.*, p. 121.

(47) Earl H. Kinmonth, "Nakamura Keiu and Samuel Smiles: A Victorian Confucian and a Confucian Victorian," *American Historical Review* 85 (June 1980), p. 555.

(48) Matsumoto Sannosuke, "The Idea of Heaven: A Tokugawa Foundation for Natural Rights Theory," in *Japanese Thought in the Tokugawa Period*, eds., Tetsuo Najita and Irwin Scheiner (Chicago: University of Chicago Press, 1978), p. 181.

(49) *Ibid.*

(50) 松本三之介『近代日本の政治と人間』(創文社、一九六六年) 六一頁。松本は福沢と加藤弘之の両者を「双璧もしくは啓蒙思想運動の二大権威」と呼んでいる。

(51) 石田雄『明治政治思想史研究』(未来社、一九五四年) 六八〜六九頁。

(52) 同前、六九頁。

(53) William Beasley, "Meiji Political Institutions," in *The Nineteenth Century*, vol. 5 of *The Cambridge History of Japan*, ed., Marius B. Jansen (Cambridge: Cambridge University Press, 1989), p. 697. 初期の近代化論者も寡頭政治指導者に関して同様の見解を持っており、日本が「進歩し、尊重され、文明化された国家群」の仲間に入るということが単純明快な目標だったことを強調した。George Akita, *Foundations of Constitutional Government in Modern Japan: 1868-1900* (Cambridge, Mass.: Harvard University Press, 1967), p. 172〔荒井孝太郎・坂野潤治訳『明治立憲政と伊藤博文』東京大学出版会、一九七一年、三一六頁〕.

(54) 五十嵐暁郎『明治維新の思想』(世織書房、一九九六年)。

(55) George Wilson, *Patriots and Redeemers in Japan: Motives in the Meiji Restoration* (Chicago: University of Chicago Press, 1992), p. 10.

(56) Daniel T. Rodgers, *Contested Truths: Keywords in American Politics since Independence* (New York: Basic Books, 1987), p. 45.

(57) *Ibid.*, p. 55.

(58) *Ibid.*, p. 60.

(59) *Ibid.*, p. 57.

(60) Maruyama, "Fukuzawa, Uchimura, and Okakura," p. 596.

(61) Wilson, *Patriots and Redeemers*, pp. 13–28.

第四章　加藤弘之――自然を時間に変える

誰よりも明確にかつ決然と自然の政治的基準に関して政府を代弁して闘ったのは加藤弘之だった。[1]　一八八一年に加藤は社会ダーウィニズムを信奉し、専制支配を断固支持した。つまり、自然の進化の摂理からすれば、寡頭政府は明治期の日本の政府形態として正しいと主張したのである。この加藤の挑戦状に対し、馬場辰猪や植木枝盛など、自然の中に加藤と寡頭権力に抗うツールを見出した者は反論した。まさに、一八八一年から一八八三年の激論が明治国家発展の転換点であり、自然の定義を蒸留し、問題が何かを明らかにしていったのである。先行する二〇年間、自然の概念は一触即発の政治世界を駆け巡っていたが、いまや、政府にとって都合のよいものと悪いものの姿がはっきりと見えるようになってきた。[2]

通常、加藤の議論は自由民権的な天賦に対する攻撃だと考えられている。[3]　もちろん、この見解は欧米思想家が定義づけした自然権理論が日本の知識層に浸透しているのが前提である。松本三之介はこういった外国哲学は広く受け入れられていたと主張する。寡頭政府が感じた真の脅威に、加藤は先を見据えて一撃を与えたのである。[4]　また、この哲学を日本に移植できるかどうか疑問を抱いていた石田雄でさえ、「自然権」が寡頭政治にとって大きな脅威だと考え、自然進化論を自然権理論への「究極の武器」ととらえた。[5]　加藤の論敵はヨーロッパ啓蒙哲学の信奉者だと見なす評論家が大半だった。

通説によると、加藤自身の見解は西洋哲学だけ、もしくは日本の思想との組み合わせから得られた反動的意見だと考えられている。歴史家デイヴィッド・アボッシュは加藤の理論を「西洋」思想の純粋培養だと考えるひとりで、「(明治期の）日本における国家の有機進化的概念は完全に一九世紀のオーストリア・ドイツからの借り物である」と主張する。[6] また、加藤に関してはアルバート・クレイグも同様の評価を下しており、一八八〇年代には「思いやりのある自然権理論」が別の西洋発の理論、特に社会進化に対する厳しい見方にとってかわられたと考えている。こういった歴史家にとって明治期に日本で起こったイデオロギー闘争は、それより以前に欧米であった小衝突の再現のようなものだった。

加藤の立場は西洋と日本の考え方の合成だと考える識者にしてみれば、このイデオロギー闘争には微妙な違いがあった。たとえば、自然権に反対するため、儒教復興論者は西洋の進化理論的な社会有機体論との協力関係を追求していたと石田雄は論じている。[7] 儒者と西洋社会進化論者の政略結婚によって、政府は自然や他のイデオロギーの統制を強めるために動いた。石田の解釈によれば、一八八一〜八三年は、日本に導入された進歩的思想と戦うため、伝統的な東洋哲学と反動的西洋社会理論を合体させた時期だといえる。さらに石田は次のように記している。「儒教主義が——たとえ修正をうけてであるにせよ——温存されうるためには、近代的自然法思想を排除し、……その場合に最適の武器とされたのが、同じく西欧から摂取した社会有機体論に外ならなかった」。[8] つまり、師匠の丸山同様、「自然権」を作為だと考えたのである。[9] したがって、馬場辰猪や植木枝盛のようないわゆる「自然権」支持者は自然から政治を引き離し、日本を近代に近づけるようになった。石田にとって加藤は、儒教や西洋の形態をとった自然の反動勢力の代表である。加藤は自然の決定主義から自らを解放し、非自然の基盤の上に、新しく、より民主的な日本を建設しようとした馬場や植木のようなリベラル思想家に反対した。丸山の解釈を範にした石田は、明治期の論争が自然対近代意識の中心要素に作為をおく論争の再来だととらえた。

私はこの論争における加藤や反加藤勢力の従来の位置づけには同意できない。加藤の立場は、寡頭制権力を暗に擁護しているように思える。その寡頭制権力は社会ダーウィニズムと社会有機体論の要素、そして、進化を超越し、進化の方向づけができる創意に富んだエリートの奨励を組み合わせたものである。後に示すように、実際、加藤は以下の三点に説得力を持たせるため、自然の形態を配置している。①社会的凝集性が自然であること、②自然でたゆみない社会進化の推進、③この危険で変化の激しい世界において、社会を指導する非自然的なエリートの必要性。しかし、加藤は単なる反動的伝統主義者でもなければ、有機的社会調和の支持者でも、純粋な社会ダーウィニズムの信奉者でもなかった。加藤が説く自然の形態は過酷で変化に富んではいるが、加藤の政治的反応は自然の命令に従うというわけではない。その証拠に、加藤は現存の政府を擁護するため、丸山の二者択一的な解決方法とは逆の形で、自然と作為を組み合わせている。

他方、反加藤派の活動家や識者の間でも意見の一致は見られなかったし、（たとえば、馬場辰猪と植木枝盛の著作や政党の連携がつねに不安定な状態だったことからもわかるように）、西洋から同じ伝統を受け継いだわけでもない。天賦人権は、革新派の哲学的合意の基礎というよりはむしろ反対派全体の規約となった。たしかに、反加藤派がどのように自然の概念を利用したかに焦点を絞ることによって、以下の点が浮き彫りになる。つまり、実際には馬場も植木も、啓蒙思想が唱える「自然権」と同じような提唱をしたわけではなかったのである。加藤同様に、馬場もハーバート・スペンサーの社会ダーウィニズムから大きな影響を受けた。そして植木は、国学者や、幕末に通りを占拠した民衆運動「ええじゃないか」とよく似た方法で政治参加をすべきだと要求し、人間の身体的資質を強調した。

一八八一〜八三年の論争は、自然権と社会ダーウィニズムの対立、または作為と自然の対立というよりは、自然の定義をめぐる論議であり、各グループが独自の「自然」の定義を主張しあった。ここで問題となっていたのは、自然基準の台頭であり、その基準を使って現在の政府が判断されることである。加藤が知的大権としての「自然」を確保するために専制政府を代表して動いたのに対して、馬場と植木はより大きな民主主義を目指して自然の権威を確保しようとした。私見によると、反加藤派は自然から完全に解放されたのではなく、自然と個人主義という非常に微妙な連携を創り上げることができなかったのである。

加藤弘之と転向

歴史家は自分の研究対象に愛着を感じるものだが、加藤弘之に懐旧の情を覚えるのはむずかしい。但馬（現在の兵庫県）出身のこの侍は傲慢で自己中心的であり、自分自身と自分の考えを過信していた[10]。さらに、主張を変えるときですら、何とか取り繕おうとするのだ。何年も後に『加藤弘之自叙伝』（一九一六年）で、一八八〇年代初期の侃侃諤諤の論争によって、少し自信が揺らいだと語っているが[11]、加藤は論敵を「妄想」、「妄想に生じたるもの[12]」、「実存するものにあらざる」ものとこき下ろしたので、当時はそうした自信の喪失は表には出なかった。加藤の著作を見ると、他人の見解を軽蔑してはいたが、思想そのものは前向きにとらえ、本心から関心を持っていることが見うけられる。皮肉や愚弄があっても、魅力的な知的強靭さをあいまいにすることはない。加藤は強固な意志を持った熱血的な探求者であり、多くの古典にも精通し、考え方に幅がある。彼に愛情はわかないが、まさに賞賛に値する人物である[13]。

加藤弘之は一八六〇年に『隣草』という草稿を内輪に配布し、政治評論家としての経歴をスタートさせた。これは表向きには中国批判だったが、暗に、西洋の挑戦に立ち向かうことができない幕府に矛先が向けられていた。その後、『西洋各国盛衰強弱一覧表』(一八六五年)、『交易問答』(一八六五年)、『立憲政体略』(一八六八年)を刊行し、西洋の慣行に関して仲間を啓蒙しようとした。そして、西洋諸国との交易だけではなく、立憲政体の導入を提唱し『真政大意』(一八七〇年)、『国体新論』(一八七四年)によって、この大胆な勧告を補強した。だが後に自ら二つの著書の内容を無効とした。馬場や植木を含む文明開化運動を推進した人々にしてみれば、加藤は若干年配で慎重ではあるものの仲間であり、彼らはより進歩した段階にある民主的文明という指針に照らして日本政府を再編しようとしていた。

一八八一年一一月二二日、[14]有名な出来事が起こった。加藤の転向によって知識人と政界が大きくざわめいたのである。[15]内務省から全国に送付された官報は、加藤はもう民権を支持しないと告げた。『真政大意』と『国体新論』の既刊書は「誤見」に基づいていたという主旨である。このような反政府的な文書の影響を恐れていた政府は、いずれの本も「絶版」になったと宣言し、地方行政府に販売を禁止するように命じた。[16]

反体制派の鎮圧では珍しいことだが、この政府の告知は鎮圧される側の著者、つまり、加藤が全面的に支持し、承諾を与えたのである。[17]政府の告知から二日後の一八八一年一一月二四日、『郵便報知新聞』の告知欄で、[18]加藤自身が二つの自著はもはや公益にはならないと公言した。そして、自分が会得した新しい真実の詳細な説明をすると約束し、仰々しくも広告に新しい考えの源泉として「コーペルニクス、ガリレオ、ニウトン等諸哲輩出シ次テ近世又ラマルク、ギユーテ、ダルキン」を列挙した。[19]それから一一か月後の一八八二年一〇月、加藤は自分の過去の立場といまだにその立場に固執している人を批判した『人権新説』を刊行して約束を果たした。加藤のこの転向は政治における自然の一形態を放棄し、別の形態に移ったという見方もできる。のちに彼自身が述べているように、天賦人権論を捨て、進化論に傾倒したのだ。[20]転向、すなわち、近代日本思想・政治史で一里塚となる劇的な意見の変更には当然多くの関心が寄せられた。[21]特に一九三〇年代には、左翼主義者やリベラル派は、政府批判をやめて服従するように説得されることが多かった。一九三一年には政府批判者の士気はかなり喪失していたといえる。当時政府は急進思想を一掃するために、五段階の良心の呵責という尺度を設けた。理想は、急進思想を持つ疑いのある者にすべての反政府思想、合法的な社会運動への関与まで放棄するように説得することだった。「転向への説得」は、「疑わしき人も同じ日本人だ」という信念に基づいていたのだ。[22]

一般論でいえば、明治期には組織的に転向が画策されたわけではなかった。松本三之介は、当時転向した加藤弘之やその他の人々は、後の知識人が経験したように強制的に転向させられたわけではないと指摘している。当時の転向者は、やんわりとした圧力をかけられ、「状況への順応」として行動したのだという。[23]加藤の転向については、近代研究者の間で多くの意見の相違が見られたので、検討してみる価値はある。

一方で、加藤が本心から政治的立場を変更したという説をまったく受け付けない者もいる。ボブ・T・ワカバヤシとデイヴィッド・アボッシュは、『人権新説』の加藤の立場は、それまでの彼の見解とまったく異なるものではなく、従来の延長線上にあると主張する。ワカバヤシは一八六〇年代から一八七〇年代にかけて加藤の著作で再三取り上げられた儒教傾向を検討し、「加藤が単純に『転向』したという議論は無意味だとは言わないまでも、受け入れがたい」と述べている。[24]また、デイヴィッド・アボッシュも、加藤の初期の作品には儒教的響きがあり、最初から国家の大権を支持していたと、ワカバヤシとだいたい同じような見解をもっている。[25]

他方、『人権新説』は革新的な転換と考える人々もいた。大きな争点は、加藤の初期の作品にリベラリズムを見出す人とそうでない人の違いだった。戦前の日本人歴史家は、特に加藤のリベラルな資質のとりこになっていた。川原次吉郎は一九三四年に発表した『真政大意』に関する研究で次のように記している。「当時の加藤弘之には、著しく自由主義、個人主義の色彩の濃厚であったことが判る。中庸主義といっても、その基本は矢張り自由主義で、それの緩和又は修正の程度であったので、今日の所謂統制主義とは全然反対の考へ方であったといってよい」[26]。また、一九二〇年代のリベラル派政治学者の吉野作造は、一八七〇年頃、日本政治に「共産主義」や「社会主義」という語を最初に持ち込んだのが加藤だと指摘しつつ、彼はその教義の信奉者ではなかったと考えていた。加藤は「天賦人権論の信者であり、又英国風の個人主義的自由政治の謳歌者であったことは云ふまでもない」[27]。加藤の初期著作をこのように特徴づけることによって、記述にも劇的な変化が起きる。萩原延壽も、その行動は「紛れもなく」転向だったというが、率直に新しい立場をとったことを評価している。そして、加藤が新聞紙上で立場の転換を宣言したことを「さわやか」だと感じた[28]。たしかに、彼の公的活動に秘密めいたところはなかった。

加藤が革新的な考えと決別する変化の兆しはもっと早くからあったと考える者は、中間的な見解を主張してきた。たとえば、松本三之介と石田雄は、加藤が本当に持論を転換したと考えるが、初期の著作にすでに決別の源を見出している。石田は「われわれは彼の初期における絢爛たる天賦人権説の中に、すでに将来の転換を予期させるものをみることができる」と論じている[29]。そして、松本は、一八七四年に副島種臣、後藤象二郎、板垣退助らが提出した民撰議院設立建白書に加藤が否定的見解を示していた点を指摘している[30]。松本によれば、加藤が立憲政治を提唱していたことを考えると、先陣をきってこの建白書を批判したのに「世人が意外の感に打たれたのも無理からぬことであろう。ここに至って加藤弘之は初めて世人の前に官僚イデオローグとして登場した。『政府の提灯持ち』と世間では彼を評する者も出た」[31]。松本がさらに明らかにしているように、加藤が政府を支持したのは個人的野心と無関係ではなく、一八七五年には明治政府の一等技官という重責を担っていた[32]。さらに、転向を発表するほんの数か月前の一八八一年七月六日、加藤が日本最高学府の東京帝国大学の綜理になったことにも松本は注目していたかもしれない。そのような地位に立つと、半官スポークスマンの役割を果たさざるを得ないという圧力を感じたに違いない。実子や養子を通じて高級官僚とも幅広い人脈があり、加藤は明治寡頭政府への支持を明確に示す必要があると考えていた[33]。

私は加藤の立場に革命的な知的変遷はないという見解に同意するものの、転向を純粋に知的レベルの問題と判断してしまえば、その転向が持つより大きな社会的政治的文脈を無視することになる。また、著作に現れる前提条件にのみ関心を向ければ、加藤が政府の代弁者にならざるを得なかった家族、仕事、社会的圧力（この圧力の存在は当時の人には明らかだった）を無視することになる[34]。たしかに、加藤自身や当時の読者の間では、劇的な転換を遂げたという気持ちがあった。二〇世紀の読者はこの同時代人の認識を過小評価すべきではない。一八八一年一一月二四日の新聞広告で、加藤自身、自分の初期の著作の読者が「決シテ余カ今日ノ意見ニ合スルモノト認メ玉ハサラン」と強く望んだ[35]。したがって、加藤は現在の自分と過去の自分を対照的に見ているのである。だから、加藤は『人権新説』において、『真政大意』と『国体新論』[36]で自然権論を提唱したと認めている。さらに、第二二章で、一八七九年から自然権に幻滅し始め、少なくとも二回、その旨を公の演説で提起したと言っている。この『人権新説』に対して、読者は辛らつな批判を行った。この批判は、加藤が、ますます寡頭的になった政府のスポークスマンになったことを悟り、ショックを受け、裏切られたという読者の気持ちの証である。

加藤が一八八一年に公式に転換を表明したのは偶然ではなかった。その年の秋、長期化していた政治危機が頂点に達したのである。[37] 代議制議会を要求する声が高まり、政府の重鎮である大隈重信（一八三八〜一九二二年）がより広範な政治参加を求める側に加わると、政府は動揺した。批判を懐柔しようとした政府は一八八一年一〇月一二日、明治天皇が慎重に「明治二三年ヲ期シ議員ヲ召シ国会ヲ開」く旨の国会開設の勅諭を発し、憲法制定と議会の設立を約束した。イケ・ノブタカが言うように、「一八八一年秋は民主運動史の分水嶺[38]」となったにもかかわらず、どの程度の勝利であったのか、民主的権利が勝ち取ったものは何かに関しては議論の余地がある。[39] 明治天皇は一八八九年までは約束した憲法を発令する予定はなく、一八九〇年になるまで議会を設立する準備もなかった。実際、天皇が約束したおかげで民権運動は拡散し、政府はおよそ一〇年間、体制を立て直す時間を稼いだというのが多くの識者の見解である。[40]

権力の制度的強化は、次第にイデオロギー的強化をともなうようになった。独自の国家政体観念を広めた政府は、エドマンド・バークやトーマス・ホッブズの要約版を含め、保守的教義の翻訳や流通を支援した。[41] 加藤はこのイデオロギーを強化する初期の段階において重要人物だった。東京帝国大学の綜理として、中立的な立場や風変わりな見解を保持できなかった。政治的方向性が明らかになり、明確な立場を表明する必要が生じたとき、加藤は政府側を選んだのである。歴史家ユージン・ソヴィアックが言うように、「加藤弘之は明治政府の知的代弁者だった[42]」。

一八八一年の論争における語彙に着目すれば、加藤の選択は明々白々だった。しかし、語彙を調べただけでは彼の初期の立場を理解できない。第三章で論じたように、一八七〇年代の明治初期の政治は、組織的な権力の移譲とかきっちりとルールの定まった競技種目というよりは、ばらばらな集団の自由参加の討論会のようなものだった。つまり、二手に分かれ、敵味方がはっきりとわかるチームがシングルマッチをするのではなく、押し合いへし合いするなかで多くの小規模なコンテストが開催されたのだ。このコンテストの形は、一八八〇年代になってようやく定着した。したがって、『真政大意』と『国体新論』で示された加藤のいわゆる「リベラリズム」と呼ばれる立場は、複数のコンテストが寡頭政府対開かれた政府というシングルマッチに転換すると、政府にとって危険になった。一八七〇年と一八七四年に初版が刊行された際、加藤は民主主義者と専制君主の争いではなく、反動派と修正派の争いにかかわっていたのである。加藤が採用した戦術や立場は、政府見解や民衆の請願と対立するものではなかった。最大の論敵は国学者だったので、国学者の見解に対抗するためのものだった。『真政大意』と『国体新論』における加藤の立場は、このような特定の論争と照らし合わせない限り理解できない。

明治初期の政治論義における「自然」の意味の不確定性という私の議論に立ち戻れば、意味を関連づけるまでには時間がかかり、加藤の初期の語が自由民権的攻撃性をもっていたということは段階的にしかわからなかった。加藤は荒波のなかボートを漕ぐように、明治初期の知的世界を縦横無尽に駆け巡った。だが、一八八〇年ごろになってようやく波がおさまり、陸が見えてくると、加藤は自分が誤った川岸にいると気づいた。そこで一所懸命櫂で漕ぎ、正しい埠頭に自分の船をしっかりつなぎとめようとしたのである。加藤の転向は一八八〇年代初期の状況の変化に応じて、政府の立場を明確に擁護したものとして理解することができる。加藤が自分の立場を明確にしたことによって、今では初期の著作は本人の意図よりも民主的に受けとめられている。(43)

『真政大意』と『国体新論』

このように述べたからといって、絶版となった『真政大意』と『国体新論』で加藤が示した初期の議論が、後の立場と明治期の政治における自然の幅広い使われ方と無関係というわけではない。実際、両著書は多くのことを示していた。加藤の論敵は国学者とその同調者の農本主義者であり[44]、世界の中の日本のユニークな立場、帝政の天来の霊感、および古風な経済・政治様式の完璧さを主張していた。『真政大意』では太古の純朴な世界と自給自足の生活に戻りたいと願う者を嘲笑している[45]。そして、『国体新論』においては「国学者流ト唱フル輩ノ論説ハ、真理ニ背反スルコト甚シク」[46]と宣言している。国学者と農本主義者の立場に反対するために、加藤は国体の目的を再定義し、国学者と農本主義者のイデオロギー的把握から「自然」を救いだしている。そうすることによって、国の存続には世界との接触は不可欠だとする指導者は自然を利用できるようになった。

このような初期の著作において、加藤は明治寡頭政治の支配者に反対して民権運動を進めたのではなく、近代の諸問題を解決する唯一の答えが太古の調和の回復だという論者に反対して、新生日本を支持したのである。そして、変化の力と経済的自由を強く主張し、同時にアリストテレスからルソーまでの西洋知識人や、最近の米国の南北戦争からインドにおける英国の植民地主義といった西洋の諸問題に関する博学な知識も兼ねそなえていた[47]。このように加藤が新しい考えを受け入れたため、明治初期の混乱した雰囲気では、民衆の政治参加も加藤は認めていると簡単に誤解されてしまったのである。となると、国学者や農本主義者に対する加藤の攻撃が、革新主義的基調の表れと解釈されたことも理解できる。

新生日本を守るために、加藤は新しい原点と新しい政府の原理を構築することが必要だと考えた。国学者は日本の神々しい原点である古事記を絶対的真理として理解している。つまり、彼らにとっては、あらゆる国のなかで日本だけが選ばれ、天照大神の直系である天皇の神聖な導きを得ることができたのである。日本の国家の原点をこう理解していれば、広い世界との交わりを妨げ、太古の純朴さと天皇の意志に純粋な気持ちで従うことに慰めを見出すしかない。加藤は、そのような路線をとれば日本の国力が弱体化すると批判しながら、[48]国家、政体、国体観念の相違を基調とした別の国家概念を提起している。こうした加藤による三つの観念の区別について、絶版となった二つの書物の議論（互いに非常に一貫性をもった議論である）を論駁したい。

国家の基礎をわけのわからない神話になど依拠できないと加藤は主張する。[49]むしろ、日本やその他すべての国の原点は「全ク人ノ天性ニアルナリ」。[50]つまり、「人ハ禽獣ノ如ク唯天然ニ同居シテ全ク各個ニ生活シ得ベキ者ニアラズ」と、加藤はアリストテレスに同意している。人間は自動的に共同体に住むような天性を持っているが、天性の形成と天による国家の樹立とは異なると加藤は慎重に論じている。国家は天が直接樹立するものではなく、人間の努力の結集なのである。[51]

初期の共同体は、古事記にあるような神や人間の意志ではなく、自然によって結びついているという加藤は、前社会的自然状態という西洋の概念も、日本の原点の特殊性という考えも重視しない。[52]だから、本書で取り上げてきた他の日本人識者同様、加藤は、孤独に森の中を彷徨していた個人が創造した西洋的社会契約概念の原型を決して理解していない。[53]共同体が野蛮から文明へと段階を経るにしたがって、意識と意志が政治に介入してくるのである。人間社会は自然の勢《せい》と天理の展開によって次第に複雑になっていくと考えられている。[54]社会とそれを構成する個人が進歩するにつれて、両者ともより大きな意志を行使する力を獲得する。すでにこの時点で加藤は、社会ダーウィニズムに言及することなく、進化論とよく似た歴史的発展論概念を使っているのである。(55)

国家の一般的共同体から、公式レベルの国家政体や政府構造にテーマが移ると、加藤は国体と政体を以下のように区別した。「国体ハ眼目ナリ、政体ハ此眼目ヲ達スル方法ナリ。故ニ国体ハ万国共ニ、……理ニ背クヲ可ラズト雖モ、政体ハ必ズシモ一ナルヲ要セズ、或ハ君主政体ナルモ、或ハ民主政体ナルモ、能ク公明正大ノ国体ヲ育成シ、及ビ維持スルニ足レバ敢テ其可否ヲ論ゼズシテ可ナリ」(56)。国の起源と究極的な目的に関しても、同様のことがいえる。つまり、あらゆる国は、国家という自然の共同体において同じ起源を持ち、公明正大な国体において同じ目的を共有している。加藤によると、国によって異なるのは政体だけである。加藤は共和政治を理想的な政治形態とすることは天理の当然として認めているが、政治形態は国の歴史、習慣、そして最も重要な要因である国民の啓蒙レベルに対応しなければならないと論じている(57)。さらに初期の著作では、日本がまだ十分に文明の域には達していないという持論を繰り返し展開し、断固とした調子で次のようにいう。「ただ臣民に任せておいてはできぬことのみはやむをえず政府で世話をやくを本意といたすでござる。……すでに申したごとく、今日臣民のために政府があるという道理を失い、かえって政府のために臣民があることになりて、かの国家政府の起こるゆえんの天理にもそむくでござる」(58)。とどのつまり、加藤は実用的根拠というよりは倫理的根拠に基づき、最良の儒教の伝統では父権的政府がよいと論じているのだ。加藤が伝統から決別したのは次の点だけである。すなわち、変化を重視した点と、政府が国民を十分に保護できるよう、慎重な憲法制定の必要性を強調した点だ。

加藤の日本政体改良プログラムを検討する際、天皇のことを考慮しなければ不完全になってしまう。加藤は、天皇が弱体な明治維新政府の礎として重要な役割を果たしており、皇室を一掃するつもりはないが、国学者が唱えるような天皇の絶対的神性は何としても取り除きたいという、いくぶん混乱した意見を持っている。だから、彼の議論は屈折してしまうのだ。たとえば、天皇が神の子孫だと認めておきながら、神の意志にしたがって国を統治しているのではなく、実際は人間が統治していると論じる。さらに、自分自身の体験から、この見解の正しさを主張した可能性もある。というのも、彼は天皇の家庭教師を務めていたからである。しかし、彼は教訓を学ぶ若者として、明治の苦難を自分の目で見ながら説明しているのではない。天皇を神に仕立てるのは、天皇が別種の人畜だと見なすことだといって、国学者を嘲り笑っている。もし天皇を別種の人畜として扱うのであれば、天皇と臣民の関係は、納屋の動物と人間の相違ほど大きな溝を作ってしまうだろう。人は鶏や牛と違い、自然の序列によって主人から切り離されず、農夫が家畜を所有するような形で天皇が臣民を所有しているのではない。要するに、「天皇ハ我輩人民ト同ジク人類」なのである[59]。その結果、天皇と国民の間には大きな社会序列の差はあるが、政府は単に天皇のためだけではなく、すべての国民のために存在している。

太古の純朴さに憧れる国学者に反論する際、加藤は国体、政体、天皇を再定義するのに、自然の権威を大いに利用した。つまり、共同体のかすがいとして、特に変化の勢《せい》として自然の観念を何回も利用している。この自然の勢《せい》はダイナミックかつ普遍的な力であり、まったく世俗的な力である。実際、天から自然を分離しようとする努力を理解しない限り、加藤の著作を十分に読みこなせないように思える。彼の著作にとってこの分離は決定的に重要である。というのも、天と自然を区別すれば、少なくとも啓蒙的なエリート層が、意識的な政治活動をする可能性があると考えているからである[60]。加藤が思い描いたアクターは自然から分離した完全に自律的な臣民、つまり、天性と天理によってすでにかなり排他的な社会グループの一員となっている臣民ではない。国家のために意識的に、しかも誠実に活動することができる臣民であり、またそうでなくてはならないのだ。加藤が時々言っていたように、その概念には疑念をもっている天という言葉(加藤自身は時々この言葉を利用していたが)と、つねに利用した自然という言葉を区別することで、世俗化した自然を礎に、臣民は誠実に活動すると加藤は考えていた、と私は主張したい。加藤が自然から得られる政治的教訓を理解したいと強く願っていたことは次の二つにより明らかである。それは、『真政大意』の経済学に関する長い論考(以下で分析する)と、『国体新論』で天という考えを直接攻撃している箇所である。

『真政大意』の後半部分はすべて、経済自由主義に関する論考である。加藤は最も厳格な自由貿易論者で、延々と熱っぽく自由放任主義経済学を擁護する論を展開した[61]。政治面ではなく経済面において加藤は「自由主義」を具現し、しかもそれは自然という語で記号化されたものなのである。つまり、市場で価格が決定するのは自然の道理と一致しており、物価と株価には自然の値がある。この場合、人策の値は国力を弱めるため、自然の値を人為的に操作すべきではない[62]。経済競争によって国民が満足する自然の状態となり[63]、自然の道理によって世界中の国で産業が繁栄する[64]。

この痛烈な批判の対象は農本主義者と国学者である。なぜなら、彼らは農業を中心とした国家経済を良しとし、平穏だったと思われる平等に水田が分配された古き良き時代への郷愁をもっていたからである[65]。加藤は土着の信念だけではなく、共産主義と社会主義に言及しながら、富の平等化は「ちょっと聞いたところではしごく仁政のように聞こゆることなれども、右申す不羈の情と権利を束縛羈縻することゆえ、いかほど才力のあるものもその才力を伸ばすことができぬことになり[66]」と述べる。経済アクターである人間は、自分自身のためだけではなく、国家のために自由が必要なのだ。加藤は『交易問答』(一八六五年)で指摘した点を、改めて断固とした態度で表明している。「世がひらけて人の知識が増してまいれば、おのずから人の嗜好というものも多くなりてくるから、すべて今日の求需もしたいて多くなるは自然の道理、すなわち天のしからしむるところでござる。そこで今日の求需が多くなれば、工商というものが盛んにならねばならぬもこれまた当然のことで、けっして憂うべきわけではない。かえって国家のために賀すべきことでござる[67]」。欲求、欲望の増殖、商品の増加は、秩序があり安定した体制という太古の考えにとっては受け入れがたいものである。それは、国学の信条だけではなく儒学者の経済概念に照らしても、現世の虚栄心だけではなく基本的な道徳が退廃した表れである。加藤は伝統もはばからず、現世の欲求は自然にかなったものだと論じる。たとえ、すぐにはそのように思えなくても、世俗の自然は結果として徳が高いという。加藤はアダム・スミス同様、公徳心が不要だといっているのではなく、その公徳心が私的欲求と市場の自然の抵抗によって間接的に作りだされるのが望ましいと考えている。

そして四年後も、加藤は『国体新論』において、控えめながら統制経済反対論を主張し続けていた。『真政大意』の刊行後に制定された法律により、数世紀ぶりに日本で土地の私有化が可能となった[68]。しかし、日本は天皇の個人財産だという国学者の主張に頭を悩ませ、加藤は「天下ノ国土ヲ以テ一君ノ私有トナスノ非ナル所以モ自ラ瞭然タルヲ得ベシ。凡ソ土地山川ノ如キハ、天然ニ之ヲ所有スル者アルノ理絶エテアラザレバ、始メテ其処ニ占居シ、其処ヲ開拓セル者ノ之ヲ己レガ所有トスルハ当然ノコト[69]」と明確な言葉で論じた。所有権に関するこの直接的な抗弁にもかかわらず、政治的権利から経済的権利を慎重に分離し、次のように述べている。「土地ヲ私有スル権利ト土地ヲ管轄スル権利トハ全ク異ナル者ニシテ、所有ノ権ハ地主ニアリテ、管轄ノ権ハ君主政府ニ在ルノ理ヲ知ラザル可ラズ[70]」。換言すれば、政府は財産所有権を尊重すべきだが、所有者は自分の土地を根拠に政治に参加したり、代表になったりすることはない。加藤は初期の著作で英国哲学者のジョン・ロックに言及したが[71]、彼が思い描いた日本での支配者―被支配者の関係は、個人の所有権を主張するロックの影響は受けていなかったことになる。

しかし、『国体新論』で経済問題よりも重要なのは、論敵が用いる天という概念への直接的攻撃である。加藤は、神託が予言する天神の行動や、天命への服従として政治を説明することは啓蒙的ではないとし、「支那ニテ人君ヲ天子ト称シ、君主ノ位ヲ天位ト称シ、或ハ無道ノ君ヲ誅伐スルニ方リテハ、其多罪天命殛之ト云ヒ」と冷笑している[72]。その後もいくつか天の使われ方を列挙した後、すべて列挙している時間はないが、そういったものは「皆人事ニシテ、絶エテ天神ニ関係ナキコトナルヲ、強ヒテ天神ヲ引合ヒニ出スハ、甚ダ不条理ナルコトナリ」と述べる[73]。さらに加藤は、このように神を活用するのは中国と日本特有のものではなく、西洋にも王権神授説といった「荒誕無稽ノ説」があると指摘した。つまり、西洋で啓蒙主義が発達するにつれて、こうしたばかばかしい考えは放棄されるようになり、世俗的な自然観が台頭してきた。西洋ではこのように神格化を外した自然が政治と経済の礎となっており、日本もそうすべきだと加藤は主張した[74]。

天という観念が強く加藤の反発を招いたのは、国体の古い考えと結びついているからで、彼はそれを新生日本で置き換えようとした。封建時代の日本では同時代のヨーロッパ同様、国体は天の下の統治者が所有していると考えられていた。しかし、加藤は楽観的に次のように宣言している。「輓近人文知識漸ク開クルニ随ヒ、国家君民ノ真理、始メテ瞭然トナルニ至リ、旧来ノ陋劣野鄙ナル国体次第ニ廃滅シテ方今ノ公明正大ナル国体トハナリシナリ」[75]。封建時代の天という概念から政治を解放すると、自然と合致した新しい政治と新しい国体を考えられる。また、自然を活用すれば、経済的欲求に任せて活動できるようになる。天を拒絶すると、時勢に応じた新しい政府形態を創造するためにエリートは積極的な役割を果たすことができる。自然は、加藤が思い描いている新しく正しい国体の権力構成にとって必要不可欠の要素である。

加藤が封建的で神聖な天にかわって没宗教的な自然を格上げしていったことを近代の研究者は見過ごしてきた。たしかに、加藤は天という語を用いて西洋の自然権概念を伝えようとはしていない。しかし、松本三之介によれば、明治初期の言説では、天という語が西洋の自然権概念を伝える役割を果たしていた。これまで見てきたように、実際、加藤にとって天は近代概念というよりは封建概念を指すことが多い。言葉の加藤の使い方と丸山眞男の著作での使い方を比較すると、使われている言葉の相違はあるにせよ、大変似通ったアプローチをとっている。丸山は作為という語を用いて自然を攻撃しているのに対し、加藤は自然という語を用いて天という語を攻撃している。両者とも政治に何らかの意識的な活動形態を導入しようとしたのである。語の違いは、両者がどの程度自由な政治的主体を認めるかという点で意見が異なることを示している。つまり、丸山は完璧に自律したアクターを望み、加藤は一定の枠内で革新的リーダーシップを発揮できるような基盤を望んだのである。加藤が自然という語を特権化したのは、自然を表すさまざまな語が、一八〇〇年代後半には自然という語一つに収斂される動きを予示している。自然という語は、丸山のような二〇世紀の分析では好んで使われている。

『真政大意』と『国体新論』はいくつか新しい考えも提示したものの、決して急進的なことを述べた著書ではない。幸福と平和を得る権利と自由の価値に関する長文の批評はほとんどないが、日本国民の文化レベルがとても低いので、あっても効果がないと論じた。[76] 一八七〇年には「開化の浅い国ではやむことを得ず、専治の政体を用い」るとまで述べている。いわゆる国民の「自然権」は、せいぜい、政府の約束ごとに過ぎない。[77] 国民の権利で最も重要なのは、政府の保護であり、その見返りとして、国民は政府に服従し、税金を納め、軍役に服すのである。[78] しかし、一八七〇年代に新生日本を守った保守的防衛ですら、一八八〇年代の支配的寡頭制を擁護するには、制度を改革する必要があった。

『人権新説』

加藤が絶版にした『真政大意』と『国体新論』における立場と、自ら転向を合理化した『人権新説』との違いは攻撃対象である。加藤は当初、国学者と農本主義者が新政府に与える脅威に対抗していた。一八八一年から八二年にかけて、断固とした態度で自由民権運動に反対した。英国の保守主義とドイツの国家論を読んで得た広い知識をこの戦いで縦横無尽に活かしているが、昔の著作の面影もしっかりと残している。つまり、彼は世俗化した自然の勢《せい》に対応できる父権的で卓越した政府エリートなのである。

加藤は一八八二年一〇月に刊行された『人権新説』[79]の書き出しで、自然権理論を妄想と呼び、「実理の研究に従事」し始めた新しい研究を絶賛している。そして、「ドレーベル氏、バックル氏、ペイン氏、レッケー氏、バヂオー氏、スペンセル氏、ストラウス氏、カルネリ氏、ラーデンハウセン氏、リリインフェルド氏、シェフレ氏、イーリング氏」など自慢げに名前と著作を列挙し[80]、彼らは「みな多少物理の主義、ことに多くはかのダルウィン氏が発見せる進化主義の裨補を得て、大いに心理において発見せるところある」と、その論稿を褒め称えた[81]。たしかに、「実理の研究」の発見は物理学と生物学から支持されるかもしれないが、加藤や明治期の知識人の大半は、最も重要なのは政治であり、科学はその補助的役割しか果たさないと考えていた。一般的に科学は、国内で生まれたものであれ、輸入したものであれ、日本では官僚の目的を強化するために活用された。さらに、独立した知的・制度的伝統に裏づけられた真理の基礎を提供することもなかった[82]。科学は自律的な認識論的基盤をもたないと考えられていたので、社会的伝統に背かず、社会的な目的に合うものを選んで利用できた。したがって、ハーバート・スペンサーはダーウィンより何年も前に日本語への全訳を許可されていた。ダーウィンの科学はスペンサーの社会理論と比べると二義的だったのである。加藤は自分の政治的見解を強化するためにダーウィニズムの原則を利用したが、科学的進化が政治的目的から外れると、巧みに引っ込めている。

日本人が進化論を受け入れたことは、明治期日本の新しい考え方に関する丸山眞男の見解を実証する。丸山が言うように、「このような欧州諸国を源とする考え方の多くは、伝統に対する死に物狂いの抵抗表現だった。しかし、この考えが日本に移植されると、ある種のすでに受け入れられていた伝統的日本の概念とぴったりと符合したのである」(83)。今までみてきたように、加藤はすでに自然な発展を前提とした自然の勢《せい》や、自然の道理といった歴史的変化を採用していた。日本の社会理論には天地創造というキリスト教の理論が欠如しているので、そこにダーウィニズムの原則を採用するのはそれほどむずかしくなかった。日本在住の西洋人はダーウィンに関して小競り合いをしていたが（たとえば、日本の大学から進化論研究を排除しようと、偏狭なキリスト教宣教師は躍起になっていたが、東京大学動物学教授のエドワード・S・モースはこれに徹底的に反対した）(84)、日本には、ダーウィニズムを否定するような土着の知的・制度的障壁はほとんどなかった。日本の伝統の中で、社会ダーウィニズムにとっての最大の障害は、日本が神によって創造され、特別な国家目的をもつ独特の存在だと信じている国学者だった。ダーウィニズムも社会ダーウィニズムもそのような特殊性を許容しなかった。繰り返しになるが、普遍的指針を重視する場合、加藤は国学者を排除することに何ら良心の呵責を感じなかった。

加藤は社会進化を次のように説明している。「けだし宇宙はあたかも一大修羅場なり。万物、おのおの自己の生存を保ち、自己の長育を遂げんがために、つねにこのつとむるなり。しかしその結果たるや、つねにかならず優勝劣敗の定規に合せざるものはたえてあらざるなり」[85]。このダーウィン理論の要約は（「適性」の真の基準として再生産の成功を軽視した点を含めて）まあまあ一般的と思えるが、加藤の文献では、生存競争に若干特異な変化が加わる。驚くべき趣を醸し出しているため以下に加藤の長文を引用するが、この印象的な一節では、儒教で高名な太古の聖人が、社会ダーウィン的競争を方向づけたように描かれているのである。

余をもってこれをみれば、古来聖賢が畢生の業とするところは、概して優勝劣敗の吾人に害あるものを避けて、特に利あるものを取るにほかならず、他語もってこれをいえば、特に良正なる優勝劣敗の作用を起こすのほかに出でざるなり。けだし君子を貴びて小人を賤しめ、賢人を用いて姦人を斥け、……公道を唱えて邪説を斥くる等、一として良正なる優勝劣敗の作用を起こすものにあらざるはなし。聖賢は正邪を混一し、君子・小人を同一視して、もって良生なる優勝劣敗の作用を遏止するがごときことをなすものにはけっしてあらざるなり[86]。

有益な生存競争が行われるように尽力したのは太古の聖人だけではない。釈迦牟尼、キリスト、モハメッド、古代の王、孔子、孟子らはすべて「社会一般の利益・幸福を増進せんと欲する公心より起こるところの競争」に参加するものとして描かれている[87]。自然淘汰を「公心より起こるところの競争」と描写するのは少なくとも風変わりだ。一般に普及した社会ダーウィニズムのドイツ版は自然の恐ろしさを軽視する傾向にあったが、ヨーロッパ人はダーウィンの進化論とキリスト教の倫理を合致させることができなかった。加藤は一八八二年に生存競争の指導者にキリストを選んだが、プロシアの学校では、ダーウィンの進化論とキリスト教の倫理は妥協できないと考え、中等学校のカリキュラムから生物学を抹消している[88]。しかし、加藤ですら、自然淘汰の不安定な過程を完全に正したわけではない。加藤の「公心より起こるところの競争」は、自然の競争における二形態のひとつにすぎないのである。

加藤は、生存競争には二種類あるという強い信念を持っている。ひとつは太古の聖人のような賢明な統治者が監督し、よい結果が導き出されるもの。もうひとつは悪い結果になるものである。後者の有害なタイプは、他人を蹴落そうという自己中心的な欲求に基づくため、劣った者が優秀な者を支配することもある。ダーウィン理論では定義上、生存者が「適者」となるが、加藤理論では、生存競争により、誤った意識を持つ労働者のような間違った勝利者が生まれることもあり得る[89]。また、不適格者、劣った者、規則に従わない大衆が誤って権力に登りつめる可能性もある。過去を振り返ると徳川時代の固定した階層制度が不正に用いられ、不安ながら先を見据えると、民権運動が権力を握る可能性もあるので、加藤は「優者たるものかならずしもその高等の地位を占むるにあらず」と警告を発した[90]。

このような国内の懸念をさらに悪化させているのが、西洋帝国主義の迫りくる脅威である。論理的に考えれば、加藤は西洋文明の優秀さを認めているため、日本が征服されるのを甘受するか、有害な生存競争の例として、日本よりも優秀だと認めた相手を蹴落して生き残る術を見つけなければならない。この時点で、加藤は途方にくれ、(インドにおける英国の植民地政策は是認しながらも) 国家は独立すべきだと主張するにとどめた。「これら各国が名分上、全地球万邦の首領たる地位を得たりとはいうべからず[91]」。

加藤は厳然たる万物法と進化に言及し、「ただ優者が勝ち、劣者が敗る」と保証しているが[92]、「けだし万物法は本来けっして特に吾人人類を害することあるがごとく、同じく万物法に出ずるところの優勝劣敗の作用もまた、時として吾人人類を害することなきあたわず。……およそ万物法の吾人に害あるものを避けて、特にその利を取るは、これ吾人知識の上進によりてはじめてよくなすところなり」[93]と固く信じてもいる。社会のすべての成員が無秩序に競争した結果生じる弊害を避けるため、太古の聖人がしたように近代啓蒙エリートが生存競争を管理しなければならない。要するに、加藤は国内の平穏と国際平和を維持しようと管理された「生存競争」を提唱しているのである。ここには進化という形の自然があり、エリートの存在が必要だが、このエリートの起源は特定されない。加藤は、エリートを自然そのものの表れとは描いていない。むしろエリートは政治が厳然たる自然と協調していく手段だと考えている。エリートは自然と進化の諸法則に関する知識、特に人間は（植物や動物のように）ゆっくりとしか進化しないという知識を持っているので、社会進化論にしたがって、血も涙もない悲惨な状態にならなくてすむ。加藤が述べているように、「優勝劣敗の作用を制するに、ひとしく優勝劣敗の作用をもってす」[94]。自然の目的と人間の目的は必ずしも完全には一致しないので、知識豊富なエリートの活躍の場が作り出される。加藤は倫理学者として、自然が大きな発言権を持つことは許せないのである[95]。

エリートの行動の幅を広げるため、自然と天を分離しようとする初期の試みに同調し、加藤は『人権新説』に登場する少数の道徳的エリートが修正された自由を享受できるよう、自然の一形態を再度利用した。従来の加藤の著作において自然は、これまで国学者の政治的想像性を麻痺させてきた天の考え（天の命令）に挑戦してきた。『人権新説』では、天賦人権や広範な自然権、民主的自由を望む心情に挑戦するために、進化という形態の自然を利用している。どちらの場合も、政治的闘争の場から天を追い払わねばならない。というのも、皮肉なことだが、天は伝統にあまりに大きな権力を与えるだけでなく、民主的勢力にも大きすぎる権力を与えてしまうからである。そうなると、自然は新しい政治エリートが政治を行う上で基礎となったが、それは徳川時代の考え方が継続したものではなく、非常に異なった形態をしていた。

ダーウィン理論を社会に適用するのはそれほど複雑ではないが、現存するエリートはつねに自然なエリートである。生存競争で間違った勝利者は登場しない。しかし、加藤が提唱する社会ダーウィニズムはもう少し複雑だ。自然の目的は自動的に人間の幸福と一致しないからこそ、自然を超越する政治エリートが必要になるのである。(96) 政治的リーダーシップを発揮するには、意志と知性をフルに活用しなければならず、自然の勢《せい》によって無意識のうちに出てくるわけではない。加藤は無害かつ有益な方法で変化する自然の勢への対応が必要だと主張して現存する明治秩序を正当化しているが、現存している明治秩序が自然なものだとは言っていない。次章で述べるように、皮肉にも、加藤の論敵であり、より民主派の馬場辰猪の方が、加藤の示した説よりもずっと自然淘汰に信をおいている。すでに言われていることだが、自然の概念に適切な注意を払えば、一八八一年の政治危機は、自然に訴えて正当化する伝統と自律性に訴えて支持を受けている近代との単純な戦いだとは解釈できない。一八八〇年代初期、加藤が民主的な活動家を攻撃しても、彼の修正社会ダーウィニズムは、解放された様態の主観性を創出していた。

『人権新説』への反応

立身出世という点では、加藤の転向は非常によかった。長く東京帝国大学綜理の座を占め(一八八一〜九三年)、その後天皇の顧問をはじめ、元老、枢密院、貴族院などで活躍した。加藤は自分自身のために、そして、政府のためによい仕事をした。もちろん、より門戸を広げた開放的政府を目指す戦いにおいて、昔、加藤を同志と考えていた馬場辰猪や植木枝盛らは、彼を評価しなかった。彼らは新聞、雑誌、書物という媒体を使って、加藤の挑戦に反論し、加藤の見解を否定し、独自の論をより精巧なものにしていった。

このような対応を評して、田畑忍は一九五九年に刊行した加藤の伝記で、熱狂的といってもよいぐらいの「反駁論ブーム」と記している。[97] 加藤と同時代に生き、有権者の範囲を広げるよう大隈重信を説得する役割を担っていた改進党の中心メンバー、矢野龍渓（文雄）は、加藤の転向を「当時ノ一問題」と表し、東京の新聞紙上ではあらゆる人がこの件について議論した。[98]

『人権新説』は大変人気が高かったため、初版の刊行から七〇日もたたない一八八三年一月に第三版[99]が出版された。加藤はこの序文に、自著に対する反論として四冊の論文集と二冊の単著が注目に値すると記している。[100] 列挙した著作には、石川正美編『人権新説駁撃新論』、梶木甚三郎編『人権新説駁論集』、中村尚樹編『人権新説駁論集』、矢野龍渓『人権新説駁論』、植木枝盛『天賦人権弁』が含まれている。明治という激動の時代では、このような書物を刊行するとつぶしあいになることもあった。たとえば、当初中村が編集した論文集に矢野龍渓と馬場辰猪の論文が入っていたが、結局、数週間後には別々に刊行された。著者自身も論文をいろいろな形態で刊行し、再録した。また、大勢の前で行った演説が、その内容や形をほとんど変えずに新聞記事となり、本になる場合もある。たとえば、『人権新説』に対する馬場辰猪の反論は、まず『朝野新聞』の論説になり、中村が編集した書物に収められ、その後『天賦人権論』として刊行された。このプロセスは非常に短時間で進んでいった。[101] 加藤が自然権を攻撃したことに、非難は集中し、社会進化の民主的形態から生来の個人の権利という概念までさまざまだった。論争のテーマは、政治における自然の定義である。

私が詳細にとりあげたい二人の反論者は、互いにとても異なる哲学をもっているが、背景は非常によく似ている。馬場辰猪と植木枝盛の二人だ。馬場は一八五〇年から八八年までたった三八年という短い生涯を送り、植木は少し若く、一八五七年生まれで九二年に没した。両者とも土佐出身の士族で、明治初期の文明開化運動の一員で、自由党（一八八〇年代初期の不運な政党）支持者であり、西洋の思想と哲学に関心を示していた。そして、一八八〇年代初期、加藤の転向に反論した。

両者には共通点があり、共に加藤に反駁した。しかし、政治における自然の見解はまったく異なっていて、本書の分析にとってはとても興味深い。次章で示すように、馬場は加藤の書物で説かれたのとほぼ同じような社会ダーウィニズムを提唱している。馬場にとっても、進化的自然が政治の指標だったが、加藤とは異なり、進化的自然からはすぐに民主的国家を建築する教訓を学んだ。他方、第六章でとりあげる植木枝盛は、自然を生き生きした躍動する人間の身体と定義する。植木にとって政治的自由は、何はさておき健全な身体に宿るものなのである。こういった自然に関する二つの見解によって、明治期の日本で反対勢力に有利な自然の概念が構築される可能性があり、同時に困難もともなうということがはっきりと指摘されている。

註

（1）もはや民権運動を支持しないという加藤の声明は、内務省から、すべての地方行政府への官報を通じて出された。松本三之介『近代日本の政治と人間』（創文社、一九六六年）六一頁。

（2）加藤が引き起こした論争は、一部のエリートの間だけで行われたものではなかった。色川大吉は「この論争は、トップクラスの知識人の問題にとどまらず、地方の民権運動家から底辺の無名の青年たちのあいだにまでひろが」ったと論じている。*The Culture of the Meiji Period*, ed., Marius B. Jansen (Princeton, N.J.: Princeton University Press, 1985), p. 65〔色川大吉『明治の文化』岩波書店、一九九七年、七二頁〕.

（3）たとえば、加田哲二『明治初期社会経済思想史』（岩波書店、一九三七年）六二六頁、萩原延壽『馬場辰猪』（中央公論社、一九六七年）一八五頁、Irokawa, *Culture of the Meiji Period*, p. 65〔色川『明治の文化』〕.

(4) 松本三之介「加藤弘之——転向について」『思想の科学』(一九六二年五月) 三四〜三九頁。

(5) 石田雄『明治政治思想史研究』(未来社、一九五四年) 六七頁。

(6) デイヴィッド・アボッシュはクレイグよりも徹底しており、社会有機体論はまったく非日本的だと論じている。アボッシュはこの社会有機体論の源泉を具体的に述べている。「一八六八〜一八九〇年という時期には、日本における国家の有機進化的概念は完全に一九世紀のオーストリア・ドイツからの借り物である」。David Abosch, "Kato Hiroyuki and the Introduction of German Political Thought" (Ph.D. diss., University of California, Berkeley, 1964), p. 11.

(7) 石田の論は要約では表せないほど微妙である。彼の議論に関しては石田『明治政治思想史研究』第一章第三部を参照。

(8) 同前、六七頁。

(9) 丸山眞男は「自然的秩序思想の系列に属する如き外観を呈していることである。しかし少し立入って見れば、その反対であることは直ちに知られる。そこで人権と云はれているのは、なんら実定的秩序の中に於ける権利ではなく、却って、逆に実定的秩序を形成すべき人間の主体性を具象化したものにほかならない」と論じる(強調は原文)。Masao Maruyama, *Studies in the Intellectual History of Tokugawa Japan* (Tokyo: University of Tokyo Press, and Princeton, N.J.: Princeton University Press, 1974), p. 313〔丸山眞男『日本政治思想史研究』東京大学出版会、一九五二年、三一一頁〕.

(10) 家永三郎によると、自分に自信を持っていたのは加藤だけではなく、福沢諭吉、植木枝盛など多くの明治人の特徴だった。Robert N. Bellah, "Ienaga Saburo and the Search for Meaning in Modern Japan," in *Japanese Attitudes toward Modernization*, ed., Marius B. Jansen (Rutland, Vt.: Charles E. Tuttle, 1965), pp. 420-22〔細谷千博編訳『日本における近代化の問題』岩波書店、一九六八年、三一三〜一五頁〕.

(11) 田畑忍『加藤弘之』第三版(吉川弘文館、一九六九年)九二頁。『人権新説』への反論に直面し、加藤は自信を失っていたのかもしれないが、とどのつまりはその論争を楽しんでいたと田畑は指摘している。

(12) 加藤は妄想とか空想といった言葉を多用している。たとえば、加藤弘之「人権新説」植手通有責任編集『西周・加藤弘之』(中央公論社、一九八四年) 四一三頁。

(13) 加藤自身は個人の気質と知的地位に関心を示している。たとえば、『人権新説』の第四章では、ルソーの個性によって、「社会契約論」という「残念な」主義が生まれたと述べている (四一四〜一五頁)。

(14) 私が用いた日付は以下のものを使った。下出隼吉「国体新論解題」吉野作造編『明治文化全集 第五巻』(日本評論社、一九二七年) 一二〜一五頁。この中で、官報と加藤の新聞広告が掲載されている。萩原の著書では一八八一年一〇月、松本三之介の著書では一八八二年一月と誤って日付が記載されている。萩原『馬場辰猪』一八二頁、松本三之介「加藤弘之の転向」『近代日本の政治と人間』六一頁。

(15) 転向という語は conversion と英語に翻訳されることもある。たとえば、Bob T. Wakabayashi, "Kato Hiroyuki and Confucian Natural Rights, 1861-1870," *Harvard Journal of Asian Studies* 44 (1984), p. 469 および Robert H. Mitchell, *Thought Control in Prewar Japan* (Ithaca, N.Y.: Cornell University Press, 1976)〔奥平康弘・江橋崇訳『戦前日本の思想統制』日本評論社、一九八〇年〕. しかし、私は Conversion では満足できず、通常、日本語のまま「転向」を使っている。というのも、Conversion は、原則の公約を破るというよりは信仰心を突然変更するようなことを暗示しているからだ。また、apostate や turncoat も相応しくない。というのも、日本政治の本流から見ると、転向はつねに反体制派の立場を捨て、政府にとって都合のよい立場をとることを意味するからだ。

(16) この告知は以下に再録されている。下出「国体新論解題」一四〜一五頁。

(17) 加藤はそれまで、執筆と刊行の自由を守ることは政府の管轄外だと論じていた。加藤「国体新論」(松本三之介編『近代日本思想大系30 明治思想集 一』筑摩書房、一九七六年) 九二頁。

(18) 前島密が一八七二年に、駅逓寮 (のちの郵便局) の組織を通じてニュースを集めた全国紙、『郵便報知新聞』を創設した。しかし、一八八〇年代半ばには、新聞は財政難に陥り、加藤を批判する矢野龍渓以外に再建する者はいなかった。
(19) 広告は以下に再録されている。下出「国体新論解題」一五頁。
(20) 加藤『人権新説』四一六頁。このような語を用いた加藤の転向に関する議論としては以下を参照。萩原『馬場辰猪』一八三頁、加田『明治初期社会経済思想史』六〇七頁。
(21) 転向に関する研究の多くは一九三〇年代を中心に扱っている。Mitchell, *Thought Control in Prewar Japan*; Patricia Steinhoff, *Tenko: Ideology and Societal Integration in Prewar Japan* (New York: Garland Publishing, 1991); Kazuko Tsurumi, *Social Change and the Individual: Japan Before and After Defeat in World War II* (Princeton, N.J.: Princeton University Press, 1970)〔鶴見和子『社会変動と個人』藤原書店、一九九八年〕、および三巻本で、思想の科学研究会編『転向：共同研究』(平凡社、一九五九〜六二年)。戦後の転向に関する議論としては以下を参照。Rikki Kersten, "Diverging Discourses: Shimizu Ikutaro, Maruyama Masao and Postwar Tenkō," *Nissan Occasional Paper Series*, no. 20 (Oxford: Nissan Institute, 1994), 特に pp. 5-11.
(22) Mitchell, *Thought Control in Prewar Japan*, p. 127.
(23) 六人の円卓会議における加藤に対する松本三之介の批評を参照。小田切秀雄ほか「日本思想史と転向」思想の科学研究会編『転向 下巻』(平凡社、一九六二年) 三七二〜七四頁。
(24) Wakabayashi, "Kato Hiroyuki," p. 491.
(25) Abosch, "Kato Hiroyuki," pp. 390-94.
(26) 川原次吉郎「真政大意における政治政策論」『明治文化研究』第四輯 (一九三四年一二月) 五五頁。
(27) 吉野作造「加藤弘之とコミュニズム」吉野作造『吉野作造博士民主主義論集 第八巻 明治文化研究』(新紀元社、一九四八年) 三二二頁。
(28) 萩原延壽『馬場辰猪』一八一頁。
(29) 石田『明治政治思想史研究』七一頁。

(30) 民撰議院設立建白書の全文は以下を参照。"Memorial on the Establishment of a Representative Assembly," およびそれに対する加藤の対応は "Objections to the Establishment of a Deliberative Assembly Chosen by the People (January 26, 1874)," Walter Wallace McLaren, ed., "Japanese Government Documents," *Transactions of the Asiatic Society* 42 (May 1914), pp. 426-39.

(31) 松本「加藤弘之——転向について」三五頁。松本は以下でもだいたい同じような議論を展開している。松本「加藤弘之の転向」六二頁。松本は、加藤の心変わりの源泉を一八七九年までしか遡っていないとボブ・ワカバヤシは指摘している。Wakabayashi, "Kato Hiroyuki," p. 470.

(32) 松本「加藤弘之——転向について」三五頁。この時、加藤が若き明治天皇の家庭教師だったことも注目に値する。

(33) 次第に、加藤は三人の実子と五人の養子が特権的人脈を持っていることを誇りに思うようになった。見ごたえのあるリストは以下を参照。A. M. Pooley, *Japan at the Cross Roads* (New York: Dodd, Mead, 1917), p. 93.

(34) たとえば、馬場辰猪は加藤の動機を真正面から疑問視し、転向の理由は進化論に対する真の理解というより、政府の圧力だったと考えている。萩原延壽『馬場辰猪』一九六頁。

(35) 吉野編『明治文化全集』一五頁参照。

(36) 加藤『人権新説』四三八頁。

(37) 明治一四年の政治危機に関する議論は以下を参照。Ike Nobutake, *The Beginnings of Political Democracy in Japan* (Baltimore, Md.: Johns Hopkins University Press, 1950); Sandra Davis, "Ono Azusa and the Political Change of 1881," *Monumenta Nipponica* 25: 137-54; 高橋清吾「明治一四年の政変について」『早稲田政治経済学雑誌』第六一号(一九三八年一〇月)、渡邊栗山「明治一四年政変について」『明治文化研究』第二輯(一九三四年五月)二一〜二六頁。

(38) Ike, *The Beginnings of Political Democracy in Japan*, p. 138.

(39) たとえば、サンドラ・デイヴィスは民権運動の勝利だといっているが、バーナード・シルバーマンは「主要目標の達成には失敗した。つまり、薩摩藩と長州藩出身の少数者が権力を握っている状況を打破することはできなかった」と主張している。Sandra Davis, "Ono Azusa and the Political Change of 1881," p. 154, and Bernard Silberman, "The Political Theory and Program of Yoshino Sakuzo," *Journal of Modern History* 31 (1959), p. 311.

(40) 憲法制定の動機とその影響に関しては、長く激しい議論が戦わされた。この問題に関する日本の文献批評は以下を参照。Joseph Pittau, S. J., "The Meiji Political System: Different Interpretations," in *Studies in Japanese Culture*, ed., Joseph Roggendorf (Tokyo: Sophia University, 1963), pp. 99–122.

(41) バークの *Reflections on the Revolution in France* は金子堅太郎が『政治論略』として一八八一年に翻訳、ホッブズの *Leviathan* は文部省編輯局が『主権論』として一八八三年に翻訳した。マキァヴェリの著作の一部は永井修平が一八八六年に『君論』として刊行した。これらの著作に関する論は以下を参照。加田『明治初期社会経済思想史』六〇六頁。

(42) Eugene Soviak, "An Early Meiji Intellectual in Politics: Baba Tatsui and the Jiyuto," in *Modern Japanese Leadership: Transition and Change*, eds., Bernard S. Silberman and Harry D. Harootunian (Tucson: University of Arizona Press, 1966), p. 148.

(43) 加藤の転向に関する私の解釈は、一八八一年に政府から強制され大隈が劇的な変化を遂げたことに関する丸山眞男の解釈と一致している。それ以前は、民権と国権は融合していたと丸山は論じており、一八八一年以降、残った指導者たちは民権思想を拒否したのだ。丸山眞男「明治国家の思想」歴史學研究會編『日本社會の史的究明』(岩波書店、一九四九年)一八一～二三六頁。

(44) トーマス・ヘイブンズは農本主義を「重農主義的経済、地方共同体主義、および国体のユニークさを緩やかに寄せ集めたもの」と記している。Thomas Havens, "Kato Kanji (1884–1965) and the Spirit of Agriculture in Modern Japan," *Monumenta Nipponica* 25 (1970), p. 249.

(45) 加藤弘之「真政大意」(植手通有責任編集『日本の名著34　西周・加藤弘之』中央公論社、一九八四年)三六七〜六八頁。

(46) 加藤「国体新論」七七頁。

(47) 加藤はインドにおける英国の植民地主義を積極的に是認していた。加藤「真政大意」三五六頁。

(48) 実際、加藤は、謙虚で従順であることは国力増強にマイナスだと論じている。加藤「国体新論」九二頁。

(49) 加藤はこの論を「真政大意」三五四頁と「国体新論」七九頁の両方で展開した。「真政大意」においては、天照の神話に反対する論理的根拠を、神話が天皇に特権を与え、その天皇のために民衆が存在していることになるからだと述べる。また「国体新論」では、本居宣長や平田篤胤が言う天の規約を知ることは不可能だと強調する。国家は人間社会に存在するので、国家に関係する規約は人間にとって理解できるものでなければならないと論じたのである。

(50) 加藤「国体新論」八〇頁。

(51) 同前、八一頁。

(52) 実際、加藤は人間共同体の発生に関して五つの異なった理論を念頭においているが、すべて軽んじている。「国体新論」七九〜八〇頁。

(53) ボブ・T・ワカバヤシは、西洋の自然権理論と国学者の理論には似ているところもあると指摘している。「不条理な古事記神話への本居宣長の傾倒は、少なくとも論理性という点から考えると、西洋自然権論者と似ていないとはいえなかった」。Wakabayashi, "Kato Hiroyuki," p. 492.

(54) 加藤「真政大意」三六一頁。

(55) ボブ・T・ワカバヤシは、加藤の天理、時勢、自然の勢《せい》といった語の使い方は「徳川時代後半の儒学者に特有」で、このような語が暗示する歴史的決定論を重視している。だが、私の考えでは、加藤は時代の変遷にとって良きにつけ悪しきにつけ、何らかの方法で対応するエリート権力を善とする信念をもっているので、このような概念の決定論を削り落としたのである。たしかに、加藤の儒教的道徳心では、歴史は完全に固定したレールの上を歩くという決定論は排除される。というのも、そのような見解が正しければ、統治者が徳をもった行動をしなくなるからだ。Wakabayashi, "Kato Hiroyuki," p. 476.

(56) 加藤「国体新論」九三頁。

(57) 同前。

(58) 加藤「真政大意」三六五頁。

(59) 加藤「国体新論」七八頁。

(60) 加藤が『東京日日新聞』の記事で指摘しているように、このエリート層は極少数である。日本では代議制議会は不可能だと主張した。その理由は「全国に優秀で博学な人は六〇名か七〇名以上はいないから」ということだ。Pooley, *Japan at the Cross Roads*, p. 79より引用。

(61) もちろん、加藤だけが資本主義を擁護しているわけではない。家永三郎によると、『近代精神とその限界』でとりあげた四人を含め、明治期指導者の基本的限界は、「近代化」とは「資本主義」に他ならないと主張していることである。家永三郎『近代精神とその限界』（角川書店、一九五〇年）一七三～七四頁（家永が検討した四人は、北村透谷、内村鑑三、福沢諭吉、田口卯吉である）。

(62) 加藤「真政大意」三七三頁。

(63) 同前、三六九頁。

(64) 同前、三六七頁。

(65) 平等な土地の分配という理想は、七世紀の中国の影響を受けた大化の改新とともに日本に紹介された。これを実行に移すならば事務作業は困難を極める。定期的にしかも正確に国勢調査を行い、人の生死に応じて再分配しやすくするために水田の標準化を図らなければならない。この理想をどの程度実行に移せるかに関しては、これまで労を惜しまず研究が積まれてきた。しかし、平等な土地の分配は何世紀経ても理想でしかなかった。この問題に関して、以下の書物がすばらしい論を展開している。William Wayne Farris, *Population, Disease, and Land in Early Japan, 645-900* (Cambridge, Mass.: Harvard University Press,

1985).

(66) 加藤「真政大意」三六九頁。

(67) 同前、三七〇～七一頁。

(68) 加藤「国体新論」八二頁。

(69) 同前。

(70) 同前、八三頁。

(71) 加藤弘之「立憲政体略」上田勝美ほか編『加藤弘之文書　第一巻』（同朋舎出版、一九九〇年）四〇～五一頁。

(72) 加藤「国体新論」七八頁。

(73) 同前。

(74) 同前、七七～七九頁。

(75) 同前、七八頁。

(76) 加藤「真政大意」三六三頁。

(77) 同前。加藤は国民の権利を制限すれば、政府はむしろ国民の権利を充足していることになると主張する。

(78) 「真政大意」では、三つのタイプの権利が論じられている。広大な政府の権利、政府に保護を求める国民の権利、および財政的契約を結ぶ国民の権利（加藤「真政大意」三五二頁）。「国体新論」も同様の権利と義務を再度述べている（加藤「国体新論」八七～八八頁）。天賦の自由権に関する言及があるものの、経済分野以外では政府の権利が最優先にされることは明々白々である（同前、九一頁）。

(79) 加藤「人権新説」植手編『西周・加藤弘之』四一一頁。以下、特に示さない限り、この版を参考にしている。J・ヴィクター・コシュマンの未刊行の翻訳『人権新説』があることは望外の喜びである。ここで用いている引用には、私が翻訳したものと、コシュマンの翻訳から拝借したものがある。

(80) 「人権新説」第三版（松本三之介編『近代日本思想大系30　明治思想集　一』一三二～三五頁に再録され

ている）の付録参照。この付録に掲載されている英国とドイツの文献リストはなかなかのものである。加藤の知的・政治的関与に加えられた圧力にもかかわらず、彼は真面目な学者であり、その著書は単なるプロパガンダではない。

（81）加藤「人権新説」四一一頁。加藤の参考文献リストの大半はドイツとオーストリアの著者である。アルフレッド・ケリーはドイツでダーウィニズムが拡散していく様子を描いている。Alfred Kelly, *The Descent of Darwin: The Popularization of Darwinism in Germany, 1860–1914* (Chapel Hill: University of North Carolina Press, 1981).

（82）官僚の道具に科学を利用する現象は明治期に限られたことではなかった。この問題に関する優れた論として以下を参照。James R. Bartholomew, "Science, Bureaucracy, and Freedom in Meiji and Taisho Japan," in Tetsuo Najita and J. Victor Koschmann, eds., *Conflict in Modern Japanese History: The Neglected Tradition* (Princeton, N.J.: Princeton University Press, 1982), pp. 295–341. また以下も参照。John Fairbank et. al., "The Influence of Modern Western Science and Technology on Japan and China," *Explorations in Entrepreneurial History* 7 (1955), pp. 189–204; Hiroshige Tetsu, "The Role of the Government in the Development of Science," *Cahiers d'histoire mondiale* 9 (1965), pp. 320–39; and Yuasa Mitsumoto, "The Scientific Revolution and the Age of Technology," *Cahiers d'histoire mondiale* 9 (1965), pp. 187–207.

（83）Maruyama Masao, "Japanese Thought," *Journal of Social and Political Ideas in Japan* 2 (April 1964), p. 42.

（84）Nagazumi Akira, "The Diffusion of the Idea of Social Darwinism," *Historica Scientiarum* 24–25 (1983), p. 2; Robert S. Schwantes, "Christianity versus Science: A Conflict of Ideas in Meiji Japan," *Far Eastern Quarterly* 12 (1953), pp. 123–32. 合同長老派教会の日本宣教師だったヘンリー・フォールズ博士は「ダーウィン理論の修正版に合わせて聖書を解釈できること」を示しながら、ダーウィニズムの最悪の箇所を論駁

しようとしていた。「日本人キリスト教徒は、フォールズ博士の努力を十分評価していた。だが彼の全般的影響がいかに広範囲だったかは明かでない。確かに、彼が一八八五年に日本を去ったとき、西洋科学は依然としてキリスト教に反対する武器として用いられていた」。Helen Ballhatchet, "British Missionaries in Meiji Japan," in *Britain and Japan: Biographical Portraits*, ed., Ian Nish (Folkestone, Kent: Japan Library, 1994), p. 38〔日英文化交流研究会訳『英国と日本――日英交流人物列伝』博文館新社、二〇〇二年、七八～七九頁〕.

(85) 加藤「人権新説」四二一頁。

(86) 同前、四六一頁。

(87) 同前、四二七頁。

(88) Kelly, *The Descent of Darwin*, p. 64.

(89) 石田雄が述べているように、この時点で加藤は、生存競争の必要性を説きながらも上流階級の支配を主張しており、「完全に彼の論理の自己矛盾を露呈している」。石田『明治政治思想史研究』七四頁。

(90) 加藤「人権新説」四二九頁。

(91) 同前、四二九頁。

(92) 同前、四六〇頁。

(93) 同前、四六一頁。

(94) 同前、四四六頁。

(95) 後で示すように、馬場辰猪は自然の究極的な道徳性に関してはかなり楽観的だった。

(96) ボブ・T・ワカバヤシは、知識豊富なエリートの必要性を主張する源をたどると、儒教の政治理論にいきつくとつきとめている。しかし、加藤のエリート擁護論は儒教理論と彼が列挙したヨーロッパ人の理論家の影響を受けているように思える。たしかに、これらの識者には上流階級による統治の必要性を主張するウォルター・バジョット（*Physics and Politics* and *The English Constitution*）やカーネリ（*Sittlichkeit und*

Darwinismus）が含まれている。

（97）田畑『加藤弘之』九〇頁。

（98）矢野龍渓「人権新説駁論」（吉野作造編『明治文化全集　第二巻　自由民権編』日本評論社、一九六七〜七四年所収、三九一頁）。

（99）松本編『近代日本思想大系』所収、九五〜一三五頁。

（100）同前、九五頁。田畑『加藤弘之』九三〜九四頁。

（101）加藤の転向に対する反駁が、次々にさまざまな形態で刊行されたことに関しては以下を参照。川原次吉郎「人権新説駁論集解題」（吉野作造編『明治文化全集　第二巻』日本評論社、一九二七年、五〇〜五八頁）。

第五章　馬場辰猪——自然法と意志をもった自然

二律背反に苦しんだ馬場辰猪（一八五〇～八八年）の生涯は、ある意味ロマンチックだ。たしかに、馬場は異国の地（ペンシルヴァニア州フィラデルフィア）で若くして孤独に死んだので、彼の伝記作家はその激動の人生と悲しい最期を描く際、まるでロマン主義の悲劇のようだ、という言い方をよくする。中江兆民は友人であり自由党の同志だった馬場辰猪を追憶するにあたり、「メリケン」の病院で彼が死ぬ場面から書きおこし感動的だ。(1)また、安永梧郎は、ウッドランズ墓地にある馬場の背の高い墓標の描写から聖人扱いした伝記を書き出している。(2)さらに、萩原延壽が一九六七年に刊行した伝記もこの伝統を引き継ぎ、ペンシルヴァニア大学近郊のかなり不毛な地に眠る馬場を、読者が想像できるような書き出しである。墓参りしたい読者に配慮したのか、萩原は「馬場の墓をさがす特別の目印といったものはないが、日本人の墓はこれ一つということなので、出会った墓地の芝刈りをする人にでもきいてみれば、その場所はすぐわかる」と記している。(3)墓まで読者をつれていくと、「大日本、馬場辰猪の墓」という日本語とともに「馬場辰猪／一八八八年一一月一日死亡／享年三八歳」と英文が刻まれており、その下に大きな文字で「JAPAN」と書かれている、と萩原は報告する。しかし、日本の年の数え方では馬場は享年三八歳ではなく三九歳だとも指摘する。

日本語と英語の混合、年齢の二通りの数え方、もの悲しく遠方にある墓地の背の高い墓標は批判精神の強かった馬場にぴったりの追憶である。馬場が発揮したとてつもない活動力とひ弱な身体、横柄なエリート主義と民主的教育、日英両国への忠誠、情熱的な知性と論理的な急進主義といった相矛盾するものを同時に抱える彼をどう理解すればよいのだろうか。写真をみると、官能的な唇と整った口ひげをしたハンサムな男性である。しかし、中江兆民は、馬場の生真面目さや禁酒を誓ったことなどに注目している。(4) 英国法を深く研究していたからこのように厳しい言動をとっていたのだろうが、在英中にとても尊敬していた英国法に抵触してしまった。この事件に関して萩原は「内容としては『激発』でない思想が、活動としては『激発』に赴かざるをえない場合がある」と述べている。(5) 萩原によると、妥協を許さない政治環境におかれたため、馬場は法をふみはずすはめになった。たしかに、明治初期の緊張関係は馬場の矛盾を拡大した。その時期に馬場は自然と政治を支配する法則を発見し始めていた。しかし、この急進主義の原因は「時代」や頑なな政治だけではなかった。馬場自身の激しい気性により、ロマン主義が描くような人生を歩んだのである。皮肉だが彼は新古典主義を目標にしていた。つまり、理性に導かれる自然の秩序と釣り合った政府を理想としていたのである。

馬場は若いときに土佐から派遣され、最初は東京で福沢諭吉の下で学び、後に長崎に送られた。そして倒幕後は、日本の進歩のために西洋の学問を持ち帰るという任を受け、他の優秀な学生とともに留学を命じられた。はじめて英国へわたった一八七〇年から七四年に英国法を学んだ。一八七四年一二月に短期間帰国し、民権運動に関心を示したものの参加はせず、翌七五年六月に再度ロンドンに戻り、七八年三月に強制送還されるまで英国に滞在した。強制送還されたのは一八七八年一月七日、日本人仲間である真辺戒作との口論から傷害事件を起こし、重傷を負わせたのが理由である。(6) 馬場は英国裁判所で裁判にかけられ、有罪判決を受けたが、大使館とのコネがあったため、即座に東京へ出発するという条件で釈放された。彼は法律と議会の仕組みを研究していたが、不名誉な形で頓挫してしまった。しかし、帰国すると代議制を強く求めるようになった。この東京滞在中の馬場の政治評論、特に加藤弘之への反論が本章の分析の中心である。それ以降、一八八五年まで、七年間も一所懸命政治活動をした後に、突然、再逮捕され、その後の人生は大きく狂った。今回は非合法的に爆発物を入手したという容疑だったが、六か月間投獄された後、無罪放免となり、一八八六年六月一二日に渡米した。米国では侍の武器について講演して生計をたて、早世するまで一貫して日本政府に対する激烈な非難を書き綴った(7)。

馬場は生涯を通じて書き続けた。日記をつけ、自伝を書き、英米人向けの日本人に関するパンフレット、日本人向けの英米人や古代ローマ人に関する書物を書いた。そして、地方の人を鼓舞するような政治演説や知識人の心を動かすような書物を書いた。あらゆる場面において、民主的な政治信念を明確にしながら、重要な自然の概念を提起した。さらに、繰り返し、法則を見つけるために自然を観察した。そして、ひとたび法則をみつけると、その法則を直接政治に適用した。徳川時代の朱子学者と同様、馬場にとって、自然の秩序と政治の秩序はまったく同じものだったからである。馬場は自然の法則を描きつつ、繰り返し民権を支持する論を展開し、そのたびに、政治と自然は一心同体と考えられた。

馬場は自然の中にどのような法則を見つけたのだろうか。彼の考えを精査すると、その法則には大きく二種類あることがわかる。第一の法則は、物理と化学が表す均衡の秩序である。つまり、自然は均衡状態が積み上げられていくことである。そして、第二の法則は、進化生物学が表す発展的変化の秩序である。つまり、自然は歴史に足跡を残す。このような互いに反する自然の概念ゆえに生じる緊張関係は、一八七九年から八三年まで馬場が発表した一連の書物や論文で顕著になり、最終的には加藤の『人権新説』批判で結実する。加藤に対する馬場の反論を検討する前に、馬場の初期の著作を通じて、なぜ加藤と論争するようになったのかを検討したい。

自然と歴史における力の均衡

英国の知的世界に精通していた馬場は、一八七八年にロンドンから帰国するとすぐに、自然界の法則と政治を直接関連づけた論文「平均力ノ説」[8]と「親化分離の二力」[9]を著した。どちらも一八七九年に、公共の問題を研究する共存同衆というグループが刊行した『共存雑誌』で発表された。したがって、馬場の論文の読者は政界、教育界、法曹界、宗教界（仏教）および関連分野の知識人だった。この共存同衆のメンバーには金子堅太郎、田口卯吉、島田三郎、そして、創始者の小野梓が含まれていた[10]。

「平均力ノ説」は「事物ノ平均ハ必至ノ勢ナリ」という主張から始まる[11]。馬場は自説の根拠として、熱いものと冷たいものの間の熱伝導や、高温多湿の赤道を挟んで空気が極寒の北極と南極の間を還流する過程に言及している。空気は熱さと冷たさが混じって中間の暖かさとなり、北と南へ平等に還流する。馬場はこのような平均、もしくは彼が時々使う言葉であるが、「均一」の物理的根拠から取り掛かり、「此力ノ及ブヤ獨リ夫ノ數者ニ止ラズ又大ニ人間ノ社会ニ於テ之ヲ奮フアリ」と主張している[12]。つまり、馬場は物理的均衡の教えを直接政治史に適用したのである。

馬場は、人間社会の平衡について、対立する利害の調整による力の均衡というありがちな観点ではなく、人情の均衡という観点から記述している。それを達成するには数世紀かかるかもしれないと予想し、奇妙な提案をしている。「是レ人性ニ強ヲ抑ヘ弱ヲ揚グルノ平均力アルニ由ル者ニシテ今其的例ヲ観ント欲セバ試ニ源平興亡ノ史ヲ取テ之ヲ誦セヨ」[13]。一三世紀初期の熾烈な源平の戦いで、源氏は勝利を収め、敵を大量虐殺し、国を支配したものの、完全に敗北を喫した平家を懐かしむような同情も多い。壇ノ浦で最後の平家一門が源氏の手にかかるよりはと入水自殺をしたとき、平家は犠牲者として勝者である源氏に抵抗したのだ。要するに、強者（源氏）は歴史をみる人の共感を得られなかったのである。たしかに、源氏の勝利は厳然たる事実として残る。さらに、キリスト教の救済の約束におけるような恩恵、ヘーゲルの主人と奴隷のたとえ話に出てくるような優越した知識、政治的大義の殉教者という地位により、犠牲者である平家が救われることはない。しかし、将来の世代が過去を振り返ったときに、溺死した平家一門への共感を覚えたからこそ、敗者の平家は勝者の源氏と均衡を保つことができるのだ。その方程式を解くのに六〇〇年かかったが、ようやく同情の均衡が達成された。

自然科学と歴史では必ず均衡が保たれるという「証拠」を示した後、「平均力ノ説」は不均衡だと大きなつむじ風が発生するという。そう記述する際、馬場は地球規模の大きな変化が起きたと想定してみている。まず、赤道と平行に二つの壁を立て、熱帯地方のすべての熱風を止めるとしよう。当然、壁内部の暖められた空気圧が上昇し、その巨大な力によって「其障壁ヲ決壊シ家屋ヲ破砕シ民人ヲ傷害シテ異常ノ災害ヲ致スニ至ルヤ必セリ」[14]。すると、均衡同様、不均衡も物理学や政治に応用できるのだ。幾分悪意を感じさせる喜びを表しながら、馬場は警告する。「若シ壓制ノ政府ヲシテ民人ノ権利ヲ奪取スルヲ目的トシ其言路ヲ塞ギ其結党ヲ禁ジ凡ソ政府ノ主義ニ対頭ノ説ヲ立ツル者ハ皆ナ抑制スルヲ為サシメバ一時、或ハ偏重ノ力ヲ政府ニ保有スルヲ得ベシト雖ドモ其不平均ノ久キニ至ラバ夫ノ必至ノ平均力ハ此ノ人為ノ偏重力ヲ打破シ其本位ニ回復スルヲ務メ為メニ非常ノ大乱ヲ醸シ以テ上位ヲ占ムルノ人ヲシテ其昨非ヲ悔キシムルニ至ルヤ明シ[15]」。馬場によれば、自然科学における自然法は、抑圧への反抗としての一揆を是認するだけではなく、予測しているのである。

一八七九年後半に刊行された「親化分離の二力」も、自然科学の観察から政治に関する表明へと変化する議論の仕方を踏襲している。馬場は金属の接合、炊飯の化学反応、磁石の特性に言及しながら、再度日本の歴史に立ち戻る。すべてのプロセスにおいて、結合の力と分離の力のさし引きで結果が決まる。馬場によると、日本史をみると一六世紀に入り、次第に結合力が強まっていった。一六世紀は織田信長、豊臣秀吉、そして最後に徳川家康が分裂国家を鎮定するのに十分な磁気作用を提供した。その後二〇〇年の間に、徳川家があまりに厳格にしたため統合の柔軟性がなくなり、不均衡が形成されるようになった。その結果、「性状必至の理」によって、国家の分裂が始まった。馬場は「然りと雖も既に前に述べたる如く凡そ物その極度に到れバ必らずその反動を起すものにしてこの結合力にしてその極度に到れバ必らず又かの分離力の反動を起し来るあり」と確信している(16)。嘉永時代(一八四八～五三年)の暴力と混乱で、徳川時代の膠着状態に抵抗する自然と歴史の力が示された。平家の場合に想起された回顧的同情とは異なり、桃山時代から徳川時代、そして徳川時代から明治時代への力の平等化は、心情的なものではなく実際の政治権力をめぐって引き起こされた。

英国から帰国後、すぐに刊行されたこれらのエッセイで、馬場は生物学というよりは物理学の法則を歴史と政治に適用している。ここでの基本的な比喩は発生生物学的なものではなく、化学的物理的均衡なのである。馬場の計算はつねに均衡を保つゼロ・サム・ゲームとなる。平家を懐かしむような同情という考えはユニークだが、政治を導く主要な自然の指針に物理学と化学を選択したのはそうでもない。英国の大都市から帰国したばかりだったので、祖国日本の発展のために、学んだ外国の教訓を活かそうとしただけである。当時、多くの識者は、ハーバート・スペンサーこそ最高の英知を与えてくれると考えていた。スペンサーの業績は当初、生物学よりも物理学に集中していた[17]。だから、馬場がスペンサーの考えを翻訳したり[18]自分の著作で紹介して日本に広めようとすると、スペンサー自身が、自然界の法則を人間の価値に適用したときに生んだ諸問題を再構築してしまった。したがって、馬場の考えを理解しようと思えば、少し横道にそれて、まずスペンサーの考えを理解することから始めなければならない。

馬場辰猪とハーバート・スペンサーの遺言

進歩的民主主義の見解を支持するために、馬場がハーバート・スペンサーに関心を向けたのは、今日からすれば意外であるかもしれない。今日、スペンサーといえば、いくらか闇の力めいていて、冷酷な二流の哲学者であり、決して進歩的、いや理想主義的な社会思想家ですらないというのが一般的な評価である[19]。スペンサーが、一九世紀後半に、日本に最大の影響を与えた西洋知識人であることを無視するのは容易で、その方が気分もいいだろう。だが、実際には、一八七七年から九〇年の間に日本ではスペンサーの著作は少なくとも三二回翻訳され、ヨーロッパ政治思想家の中でもずば抜けた存在感を示していた[20]。スペンサーの人気だけに着目し、それ以外のことには気にもとめないほうが都合がよかった。特に若いころは、体制に従わず、進歩的な考えをする家庭で育ったということには目を向けようともしなかった。

『社会静学』（一八五一年）のようなスペンサーの初期の著作を、科学史家のロバート・リチャーズは「進化過程で到達した社会主義者のユートピア」と評した[21]。スペンサーは、進化すれば完璧に個人が互いの権利を犯さず共存でき、究極的には政府が不要になると考えていたからだ。また、馬場が賞賛した『心理学の原理』（一八五五年）では、この進化的進歩の助力となる「自由を求める熱意」は政府の介入を一切許容しないと述べている。その理由は、政府の介入によって「完全な人類を目指している大きな進化」が止まるからである。[22] 後年スペンサーの無国家ユートピア社会は未来の夢となって後退していったが、リベラル・ヒューマニストや初期のマルクス主義者は彼の初期の著作を引き続き賞賛した。だが、スペンサーはその賞賛も後に激しく否定した。そして、スペンサーが若いころに持っていた社会ビジョンは、日本の将来を考えていた若き馬場に大きな影響を与え、それを確固たるものにした。

『統合哲学』という数巻にわたる書物で（第一巻は『第一原理』である）スペンサーがたてた野心的な目標は、ひとつの道徳システムで全世界（物質的世界、政界、および精神世界）を理解することである。そのような包括的な理解は「進化的平衡」概念とは矛盾しているように思われる。スペンサーによると、万物は継続的に動いているが、そのすべての動きが完全な状態で静止するときがある。その状態を、有機・無機を含めたあらゆる物質と環境によって、絶対的な安定均衡状態と定義づける。この完璧な静止状態に到達するまでに、各々の構成要素はまわりの環境に順応しながらさまざまな障害に対応していく。内部構造と外部環境で調整されながら構成要素が少しずつ進歩し、絶対的な安定均衡状態に近づく。スペンサーの言う継続的調整と同じ過程は社会と政界にも見られる。「人間の特性がその存在の環境に順応していく過程は、感情という人間内部の力が直面する外部の力との均衡を保つまで止まらない。この均衡とは、個人レベルでいえば、分相応の行動で満足して欲求不満にならないこと、社会組織レベルでいえば、個人が自発的に尊重する制限以外にいかなる制限もない人間性と社会組織の段階になることである」[23]。人間もそれ以外のものも、万物は完璧に、もしくは均衡状態に達するまでよく調和するように微調整を繰り返しているのだ。

しかし、この均衡理論には道徳的な問題があり、実はスペンサーも解決していない。彼自身が言うように、「均衡」概念では無機・有機の領域において静止という状態になる。「あらゆる場合において、均衡状態に向かって進歩していく。先に見たように、対立する勢力が普遍的に共存しているので、あらゆる力を多様なものに分解し、同時に、究極的には均衡に達しなければならない[24]」。「意識的もしくは無意識的な動きをし、以前と同じように消散し、次第に静止する」といった電気反応もしくは化学反応の解説に何ら道徳的反対はしないが[25]、有機領域で究極的に静止するというスペンサーの予告は、実際には死を予想しているのである。完全に静止した無機物は物体のままだが、完全に静止した有機物はもはや生き物ではない。簡単にいうと、死んでいるのである。ある時、スペンサーはふと沸き起こった恐怖と真正面から取り組む。「もし均衡の最終的な帰着が完全な休止でなければならないとすれば……私たちは偏在する死に向かって確実に進んでいるのではないだろうか。そのような状態は、あらゆるところで進行していることの結果であるのは明々白々である[26]」。完全無欠が均衡であり、その均衡が偏在する死ならば、世界が必然的に向かう「完全無欠」という状態は道徳的でも非道徳的でもなく、没道徳的だ。

スペンサーが疑問を一瞬持って気づいたように、物理的性質と人間の価値を調整しようとする彼の哲学的努力は失敗に終わった。しかし、スペンサーは持論から当然導き出される結論を拒否し、「偏在する死」をいったん認識しながらも、その数ページ後でそれ自体を否定している。そして、『第一原理』の最後で要約したように、彼の理想主義的な信念はそのままの形で再度現れる。「進化が提示する変化は、均衡に達するまで続き、最終的には均衡を達成しなければならない。……［力を持続させると］進化のさまざまな性質が推論でき、その後、最高の完全無欠と完璧な幸福の段階に達してはじめて進化は終焉を告げるという信念が正しいとわかる[27]」。死が幸福でない限り、均衡は幸福にはつながらない。死こそ完全な道徳的状態と理解されない限り、均衡は道徳理論を支援できなければ、私たちを政治的な完全無欠にも導けない。私は「論理面でいえば、スペンサーに勝る者はいない」というロバート・リチャーズに同意できない。[28]

「平均力ノ説」および「親化分離の二力」を見れば、『第一原理』が馬場辰猪に与えた影響は明らかである。スペンサー同様、馬場も当初は生物学よりも物理学を使って類推し、注釈をつけずに「均衡」のようなスペンサーの概念をそのまま盗用している。二人は無機科学を偏愛していたが、それは、おそらく両者とも若いころに工学の勉強をしたからであろう。スペンサーの最初の仕事は鉄道技師だったし、馬場は一五歳の時に土佐藩の命を受け、最初は日本で、後には海外で造船技術を学んだ。それから、ロンドンでも二年間工学を勉強していたが、一八七二年に岩倉使節団が英国に到着した際、法学への変更が許可された。「政治的法的考えを勉強する方が新生日本にとってより重要だと信じるようになった」ため、馬場は分野を変更したのだ。[29]スペンサーも馬場も科学の問題よりも社会問題の方が重要だと確信し、社会・政治評論家に鞍替えしたが、結局、物理学で得た考え方や習慣は初期の政治評論に残っていた。

スペンサーの初期の考えは、たしかに馬場に多大な影響を与えた。しかし、馬場は変化と混沌とした闘争に頑なに関与していき、ここでスペンサーと袂を分かつ。[30]スペンサーは『第一原理』の中で、英国の二大政党制は均衡に近いと考えており両者の相違が表れる。二大政党制は「非常に発達したので、両党のぶれは比較的小さい」というのだ。[31]その一方で馬場は、日本には未熟で無理やりつくった均衡しかなく、進化の究極的な結果としての政府を構築できないのではないかと懸念していた。したがって、馬場は停滞および結合の無意味な力と戦うことに全精力を費やした。たとえば、「親化分離の二力」において、馬場は「一旦親化結合し了るときはその陰温を亡ひ分子の活動力を失却し去るが故に萬物みな生育活動の働を止め蒸発気は雲と凝り雨と形ちつくり水若しくハ氷と変じ植物ハ枯凋して死朽し終り動物も亦た曷日かその活動を止め終にハ太陽の如きも其熱度を発射して一個の固形体と変ずるなるべし。若し果して然るときハ兩間の事々物々咸く死灰し去り全世界遂に死物と成り了るべし」と論じている。[32]死はここで、分離の力とかスペンサーの考えに多少あった最終的な均衡ではなく、単に結合の力と関係しているに過ぎない。

馬場は結合を死と結びつけているので、これを日本史に当てはめると、桃山時代の内乱を賞賛し、徳川時代の相対的平和をけなすことになる。何年も幕府支配体制に我慢してきた後に、「日本帝国ハ一箇の固形体と化し太平洋上の死国と成り了らんのみ」と主張している。[33]一八四〇年代の強力な反対運動があったからこそ、国家の堕落が食い止められた。馬場は、明治天皇の下で日本が継続的に必要としているのは安定ではなく、革新勢力の自由な活動だと主張する。しかし、このような分離勢力にも限界はあり、またそうあるべきだ。「試に見よ壓制の政治ハ社会を束縛するに失して終に之を死物に至らしめ」と馬場は書き、再び死のイメージを呼び起こしている。そして、「自由政治ハ能く社会の事業を活働せしめ随て開進の道途を為すもその極や又た分離に失することあるにあらずや」と大げさに問うてもいる。[34]スペンサー同様に、馬場も自然の均衡、つまりバランスのとれた自由のユートピアが、競合する物理的・歴史的勢力の定められた結果だと考えている。両者の相違は、若きスペンサーがみた英国よりも馬場が直面した日本が「進化的均衡」の「越えられない限界」からほど遠いところにあることだ。馬場にしてみれば、日本の環境は急激な変化で振動しているので、たえず変更しなければ必要に追いつかない。

『天賦人権論』——加藤への反論

馬場は短気で好戦的だったので、明治期の政治活動で同志を見つけることはむずかしかった。一八七九年九月、「我々自主を欽慕する改進の族」を賞賛する小論を刊行したが、[35]誰を念頭においていたかは不明である。しかし、この機会を利用し、日本の民権運動は「あさましきこと」と言い放った。[36] そして、一八八一年一〇月に自由党が公式に結党した際には参加したが、翌年、党首板垣退助が、反対勢力の切りくずしに熱心な明治政府の援助で長期ヨーロッパ視察に旅立つと、愛想をつかして離党している。馬場は自由党の機関紙である『自由新聞』のスタッフにもなったが、同時に、自由党のライバルで民権運動を支援する改進党機関紙のスタッフも務めていた。このような所属問題はあったにせよ、馬場は反民主勢力に対するイデオロギー的防波堤をみつけようと懸命になっていた。

一八八二年夏、馬場は『自由新聞』第二号から二七号に「本論」という長編エッセイ連載し、自由の意義を系統だてて弁護する仕事にのめり込んだ。[37] 日本の風潮に対し「若シ自由ノ何物タルヲ論ゼント欲シテ徒ニ自由自由ト汎論シテ会テ心性幽微ノ源ニ基ケザルトキハ其意義泛々トシテ浮萍ノ水上ニ翻ヘルガ如キヲ致ス」と述べた。[38] 馬場は自由という言葉を政治的な意味だけではなく一般用語として、より正確に定義づけようと努力した。ここでまたスペンサーの考えを盗用しているのだが、人の意識は自省や抽象的な憶測によってではなく、外界との相互作用によって発展すると主張する。社会的接触はもちろんのこと、動物、植物、自然界の環境と密接なかかわりをもつことで人間の意識はますます複雑となり、世界が変わるにつれて意識自体も変化していく。意識が最高の潜在能力に達するようにするためには、世界とのかかわりを自由にし、解放しなければならないというのだ。歴史家西田長寿は馬場の見解を、「要するにこれらの作用が自由でなければ真正の意識は生れない。事物に対する正しき認識だけが個人をも社会をも進化させ得る。かくて心の自由は人間社会の進化発達にとって最も基本的な条件となるというのである。思想・言論・行為の自由の必要なこともここから自明となる」と簡潔にまとめている。[39] このように自由を定義づければ、政治的自由は抽象的もしくは理解を超えた現象によるものではないことがわかる。それは、さまざまな現実に直面することによって起きることをすべて包摂する道徳的プロジェクトにおける特定のケースに過ぎない。自由が必要なのはその状態が自然だからではなく、自由があれば真の自然が生ずるからである。

一八八二年秋までに、自然進化と社会進化にとって馬場が必要だと考えていた自由はますます攻撃にさらされるようになった。日本政治の主流と疎遠になり、財政的にも苦しくなったが、それでも馬場は抵抗を止めなかった。一八八二年一〇月、加藤の『人権新説』が刊行されると容赦ない批判を行った。まず、数週間後の一一月一一日に開かれた国友会の会合で批判した。その後、この批判は「読加藤弘之君人権新説」というタイトルで『朝野新聞』に一一回連載された(40)。翌年一月には構成を変え、『天賦人権論』として刊行された(41)。

加藤の思想そのものは反論するほどの価値はないと馬場はいう。仮に加藤が隠遁者、変わり者、小役人であれば、その思想は「一笑ニ付シ去ランノミ。然ルニ……天皇陛下ノ考慮ニヨリ特選セラレテ大学ノ総理ニ任セラレタル加藤弘之君ナリ」と断言する(42)。加藤の知的な地位はたいしたことはない。しかし、要職に就いているから反証する必要があると主張し、ありったけの理論的・修辞的な能力を『天賦人権論』に注いだ。萩原の言葉を借りれば、「馬場のたくわえてきた政治や法律に関する学殖、そして、そのするどい批判精神は、この論争において見事な開花をしめしていたといってよい(43)」。

加藤と馬場の対立が特に尖鋭になったのは両者が共通の前提を持っていたからであり、政治的社会的発展理論において、物理学と生物学を包括することに関心を寄せる社会進化論者だからである。そして、よりよき世界へ向かう推進力を説明するために、スペンサーの「力の均衡」という考えと社会ダーウィニズムの「適者生存」という概念を用いる。さらに、自然は普遍的で進歩的な力だという見解から、日本の政治は独特なものではなく、あらゆるところで作用する自然法の影響下にあるという前提で論を組み立てた[44]。

このように加藤と馬場には共通点が多かったため、敵対関係は顕著となった。加藤が政治の究極的な指針としていつも自然を信頼したわけではなかったのに対し、馬場は政治の完全な自然化を図ろうとした点が両者の根本的な差異と考えられる。すでに述べたように、加藤は自然進化の力は一般的に進歩的であり、つきつめると民主的になると考えていた。しかし、進化の結果が発展の過程で人間の目的から外れてしまったり、自然淘汰が弊害をもたらすこともあると考えていた。加藤は進化に疑念をもっていたので、進化の競争に筋道をつけたり制限したりできる、不自然で超越的な専制政府の樹立に貢献した。他方、馬場は進化が弊害となるという説を否定し、「元来進化主義ナル者ハ優等者カ勝ヲ獲テ劣等者ヲ制シ、所謂優勝劣敗シテ進化スルノ謂ハサルヲ得ス」と書いた[45]。もし加藤が本当に社会進化を信じているのなら、発生しつつある民権運動の中からいくつかを選んで否定はできないというのだ。民主主義が成功すれば、自然法に反した「偽りの生存」などありえない。生存競争では善悪の判断が時にむずかしいこともあると認めるが、進化の過程で世界は確実に完全無欠状態に向かっていると馬場は考えた[46]。つまり、馬場は加藤よりも、政治のより完全な自然化を目的としたのである。

加藤と馬場の進化に対する評価の違いによって、近代の主体性を形成する本質をどうとらえるかが決まった。一体、自由とは自然なのか？　この問いに、両者は「自然権」の問題をめぐって持論を展開する。前述のように、加藤は、社会進化とは相容れない「妄想」として自然権を非難している。加藤によれば、社会が一定レベルの進化をすれば国家が権利を付与するが、そのレベルに達していなければ与えられない。したがって、加藤は、個人が元来所有する特権の一部という意味において、自由が自然だとは考えていない。しかし、自由は社会が進化すると当然生ずる結果である。他方、馬場は、社会進化と自然権（天賦人権や自然の権利などさまざまな表現が使われている）は自然の共存の表明であり、最初から相互に必要だったと主張する。「自然ノ道理ニ従テ生存競争シテ以テ其権利ヲ伸暢セント欲スルハ所謂進化主義ニ適合スル者ナリ」[47]。自然権は普遍的だが、進化は非常に変化に富むので、馬場は論理的に行き詰まってしまう。「本論」で述べたように、自由を意識の発展に必要と定義して、この問題を巧みに切り抜けようとしたが、恒久的な権利とたえまない変化を調和させようとする努力が完全に成功しているわけではない。馬場は次のように論じている。

自然法ニ従テ請求スヘキ権利ヲ自然ノ権利トハ言フナリ。故ニ曰ク其人類カ自然ノ権利ヲ求ムルハ、則チ平等自由ヲ求ムルカ為メナリ。其平等自由ヲ求ムルハ、則チ人類ノ生存ニ障碍ノ寡キ道ヲ求ムルハ、則チ人類ノ生存ヲ求ムルカ為メナリ。……其人類ノ生存ヲ求ムルハ、則チ人類ノ幸福ヲ求ムルカ為メナリ。其人類ノ幸福ヲ求ムルハ、則チ人生ノ目的ヲ達センカ為ナリ。其人生ノ目的ヲ達セント欲スルハ、則チ自然力ノ変化ヲ全フセント欲スルカ為ナリ[48]。

換言すれば、人は自由を追い求めるために自由にならなければならない。このいくぶん不確実な論理によって自然権が先行し、生存競争の一部となり結果にもなる。

ある歴史家がヨーロッパの自然権理論を日本に適用し、「わたくしとしてはルソーの社会契約論を是認し、あくまでも個人の自由と平等との権利の確得を目指したかれの論理的な結論は明らかであるような気がする」と示唆した[49]。だが、逆に馬場は、社会契約論や社会の外に自然権があるときの動因にはまったく興味を抱かない。むしろ、加藤同様、人間は最初から変わらず永遠に社会の中に存在するとしか考えていないのである。両者とも社会と対立する「自然」は考えず、むしろ、社会そのものが有機的形態だとしている。馬場自身が説明しているように、「山奥をひとりでうろうろし、野獣と心を交すことは、自由を獲得する適切な道にはなり得ない。たしかに、思想、言論、行動という三つの自由は完全に隔離した個人では育めない。そのような自由は社会組織の中でしか育むことができない」のである[50]。つまり、馬場は、過去・現在・未来の個人の自由は社会の内部でのみ享受できるとし、あらゆる政治的議論は社会契約というよりは、自然共同体とともに始まり、終わると考えているのだ。

さらに、馬場は『天賦人権論』で社会の自然性を強調する必要はなかった。というのも、この点に関しては、加藤に強く同意しているからだ。数か月前、馬場はこの見解を栃木県で発表し、一八八二年九月には『自由新聞』にタイトルのない社説として掲載された。馬場によると、社会や国家（馬場はこの二つを区別していない）も市民と同じように有機的に進化している。つまり生存競争を通じて進化しているのだ。個人だけでなく国家も、活動分野を拡大すれば必然的に意識が拡大される。このような理由で馬場はアジア大陸への積極的な介入を支持した[51]。他の自由党員、特に大井憲太郎同様、急進的個人主義と強烈なナショナリズムを組み合わせたのだ。それが「論理的に矛盾している」と言われることもあったが[52]、実は、個人と国家が必然的に自然権と競いあう自然進化理論から、馬場の帝国的構想が引き出されたのである。

馬場はあらゆる政治活動と政治アクターをできるだけ自然化する傾向があるので問題が生じる。つまり、すべて自然であれば、活動およびアクターに関する善悪の判断の仕方がわからないのである。実は、この問題があったので、馬場は、何でも自然化したいという衝動を抑え始めるようになった。「自然」を認可の用語にしておきたかったのである。自然は完全無欠に向かって必然的に発展していくのだが、すべての活動がその発展に影響を与える。ところが、自然な活動というのはほとんどないのが実情である。自然の活動を善としているが、他の活動は軽蔑的な意味を込めて人為的と考えた。この「人為」という語は民主的平等に向かう自然な傾向を妨害する人、特に政府を指すと馬場は定義づけた。しかし、「人為」は「人間が創造するもの」という意味で用いられているのではない。仮にそうなら、馬場は望ましい活動(自然の進歩的な側面と一致するような活動)も「人為」と描写するだろうが、そうしていない。彼にとっては、否定的な活動だけが人為的なのである。換言すれば、最終的に、自由が自然の均衡状態になるのを自然だと定義づけている。したがって、個人、政府、両者の活動は、自然の(そして馬場の)目的に向かって邁進している限り自然になり得る。もし馬場に「不自然なもの」とは何かと尋ねたら、「人為」、つまり人の創造そのものではなく、反動政策や反民主的政策を助長するような活動だと答えるだろう。

政治的アクターに関しても、馬場は本当に自然なアクターとあまりそうでないアクターを区別するようになる。ここで、自由民権主義とエリート主義の間を揺れ動いているのだ。馬場の初期の著作は自由民権主義的だが、結局、真の政治的リーダーとして、非常に注意深く、革新的で自然なエリートを選んでいる。リーダーは自然の力と調和するような活動ができるし、また、すべきでもある。馬場は東京から各地に赴いて大衆に講演した。大衆は自由を目指しその力の無意識の象徴として自然の傾向を具体化する。意識的かつ平和的に自然を遵守する社会にできるのは知的エリートだけである。この自然のアクターに対して考えを変え始めたのは、馬場が加藤を批判する前の初期の著作にまでルーツをさかのぼることができる。

馬場が英語で書いたものの刊行しなかった『自叙伝』がある。その中では、自由民権主義的論調で明治維新の立役者である大久保利通(一八三〇~七八年)暗殺に世間がどう反応するか予想している。一八七八年、イギリスから帰国するわずか三日前、日本の穏健な政治的未来に暗雲を投げかけた事件が起こった。馬場はその事件を三人称の形態で書いている。「大久保利通は、あらゆる文明国の歴史がたどってきたように、日本にも次第に危機が近づいている自然法のおかげで目にしていた、もしくは知っていた。つまり、大衆は次第に政治勢力を形成するので、政治家は国を統治する際、その点を考慮に入れざるを得なくなるだろう[53]」。この一節で、馬場は、民衆が自然法に則り、公的で正当な立場を占めるよう、密かな、しかし確実な動きを見定めているのがわかる。さらに、「平均力ノ説」では、政治的抑圧は民衆の不満の自然力を爆発させると警告を発した。『天賦人権論』はもちろんのこと、「物は見るところによって異なる[54]」「内乱の害は革命家の過ちにあらず[55]」「怨悪論[56]」などの論文で、抑圧すればその結果、必ず民衆の革命が起こると主張し続けている。また、こういった論文の中で、フランス革命やイングランドのチャールズ一世の絞首刑は、自然の革新的法則を妨害すると必ず起こる恐ろしい出来事の例として何度も紹介されている。

論文や書物で民衆の怒りをかきたてる馬場は、強情な明治専制政府に民衆革命の脅威を突きつけて脅そうとしているようにみえるが、実際のところ、馬場は自由民権主義者ではない。そうではなく、政府の制約を解き放ち、自然の民主勢力が意見を主張できるような、啓蒙的で知識豊富な指導者層を望んでいるのである。この指導者層が自然の究極的な目的を受け入れれば、革命が起こる必然性はなくなる。馬場は「事物の平均を保持し能くその偏傾を免るるを得る……今や顧みて社会の事情に就て其成績を案ずるに実にこの二力の活動に依て進動し以て文明自由の域に進むものなるを知る」と信じていたのだ[57]。

このような計画が立てられる活動的なエリートとして、個人的英雄やグループを挙げている[58]。「親化分離の二力」で英雄と呼び、「漸く社会を導きて結合の方域に向はしめた」のは織田信長である。一八八二年一一月の『国友雑誌』に掲載された講演「論組織内閣之至難[59]」で、馬場は現在の日本にも「理想的な政治家、つまり最高の政治的」英雄が必要だと示唆している。しかし、馬場は人物よりもエリートグループに関心を向けた。馬場は「虫けら」と呼ぶ「道徳的に腐敗した一般大衆」および、嫌悪している官僚の上に、この少数の選ばれたエリートグループを置いている。もちろん自らをエリートグループの一員と考えただろうが、他にどのようなメンバーがいるのかは定かではない。だが、この中には馬場の意見に同意し、自然に関して理解を共有した人がいると思われる。

馬場は『天賦人権論』を刊行するころまでに、自由を求めて活動できる人を限定するようになった。それどころか天皇も含め、人間は誰も政治という自然の舞台には参加できないと、人の地位を貶めるようになった。「世間如何ニ普通選挙ヲ好ム者ト雖モ、婦人小児ノ如キ瘋癲白痴ノ如キ其他尋常一般感覚ナキ者ハ之レヲ除クナラン」[60]。

しかし、『天賦人権論』において、女性を政治とは隔絶した不自然な地位に追いやったのは、馬場の初期の主張と矛盾する。一八七五年には、日本人女性の地位を向上する必要性に関して長々と熱弁を振るっていた[61]。二か月後、社会的に男女を分ける日本の習慣を変えるべきだと指摘するため、二度目のロンドン行の壮行会に、非常に恥ずかしがりやの妹（こまこ）を無理やり連れ出したりまでした（かわいそうなこまこはパーティを楽しんでいたようには見えなかった）[62]。『天賦人権論』執筆の数か月前までは、当時の結婚制度の過激な修正を提案していた。お見合い結婚の伝統に反対し、相互の合意のもと三年間の期限付き契約にすべきだと言ったのだ[63]。だが、『天賦人権論』ではこのフェミニズムはなくなり、社会と政治から女性を退けようとしていた。自由は統治者に対する愛国的畏敬の念を除外しないことを確認するため英国を検討するときですら、ヴィクトリア女王の人気ではなく、「一国首宰ノ地ヲ占メ玉フ国王太子カ危険ノ疾病ニ罹ル時ニ於テ……快復ヲ祈ル」国民の喜びに関して言及している[64]。

馬場が女性の政治参加に反対したのは、男性の自然性と女性の不自然性という奇妙な二元論に基づいている。人類学者シェリー・オートナーによれば、このような一連の反意語は、「男性にとって女性は、文化にとっての自然のようなものだ」と理由づけて、女性を従属させる普遍的文化の論理だという。[65] 樋口忠彦とオギュスタン・ベルクはオートナーの説に同意し、日本は自然を女性と同一視するパターンを踏襲しているという。もう少し具体的にいえば、ベルクは「日本で自然は母性をはらんでいる」と論じている。[66] 馬場は、自然と政治だけではなく「日常感覚」も男性的だとして、普遍的なジェンダー二元論の存在を否定する。だからといって明治期の議論で、自然がいつも男性的というわけではない。しかし、明治期の日本は欧米文化ほど自然をジェンダー化させなかった。たしかに、日本には強力な自然対文化という対立の伝統がなく、文化と社会を自然の形態として扱う識者も多かったので、自然のジェンダーは操作しやすかった。馬場は加藤との論争で自然のジェンダー概念をもて遊び、厄介な政治問題から自然の特権的概念を保護するために、女性を非自然的なものと見なした。つまり、追い詰められた状況で、戦略として『天賦人権論』で女性の権利を放棄したのかもしれない。

こうみると、天皇の扱い方も戦略の延長線上にあった可能性がある。自由党の愛国主義を非難する加藤に対し、馬場は、先述したような英国君主制の例を挙げ、自由と天皇崇拝は調和すると熱っぽく語っている。西田長寿はこの状況を巧妙に控えめな表現を使い、「『天賦人権論』の中でも『上は帝室の尊栄を全うし』とか『我日本の主権者たる天皇陛下』等々の語が用いられているところを見ると一概に天皇制を否定したように思えない」と説明している。[67] 民主的日本にとって天皇が必要だと信じていたのか、政治的に便利だから天皇を支持していたのか、天皇と自然の関係についての馬場の見解はわからない。彼は天皇を日本の有機的結合の表現と考えているのだろうか。もしそうなら、臣民の自然な政治的自由と天皇の関係はどのようなものなのか。すなわち、天皇自身、他の人間と同じように自己決定権のある自然の人間なのだろうか。馬場も加藤同様に、天皇は人間だと主張するが、著書では天皇は生存競争とは無関係のところにぶざまに留まっている。馬場は実に素直に、天皇を女性、間抜け、狂人、子どもと同じグループに入れているようだ。このグループの共通要素は、「自然に備わっている転換能力」を通じ、自らの役割を遂行できる自然の存在カテゴリーから除外されていることだ。少なくとも『天賦人権論』において、天皇と国家を除くすべての成人男性の健常者は、自然の力の潜在的同盟者である。彼らこそが本来自由なのである。

触媒的な自然——馬場の社会進化における意志の役割

日本の近代化のけわしい道のりを鋭く分析した丸山眞男は、現存する国家を消し去るような力である自然と、人間が作り出す法という作為を対比して扱った。丸山も承知しているように、啓蒙的自然法は、「人間の権利の天賦に出る事を説く点で、むしろ自然的秩序思想の系列に属する如き外観を呈していることである。しかし少し立入って見れば、その反対であることは直ちに知られる。そこで人権と云はれているのは、なんら実定的秩序の中に於ける権利ではなく、却って、逆に実定的秩序を形成すべき人間の主体性を具象化したものにほかならない」[68]（強調は丸山）。したがって、馬場のような「天賦人権」活動家は（ルイ・デュプレ同様）、付与のものに制限されない「自己選択」と定義づけられる近代への期待を体現しているのだ。たしかに、加藤も馬場も「現実の規範が人間の作為によって始めて妥当する」[69]ことに同意しているので、両者とも作為の唱道者なのである。しかし、私が述べてきたように、このように区別すると、自然と作為の両方で融合が進んでいる実態が把握できない。丸山の分析に反し、加藤と馬場の論争は自然と作為を対立させているわけではない。というのは、両者とも結局、自然を擁護しているからだ。馬場のいう指導者と加藤のいうエリートの相違は以下のようなものだ。馬場は自然の進化を速めるために、自然な指導者が政治的発展に拍車をかけるよう期待している。他方、加藤はエリートを自然より上位に位置づけ、人間の価値と合致するように自然の進化を調整すると考えていた。つまり、どちらの理論家も作為について述べてはいるが、その目的は異なっている。馬場は自然の反応の触媒として、加藤は進化が道を踏み外さないよう制限を加えるものとして作為をとらえている。

両者とも自然法は普遍的だとしているが、馬場は、日本人指導者層の知性と直観力によって、自然進化に関する日本と西洋の格差を早急に埋めることができると考えている。革命と混乱という西洋の苦い経験をくり返さなくても、西洋から学べば、日本は西洋とすぐに肩を並べられるだろう。さらに、再度ヨーロッパの民衆反乱を指摘しながら、馬場は「若シ其レ古来ノ経験ト同一ノ順序ヲ踏ムヘシトセハ、我邦ニシテ国会ヲ開クニモ亦英仏ノ如キ惨澹タル修羅場ヲ演出セサルヘカラサルノ條理ナリ。著者ハ我カ社会ノ為メ将タ我カ皇室ノ為メニ此ノ如キ不詳ナルコトアルヲ希望スルカ」と述べている。(70) 換言すれば、すぐに民主主義を達成するため、進化に触媒作用を及ぼせば、流血惨事を経験しなくとも日本を西洋と同等の地位に引き上げることができる。

馬場の著作にある心と感情の機能を理解するには、「遺伝的適応」というメカニズムを類推するやり方がある。遺伝子が発見される前には、ラマルクとスペンサーだけでなく時としてダーウィン自身も、親の習慣が子孫の本能になることもあると考えていた。自然淘汰という重厚なメカニズムとは異なり、遺伝的適応によって急激な変化が可能となる。だから、日本社会を完全に転換させようと努力していた者は、この生物学的メカニズムを知って楽観的になった。つまり、獲得した政治思想（自由な思想、自由な言論、自由な活動）は次世代で具体化される可能性があるのだ。馬場にとって、代議制政治はすぐさま獲得した遺伝的形質となり、それによって日本は過去を捨てることができるようになる。一方加藤は、この危険な世界では日本は、自分のような超越した賢人が導き、ゆっくりとしたペースで社会進化をしなければならないと主張する。馬場は、社会進化で日本は将来を見据え、把握できるようになるとしている。日本は進化の段階を飛び越え、確実にその向こう側にある民主主義を受容できる。日本は民主主義が実現される前のよどみでもがく必要もなければ、ヨーロッパがたどった進歩の道を後追いする必要もない。皮肉なことに、自然化した政治は右翼だという通常の議論から考えると、馬場の革新政治は加藤の保守主義よりも深く自然に依存している。

だが、社会進化を迅速に進めるべきだという理論で、馬場は民主的代議制を許容するように明治政府を説得することはできなかった。この論争後三年もしないうちに、彼は爆発物を非合法な手段で購入した罪で逮捕された。しかし、一八八六年に無罪放免となり、渡米した。ハーバート・スペンサーは非常に保守的な明治憲法について、日本のような国には「あまりに寛大すぎる自由の付与である」と非難した。スペンサーの思想を賞賛していた馬場は、幸いなことにその言葉を聞く前にこの世を去っていた[71]。

註

(1) 中江兆民「馬場辰猪君」『兆民文集』所収(文化資料調査会、一九〇九年)五一一頁。
(2) 安永梧郎『馬場辰猪』(東京堂、一八九七年)一頁。
(3) 萩原延壽『馬場辰猪』(中央公論社、一九六七年)三頁。
(4) 中江兆民「馬場辰猪君」五一三頁。
(5) 萩原『馬場辰猪』一一一〜一一二頁。
(6) 馬場は真辺戒作を襲う前にフランスで決闘を申し込んでいたが、真辺は断っていた。『国友雑誌』三一号(一八八一年八月二八日)と三二号(一八八一年九月一六日)に掲載された「決闘論」で、馬場は決闘に称賛を送った。

（7） 馬場の生涯は以下の書物で詳細に論じられている。安永『馬場辰猪』、萩原『馬場辰猪』、Nobutoshi Hagihara, "Baba Tatsui: An Early Japanese Liberal," *Far Eastern Affairs*, ed., G. F. Hudson, St. Anthony's Papers, vol. 3, no. 14 (Carbondale: Southern Illinois University Press, 1963)、およびユージン・ソヴィアックの三作：Eugene Soviak, "Baba Tatsui: A Study of Intellectual Acculturation in the Early Meiji Period" (Ph.D. dissertation, University of Michigan, Ann Arbor, 1962), p. 2; "The Case of Baba Tatsui: Western Enlightenment, Social Change and the Early Meiji Intellectual," *Monumenta Nipponica* 18 (1963), pp. 191–235; and "An Early Meiji Intellectual in Politics: Baba Tatsui and the Jiyuto," in *Modern Japanese Leadership*, eds., Bernard S. Silberman and Harry D. Harootunian (Tucson: University of Arizona Press, 1966).

（8） 馬場辰猪「平均力ノ説」の初出は『共存雑誌』第一四号（一八七九年三月）。以下も参照。家永三郎編『明治文学全集　第一二巻　大井憲太郎・植木枝盛・馬場辰猪・小野梓集』（筑摩書房、一九七三年）。

（9） 馬場辰猪「親化分離の二力」の初出は『共存雑誌』第四二号（一八七九年一〇月二三日）と第四六号（一八七九年一一月一九日）。以下も参照。『大井憲太郎・植木枝盛・馬場辰猪・小野梓集』。

（10） Soviak, "The Case of Baba Tatsui," p. 197.

（11） 馬場「平均力ノ説」二三六頁。

（12） 同前。

（13） 同前。

（14） 同前。

（15） 同前。

（16） 馬場「親化分離の二力」二四一頁。

（17） スペンサーは*Synthetic Philosophy*シリーズの一冊として刊行した*Principles of Biology*という二作目まで、

ダーウィンの自然淘汰という考えを採用していなかった。このシリーズは一八六二年秋に刊行が始まったが、その時ですら、スペンサーは自然淘汰によって進化が完全に説明できるとは考えていなかった。Robert Richards, *Darwin and the Emergence of Evolutionary Theories of Mind and Behavior* (Chicago: University of Chicago Press, 1987), p. 293.

(18) 馬場はスペンサーの『第一原理』の第一章を翻訳し、これは一八八四年一月に「スペンセル氏原著哲学原論」として刊行された。「国友会講義録　第一篇」(斯文社、一八八四年)。

(19) ロバート・J・リチャーズは、科学史家のスペンサーに関する容赦ないコメントをまとめている。Richards, *Darwin*, p. 243.

(20) 日本におけるスペンサーと社会ダーウィニズムの情報に関しては、森一夫「教科書に現れた『進化論』の変遷について」『科学史研究』通号一〇〇(一九七一年)二二九～二三二頁、Michio Nagai, "Herbert Spencer in Meiji Japan," *The Far Eastern Quarterly* 14, no. 1 (November 1954), pp. 55-64; Akira Nagazumi, "The Diffusion of the Idea of Social Darwinism in East and Southeast Asia," *Historia Scientiarum* 24 (1983), pp. 1-18; Shimao Eikoh, "Darwinism in Japan, 1877-1927," *Annals of Science* 38 (1981), pp. 93-102; 下出隼吉「ミルとスペンサー」下出隼吉『明治社會思想研究』(淺野書店、一九三二年)一三四～五九頁、彭沢周「日中両国の初期民権思想と進化論」『史林』第五四巻第二号(一九七一年)一～二七頁、and Watanabe Masao and Ose Yoko, "General Academic Trend [sic] and the Evolution Theory in Late Nineteenth-Century Japan: A Statistical Analysis of the Contemporary Periodicals," *Japanese Studies in the History of Science* 7-8 (1968-69), pp. 129-42.

(21) Richards, *Darwin*, p. 261.

(22) *Ibid*., p. 287.

(23) *Ibid*., p. 291.

(24) Herbert Spencer, *First Principles*, vol. 1 of *A System of Synthetic Philosophy*, 5th ed. (London: Williams

and Norgate, 1890), p. 484.

(25) *Ibid.*

(26) Spencer, *First Principles*, p. 514.

(27) *Ibid.*, pp. 516–17.

(28) Richards, *Darwin*, p. 294.

(29) Hagihara, "Baba Tatsui: An Early Japanese Liberal," p. 127.

(30) ユージン・ソビアックが指摘するように、馬場はスペンサーにほとんど謝辞を述べていない。たしかに馬場はスペンサーの説をあからさまに盗用してもいる。しかし、彼はスペンサー主義への「転向者」としてスペンサーの説を説いたのではなく、故意にその説を拡大解釈しているように思えてならない。Eugene Soviak, "An Early Meiji Intellectual in Politics: Baba Tatsui and the Jiyuto," p. 121. 馬場がスペンサー主義者に転向したというこの考え方も、ソビアックの博士論文で論じられている。

(31) Spencer, *First Principles*, p. 512. 馬場は英国の二大政党制を「或ハ右シ或ハ左シ宛モ両頭ノ百足ノ如ク」と述べ、前進することはできても多大な「徒労」が必要だとしている。馬場「親化分離の二力」二四二頁。

(32) 馬場「親化分離の二力」二四〇頁。

(33) 同前、二四一頁。

(34) 同前、二四二頁。

(35) 馬場辰猪「物は見るところによって異なる」『大井憲太郎・植木枝盛・馬場辰猪・小野梓集』二三八頁。

(36) 萩原も『馬場辰猪』一〇五頁でこの一節をとりあげている。

(37) 馬場辰猪「本論」『大井憲太郎・植木枝盛・馬場辰猪・小野梓集』参照。

(38) 馬場「本論」二〇一頁。

(39) 西田長寿「馬場辰猪」明治史料研究連絡会編『民権論からナショナリズムへ』(御茶の水書房、一九五七年)一五八頁。

(40)「読加藤弘之君人権新説」は松本三之介編『近代日本思想大系30　明治思想集』（筑摩書房、一九七六年）に収録されている。
(41)「天賦人権論」は吉野作造編『明治文化全集　第五巻　自由民権論』（日本評論社、一九二七年）参照。
(42)馬場「天賦人権論」四四二頁。
(43)萩原『馬場辰猪』一八五頁。
(44)加藤の伝記を書いた田畑忍は、加藤に対する馬場の反論は「ベンサムの学説を論拠としている」わけではないというだろう。田畑忍『加藤弘之』（吉川弘文館、一九五九年）九六頁。
(45)馬場「天賦人権論」四四六頁。
(46)同前、四六〇頁。
(47)同前、四五七頁。
(48)同前、四五一頁。
(49)西田「馬場辰猪」一七七頁。
(50)Soviak, "An Early Meiji Intellectual," p. 133より引用。
(51)Soviak, "Baba Tatsui: A Study of Intellectual Acculturation," p. 242.
(52)Nishida, "Baba Tatsui," p. 183.
(53)馬場の未刊行*Autobiography*, p. 343, Eugene Soviak, "Baba Tatsui: A Study of Intellectual Acculturation in the Early Meiji Period," p. 112より引用。
(54)馬場辰猪「物は見るところによって異なる」はもともと『共存雑誌』第三八号（一八七九年九月一七日）と第三九号（一八七九年九月二四日）で発表された。『大井憲太郎・植木枝盛・馬場辰猪・小野梓集』も参照。
(55)馬場辰猪「内乱の害は革命家の過ちにあらず」はもともと『自由新聞』第二〇号（一八八二年七月二一日）と第二一号（一八八二年七月二二日）に掲載された。『大井憲太郎・植木枝盛・馬場辰猪・小野梓集』

二四八～五一頁に収録されている。

(56) 馬場辰猪「怨悪論」『国友雑誌』第五六号（一八八二年一二月一九日）。

(57) 馬場「親化分離の二力」二四〇頁。

(58) 同前。

(59) Soviak, "An Early Meiji Intellectual in Politics," p. 148.

(60) 馬場「天賦人権論」四五九頁。

(61) 馬場辰猪「本邦女子の有様」『共存雑誌』第五号（一八七五年四月）。

(62) Hagihara, "Baba Tatsui: An Early Japanese Liberal," p. 133.

(63) 西田「馬場辰猪」一六二頁で言及されている。西田はこの記事が「個人の契約に年限を定める」というタイトルで『自由新聞』二二二号（一八八二年七月二五日）に掲載されたと指摘しているが、ソビアックは一八八四年の別の日に異なるタイトルで掲載されたとしている。

(64) 馬場「天賦人権論」四六〇頁。

(65) Sherry B. Ortner, "Is Female to Male as Nature is to Culture?" in *Women, Culture & Society*, eds., Michelle Zimbalist Rosaldo and Louise Lamphere (Stanford, Calif: Stanford University Press, 1974), pp. 67-87. さらに詳細な議論に関しては以下を参照。Carolyn Merchant, *The Death of Nature: Women, Ecology, and the Scientific Revolution* (New York: Harper and Row, 1980)〔団まりな・垂水雄二・樋口祐子訳『自然の死——科学革命と女・エコロジー』工作舎、一九八五年〕および Annette Kolodny, *The Lay of the Land: Metaphor as Experience and History in American Life and Letters* (Chapel Hill: University of North Carolina Press, 1975).

(66) Augustin Berque, "The Sense of Nature and Its Relation to Space in Japan," in *Interpreting Japanese Society: Anthropological Approaches*, eds., Joy Hendry and Jonathan Webber (Gurdridge, Southampton: Ashford Press, 1986), p. 104.

（67）西田「馬場辰猪」一七六頁。

（68）Maruyama Masao, *Studies in the Intellectual History of Tokugawa Japan* (Tokyo: University of Tokyo Press, and Princeton, N.J.: Princeton University Press, 1974), p. 313〔丸山眞男『日本政治思想史研究』東京大学出版会、一九五二年、三一一頁〕.

（69）*Ibid.*, p. 314〔同前、三一二頁〕.

（70）馬場「天賦人権論」四五七頁。

第六章　植木枝盛——ぼくは充電されたからだを歌う

植木枝盛（一八五七〜九二年）は、加藤弘之へ反論した際最後に次のように宣言している。「吾輩ハ以上ノ数章ヲ以テ人権新説ノ骨髄ヲ粉砕ニシタリ。其節目ニ至リテハ今日健兎ヲ追ハスニハ遑アラス」[1]。さまざまな比喩を散りばめた一節は、一八八三年一月に刊行された『天賦人権弁』だけではなく、植木本人を知らしめる役割も果たした。この一節にはちゃめっ気があふれているが、民主的憲法と基本的人権を守るために植木が繰り返し挑戦した政治権威に対する態度の一端を垣間見ることができる。ここで使われている比喩（とくに身体に関する大げさな比喩）は、植木の政治哲学において非常に重要な具体性とおふざけを強く示す。後述するように、身体性は、彼の権力関係へのアプローチの根本的基礎であり、同時に政治的見解を大きく限定した。

植木はジャーナリストのように筆が速く多作であった。たとえば、『人権新説』が出版されて三か月もしないうちに加藤への反論を刊行した。植木にはあふれんばかりの活力があり、反政府勢力の精力的な策士として頭角を現した。土佐藩中級武士の家に生まれた一人っ子の植木は、二冊ある自叙伝の一冊でも自慢げに語っているように両親に溺愛された[2]。一〇代の時に革新的指導者の板垣退助の家に寄宿し、わずか数年後には彼の重要な助言者となり、民権を擁護する請願書、演説、新聞記事などを執筆した。植木は国会期成同盟などの政治団体を結成し、一八八一年一〇月に板垣を党首とする自由党結党に尽力した。その支援で全国を飛び回ったが、留学の機会は一度もなかった。(3) 彼は三五歳という若さで亡くなるまでジャーナリズムと政治に携わった。

一八九二年の死後、長年にわたって、植木枝盛の存在は忘れられていた。イケ・ノブタカが一九五〇年に刊行した『日本における政治的民主主義の始まり』では、植木を分析した箇所に、「一冊の伝記の対象にもなっていないし、『全集』も刊行されていない」と記述されている。(4) 一九六二年、歴史家土方和雄は、植木が無視されてきたのは「埋もれた思想家」だったからではなく「埋められた」からだと論評した。(5) しかし、一九五〇年代には、文部省の正史を参考にした家永三郎の研究を通じて植木枝盛は復活した。家永は、戦時中に歪められた後、日本史の「歪みのない見解」を回復するために専門知識を存分に駆使したのだ。家永は他のプロジェクトをこなしながら植木の研究を続け、堂々一〇巻にもおよぶ『植木枝盛集』を刊行した。(6)

自由党の同志である馬場辰猪には（法律、秩序、均衡状態と、意志、暴力、進歩との）対立する衝動があったが、植木にはあまり矛盾した気質はなかったように思える。植木はまっしぐらに人生を突き進み、馬場とスペンサーを強くひきつけた均衡という静止状態にはまったく興味を示さなかった。彼の著作からも、死によって完璧に終わるという退廃的な希望は微塵も感じられない。それよりも、従順、無知、無力が一貫して死と関係していると考えた。(7) 植木は「凡ソ専制ヲ主張スル官権論者タル者ヤ、圧制ヲ事トスル政治者流ニ於テハ、元来国家人民ヲ以テ幾ンド死物ノ如ク看過スノ癖アリ」(8) と非難し、市民の動きに敏感な政府を要求している。自由とは、馬場が言うように静的で均衡のとれた完璧なものではない。むしろ、植木が考える自由とは、頭ではなく、生き生きした身体と脈打つ心臓と強く結びついている。だから、一八七九年三月に刊行された『民権自由論』のような硬派の政治雑誌でも、突然歌を挿入し、民主主義を繰り返し唱え、自由な人間の踊る身体を通じて訴えるような記事を掲載した。[9] 植木の作品は体系的に研究したり知的課題を深く掘り下げるようなことはめったになく、情熱や直感的信念に応じて考え、行動する。彼の活動の仕方を考えると、この方法は適していたのだろう。

植木は楽観的であまり内省的ではなかったので、一五年以上も権力の外側で政治ゲームをすることができた。加藤は専制権力の内奥におり、馬場は急進主義が許容限度を越えていたため太平洋を渡って流浪の生活をしたが、植木は「国に忠実な反対派」という概念はありえない当時の社会で、そのむずかしい役回りをうまくこなした。一八九〇年、第一回国会が開催されたとき、植木は高知県選出の国会議員になっている。彼の自由民権主義は、加藤や馬場とは異なり、ますます保守的になる政治環境のプレッシャーにも持ちこたえたのだ。

家永三郎は私よりも懐疑的で、植木の自己満足を「自己進化」と解釈した。植木の政治に関する研究に付随する、伝記のこぼれ話としてではなく、そもそも彼の政治哲学に根本的に欠けているものがあると非難した。彼は植木の政治哲学を、近代の矛盾に弁証法的にかかわることで得られる進歩というよりも「直線的連続の進歩を想定した素朴な楽天観に傾くきらい」があるとした。[10] さらに「彼の政治思想と人生哲学とが決して別のもの」[11]ではないので、植木が自己批判しなかったのはうぬぼれが強かったからだけではなく、一八八〇年代の敗北以降、民権運動がアプローチを修正できないことの表れでもあった。民権運動が問題に直面したとき、「自己批判の欠けるところに、失敗の是正の道」はなかったのにと家永は論じている。[12]

家永は、自己批判もしくは自己否定は、個人の成長と社会の進歩に必要な相剋だと強調するが、この結論は日本が民主主義を獲得できなかったことを分析した末に導かれている。植木および彼の世代の自由民権運動が自己批判しなかったのは、家永にしてみれば、単に当時の現実政治が戦略的に大失敗したというだけではなく、日本が過去を超越し近代の自由を獲得できなかった原因でもあった。換言すれば、家永は植木に少しでも自己否定の傾向がないか探したが、植木や彼の世代だけではなく、日本近代史全体にも深刻なほど自己否定は見当らなかった。自己否定もしくは意識的自己批判がなければ、「限界を自省し、自己否定を媒介としてその限界を乗り超え、高次の自己に昇華する弁証法的発展への道」はあり得ない。[13] 超越の可能性を最終的に創り出す自己否定がなければ、個人的にも政治的にも退行は不可避である。

植木はたしかに自信家だったようだが（植木の早世を考えれば、「若気のいたり」といえないこともないが）、「自己進化」という家永の評価は厳しすぎる。それは、一抹の自己風刺、つまり植木独特のユーモアといえよう。そうでなければ、自らを神だと考えている者が自叙伝を次のように締めくくるだろうか。「（三字鼠害不明）における植木氏は自由主義の植木氏なり。（三字鼠害不明）における植木氏は愛国家の植木氏なり。社会における植木氏は改革家の植木氏なり。婦人問題における植木氏は女権論の植木氏なり。一家内におけるの植木氏は父母あり未だ妻なきの植木氏なり。明治二十三年におけるの植木氏は齢三十三の植木氏なり」。[14] 最後の行に彼の年齢に関する一抹のユーモア、結婚しなかったことの若干の後悔、成功者ではないという自己認識などが感じられないだろうか。植木は信託された官職、刊行物、創設した組織などに無頓着だが、自由主義、愛国心、男女同権という三つの考えには固執した。墓碑銘で大統領だったことに触れてないトマス・ジェファソンのように、植木は自分の人生をいさぎよく簡明に要約している。だから、自叙伝の最後の一節（終章はこのわずか数行しかない）は、自分のことだけではなく外の世界にも関与した人の言葉と理解できる。人生で直面する矛盾を知的に切り抜けるのではなく、軽快に反骨の道を選び、自信にあふれたユーモアで表現しているのである。そのユーモア自体が、ある種の超越をもたらしているということも記憶にとどめておくべきだ。

家永は植木の自尊心をやわらげるユーモアの要素を見落としただけではなく、大義の実現を目指し努力していた際の強烈なプレッシャーを軽視している。政治的抑圧を受けて動いているアクターの評価はつねに微妙な問題をはらむものだ[15]。仮に歴史から学ぶことがあるとすれば次のようなことであろう。つまり、抑圧的レジーム下で批評家であるということは精神的ストレスであり、自分を守るために微妙な駆け引きを要する綱渡りのようなものだ。そのような状況下では、強烈な自己批判は不可能ではないとしても非常にむずかしい。虚勢を張りながら言論界に留まろうとする者にとって、自己批判などはめったに最優先事項にはならないからだ。明治政府はアメとムチを使って反対勢力を抑え続けた[16]。行動の自由が束縛され、出版物が検閲されても、植木は投獄や拷問をおそれなかった。だが、『郵便報知新聞』に掲載された「猿人政府」という論稿が原因で、二か月間投獄された。弱冠二〇歳だった植木は一八七六年六月に出獄するや否や、挑発的に「自由は鮮血を以て買はざる可らざる論」という論稿を発表した[17]。当時のような政府の弾圧下において、論壇で活躍し続けるためにはかなり大きな自信を持っている必要があった。たしかに、植木は自分自身と「無限進歩」を楽観的に信じていたからこそ、投獄やより民主的政府を目指す過酷な闘いという困難を克服できたのだろう。

植木はユーモアのほかに、俗っぽさと自然をそなえていたから積極的に社会批判ができたのだが、家永が指摘するように、だからこそ彼の著作には知的厳密さが欠けていたといえる。植木は政治的まとめ役と広報の役割を果たしていたので、理論家や知識人とは少し異なる気質が必要だったが、加藤の『人権新説』に対する一八八三年一月の反論は、活動家と理論家の植木を表していた。たしかに活動家としては若干成功した。植木は、限定的とはいえ少なくとも民衆の要求に政府が答えざるを得ないよう、プレッシャーをかけ続けることができたからだ。ところが、日本のコスモポリスを自由と平等を包容できるものに作り変えるという知的な営みでは失敗したといえよう。

『天賦人権弁』の概要

植木枝盛は『天賦人権弁』において、馬場辰猪と同じように加藤弘之の「自然権」批判に激しく反論しているが、彼が用いる自然の概念は少々異なっている。加藤だけでなく馬場の論にも真っ向から反対し、「優勝劣敗ト云フモノハ人権本然ノ如何ニ関係セサルモノナリ」と論じる。(18) 植木は社会進化を忌み嫌っていた。歴史や社会状況にかかわりなく基本的人権は存在する。自然(天、天然《てんぜん》、自然)が個々人に生命を与えるとき、個人の権利も平等に賦与するとした。植木の考えは、権利を次々と自然が進化する一局面ととらえた馬場とも、また、国民国家内で獲得されなければ存在しないと信じた加藤とも異なっていた。植木は自然権を永遠不変と考え、独特の抑揚のないスタイルで次のように論じている。「昔日ノ権利ハ則今日ノ権利ナリ。今日ノ権利ハ則昔日ノ権利ナリ。権利其本然ニ於テハ、進歩モ退歩モアルヘカラス」。(19)

馬場と加藤に比べると、植木と加藤の対立は複雑でもなければ微妙でもない。『天賦人権弁』の文体は継ぎはぎである。植木は『人権新説』からおよそ一ページ分を引用し、時々、一〜二行の反論を加えている。さらに、加藤が言及した著者、特にバルトロメウス・フォン・カーネリ(一八二一〜一九〇九年)とハーバート・スペンサーの作品からも長文を引用した。長文を引用すれば、加藤の立場と使っている資料が非常にばかばかしい証明になると植木は考えていたらしい。したがって、加藤の弱点を示すためだけに再掲したのである。『天賦人権弁』がでたらめで無責任とも思えるようなスタイルになったのは、この冊子が一八七九年三月刊行の『民権自由論』と一八八〇年五月刊行の「民権自由論二編甲号」といった、より詳細な民権擁護論である初期作品の要約だからである。『天賦人権弁』だけでは植木の立場を十分に理解できないので、それを補う形でこの二冊と一八八八年に女性の権利を彼が擁護した点に依拠して分析を進めたい。

植木の加藤批判は包括的ではなく、刊行物をみてもその全容はわからない。軋轢の本当の原因は、両者に共通点がなかったせいだろう。馬場と加藤には多くの共通の用語や前提があったが、植木と加藤は本質的に異なる信念を持っていた。特に諸権利に対する加藤の見解は植木とは非常に異なっているため、両者の議論はかみ合わない。植木は独特の比喩的な言い回しで加藤の誤りを説明し、「北ノ川ノ源ヲ塞キテ南ノ川ノ流カ断ユルト思ヒ、桃ノ木ヲユサブリテ梅ノ実カ落ツルト思フカ如キ」と両者の間に非常に大きな溝があった[20]。植木からすれば、加藤が長々と進化を学術的に擁護しているのは見当はずれである。植木はもちろん進化を認めることに抵抗はないが、進化と権利には何の関係もないと考えている。諸権利は予期せぬ歴史的闘争で失われると考えられているようだが、環境がどうであれつねに存在すると論じた。さらに「権利ノ本然ト権利ノ保安トノ二者」を分離すべきだと主張している[21]。しかし加藤は、発現を許されるときしか権利は存在しないと主張して譲らない。換言すれば、両者の対立は、諸権利は証明できないが不変の存在だという植木と、諸権利とは、実在し機能している政府への現実の要求だという加藤の信念のぶつかり合いである。つまり、この対立は原理対実証主義の戦いである。

『天賦人権弁』は加藤の立場を十分に把握していないが、植木の他の作品と一緒に読むと、政治において植木が加藤とは非常に異なる自然の権威に依拠していることがわかる。前述のように、植木は民主的諸権利を擁護する際、環境の力よりも個々人の身体と自然を一体化している。身体や精神の属性ではなく、身体が存在しているというまさにその事実によって、個々の人間は政治的権利を持っているというのだ。

植木の政治哲学では執拗なまでに身体的適応力が重視され、個別性の最も伝統的な概念が拒まれる。共通属性と特殊属性が独特の個性を構成しているのである。欧米の理論家は個人の多様な体験（特に知的・宗教的領域）を保護するために個人の権利を擁護するよう論じることが多いが、植木は個人によって異なる属性を議論するのを拒否する。自然は無限の多様性を創り出す源泉ではなく、万物を平等にすると考えているからだ。これは、多様性のない身体という形態の自然である。このような自然に直面すると、馬場が展開したような政治的・社会的・ジェンダーによる階層は消滅してしまうのである。驚くべきことではあるが、植木は個人の諸権利は擁護しても、個人主義は擁護していないと言えよう。

そして植木は、執拗に基本的な身体的適応力に焦点をあて、権利の本質を強調する「人身自由の権利(23)」という表現を繰り返し使っている(22)。あるときは、「人生自由の権利とは心身動作の自由権とも云ふべく」と論じている。植木がこう提示するのは、人間には舌、歯、頬があるという事実から言論の自由という権利(24)へ、人間は動くことができるという事実から移動の権利へ、肉体労働から衣食を満たす財を持つ権利(25)へ、宇宙との関係では個々の身体は独立していることから信教の自由という権利(26)へ、生きているという事実から生存権へと発展するからだ。こういった諸権利は具体的であり、抽象的でもある。『天賦人権弁』で述べるように、「人ノ権利ト云フモノハ元来一種ノ実体アル品物ニハアラス、畢竟無形ニシテ長広厚アルコトモナク、只全ク其人ニ随ヒテ実存スルモノナリ(27)」。つまり、生活の権利は直接天然《てんぜん》もしくは自然から個人に付与されるので、人間はその基礎に介入できない。したがって、少なくとも理論的には、この権利は絶対的である。

身体を強調する植木の考え方は一見、自然状態での人権の起源に関する一七・一八世紀のヨーロッパの理論と似ているように思えるが、ここには二つの点で重要な相違がある。一つ目は、植木にとって権利は属性や能力かもしれないが、人間の身体に内在しているので、単に身体が存在するという以外で、政治的可能性を描写する際に考慮に入れるべきではないということだ。たとえば、彼は理性には関心がない。実際、「権利は人に就て生ずるものなり、人と偕に死するものなり、智力によって得喪するものにあらざるなり。人あり茲に権利あり、人無し茲に権利なし。彼の智力の差異の如きは敢て与かる所にあらざるなり[28]」と主張している。さらに、身体が財産の第一義的形態であり、その身体を通じて他の財産権を主張できるとも考えていない。植木は、手足があり、労働をすれば人は財産の保護を要求できると示唆しているわけではない。物資は身体を支える意義はあるが、その反対（つまり、身体の活動により、物資が創り出される）ではない。そして、政治権利に関しても、性別が身体にとっての基本的な属性であるとは考えていない。男女の身体は同じ権利を持っており、身体の頑強さにしても何ら相違はない。「咄《とつ》汝身体の強弱によりて権利に差等あるべしとのことを立説張門して止まざれば、人力車夫は哲学者よりも多分の権利を有せざるべからず、船頭馬丁は法律学者よりも権利を高くせざるべからず、角力士《すもうとり》は大学教師よりも権利を大にせざるべからず[29]」。要するに、あらゆる身体は単に身体に過ぎないというのが植木説である。人間の平等は人間の権利と同じくらい絶対であり、理性、労働、ジェンダー、体力で変わるわけではない。一七、一八世紀のヨーロッパの思想家は、最も慈悲深い人間性の概念においても、人間の自然の能力と不足に焦点を合わせていた。植木説はそういう考え方とはまったく相容れず、急進的で驚くような人間性のとらえ方をした。

啓蒙主義との第二の相違点として、植木は権利をそなえた人間が社会よりも前、国家ができる前から存在しているとは考えていない。個人の自然権は最初から国家とともにある。植木は天と自然から個人に賦与された権利を重視したが、さらにその天と自然が、その個人の存在する社会（彼は「社会」と「国家」という用語を区別なく使用した）をつねに規定してきたのは当然と見なす。この社会も個人同様、最初から特権と諸権利を持っている。「社会の自由」は個人の自然の自由と隣接しており、個人が国家樹立に向けて旅立つ起点となるエデンの園や自然状態は存在しない。国家が現れる以前の自然状態の社会に植木が興味を示さないのは別段珍しくない。というのは、日本の宗教的、神話的、知的伝統には、理論的モーメントを支える基盤がほとんどないからである。他方、植木の思想には、国家から独立した社会空間の展開はない。たしかに、植木版「自然権」には、人が自然状態から国家建設に向かうことは含まれておらず、国家権力に先立ち、それを侵害するような社会性によって発展していくこともないので、植木の理論は「市民社会」を塞いでいるように思える。自然な身体と自然な国家は存在するが、どちらが先だったかはわからない。

西洋の国家と市民社会という概念で、この原始自然状態の重要性をここで検討してみる。ジョン・キーンが指摘したように、「一八世紀半ばまで、ヨーロッパ政治の識者は例外なく成員を法の支配下におき、平和な秩序とよい政府を保証する政治組織の形態を表すものとして市民社会という用語を使ってきた。……この古いヨーロッパの伝統で、市民社会は国家と隣接していた」(30)。二つの言葉は一八世紀後半に、自然法理論の精緻化によって切り離された。雄弁で教育水準の高い専門家階級が次第に増え、盲目の権力が引き起こす非合理的な無法、無駄、混乱を恐れるようになるにつれ、国家と袂を分かつ市民社会は専制政治に対抗する砦になるとキーンは論じている。国家権力を合理的に制限すると、市民社会の理論家たちは、そのうち国家が存在する前の本来の姿はどのようなものか説明しなければならなくなった。

イタリアの政治理論家ノルベルト・ボッビオもこの説に同意し、「国家登場以前の社会や反国家的社会は否定的時期の産物であり、国家の安泰は肯定的時期の産物だとする二元論モデルを一貫して活用して」一七五〇年から一八五〇年にかけて国家を合理化したと論じた[31]。さらに次のように主張する。「ホッブズからヘーゲルまでの近代政治思想は、自然状態（または自然社会）との関係では、国家や政治社会を、合理的に存在している共通の社会生活で、最高かつ決定的な段階にあると考えている。すなわち、未調整の力の規制が調整された自由に変換される際に媒体となる直観、感情、興味という合理化過程で、最も完全な、もしくは最も不完全さがない結果と考えられる首尾一貫した傾向（対照的に表現されているのだが）が特徴である[32]」。また、アダム・ファーガソン、トマス・ペイン、ホッブズ、ルソー、ロック、カント、ヘーゲルなどの識者は、自然と対比した形で国家を考える際、国家になじまないように物語り、国家が存在する権利を疑問視し、良きにつけ悪しきにつけ、人間は国家ができる前に社会関係を形成したと示している。国家の起源（人間が自然状態もしくは自然社会にいる状態）の物語から、前向きで合理的な根拠のもと国家を再検討する理論的基礎が生まれた。この「二元論モデル」によって、人間どうしの絆は、識者が注意を喚起できる国家への忠誠という絆に先行することが示唆されていた。自然社会と自然な人間性が善（たとえば、互いに好意を抱くのが善というペインの考えや合理的妥当性の本質を強調するロックの意見）、もしくは少なくとも悪ではない（ホッブズやルソー）と考える者にとって、国家に先行し、国家から独立している自然社会の概念は国家の要求や介入に反対するために活用できる。だが、実際の国家は、ボッビオが「自然法哲学者の自然状態もしくは自然社会の歴史化[33]」と描写した、「市民社会」に対する自然国家の展望と失敗に照らし合わせて評価でき、自然国家と「市民社会」を隔てる空間・調停者の役割を果たす。

植木はヨーロッパの識者とは対照的に、個人に交渉能力はなく、一時的であれ、個人と個人の関係が個人と国家の関係よりも先行しないと考えている。だから、関心があり明確な意見を持った個人が、社会の最も優れた側面を保護する建設的、合理的、かつ抑制的な国家の建設に関与できるような手段も機会も提供しない。換言すれば、植木は国家権力から独立し、それに先行する「市民社会」を認めていないのである。また、国家と社会を分離していないため、社会は政府権力と個人の仲裁ができない。たしかに、個人と国家の間には調停者、中間の立場、調停時期はないようだ。したがって、理論的には専制政治と無制限の権力による支配という状態に落ちぶれていくのを妨げる障害物はない。植木にとっては、ダンスをしたり動いたりするための手足、歌うための唇、愛の営みをするための陰部が重要である反面、頑強さではなく身体性という生の事実、財産権、理性は政治的交渉に必要な手段を提供しない(34)。

ただ、身体に関する最近の膨大な研究書と植木の見解の比較には意義がある。たとえば、社会科学が身体を無視してきたと指摘する際、ブライアン・ターナーは「身体を持つことは、人間が自然を感覚的に自分のものとする必要条件である。つまり身体を持つことが、実践の前提条件である」と批評する(35)。ターナーはこの見解を異論のない出発点であり、広く同意してもらえるだろうと提唱したように思える。しかし、植木は、身体を持つことが前提条件であるという考えを否定するだろう。はっきり言えば、身体こそが実践だと信じているのだ。一方、自己と身体の関係を詳細に考察するターナーは「私は、肉体を通して指図しながら、他の対象には感じたこともない方法で、直接に、かつ優先して私の身体を所有する。私は、私の身体を所有するけれども、私の身体の消滅がまた(少なくとも事実上)私の消滅であるから、私の身体が私を所有するとも感じられる」と述べている(36)。この議論は多くの点でシモーヌ・ド・ボーヴォワールの言葉の再現である。シモーヌ・ド・ボーヴォワールは「もし肉体が一個の物でないならば、それは一個の状況である。それは世界へのわれわれの手がかりであり、投企のこころみである」と述べている(37)。こう見ると、植木の見解が非常に異なっているのは明白である。彼は、世界を把握する手と世界を理解したいと願う「私」の間に距離はないと考えている。植木説によると、人はその身体に宿っており、人と身体に関係はない。所有されているものと所有するものは一体であり、動作と動く人は合体している。身体は知識の道具ではなく、身体は知識それ自体なのである。

こういった系統的論述において、具象化の神秘、つまり身体的存在の他者性は、超越によって（ということは、存在に複数のレベルがあることになる）消散するものではなく、昔ながらの純朴さとでも呼べるような普通に存在することで消散していくのである。身体には神秘性がないため、身体を詮索する必要はない。身体には何も秘密は宿らないのだ。植木の文脈でいうと、『他の女性という鏡』で、他者性という神秘を粉々にするために（女性の）身体の奥まで推しはかるよう要求するフェミニスト研究者リュス・イリガライの主張に一貫性はない[38]。植木が論述するように身体は妙に二次元的であり、超越すべき国家もなければ推しはかるべき深みもない。おそらく本人が意図していたように、植木が描写した身体の回復力はまったく所与のものであり、回復力を問題視することに徹底的に抵抗した。

媒体もなく身体を称揚するため多くの理論的問題が生ずるにもかかわらず、身体性の重視そのものにより女性の平等を説得力をもって支持できるようになる。植木にとって、性別は問題ではない（実際、理論的に問題にはなり得ない）からだ。『男女の同権』[39]という植木の一八八八年の著作は、彼の政治目的を広げ、「元来自然の道理」として女性の平等権を含めた。こうして日本の家庭内で促される革命的な変化を味わうのだ。「一大煤掃を行って一家の内も亦自由の主義を採用することとならんには、実に一家の幸福也矣、実に国家の幸福也矣」[40]。植木の見解は、実際の家の清掃は相変わらず男性ではなく女性の役割であるものの、家庭でもはや家父長が物事の決定権を握ることはないという新しい制度を積極的に推奨する。それは

「命令は愛情の消耗者也、命令は平和の讐敵也」だからである。(41)むしろ、夫婦は「自然の愛情」ゆえに一緒に住むべきだと植木は論じている。

彼は家庭の問題であると同時に国の問題でもあるこういった調和の可能性を信じているが、その信念は歴史分析に基づくのではない。植木は調和を達成できれば、自然目的論が充足できるとは主張していない。馬場は歴史の最後に、完全無欠で平等な社会が現れると考えたが、植木は、いったん階層性がゆらいだら、そういった社会はいつでも現れると示唆している。植木の著作を読むと、策略という不正の下につねに調和が存在するという印象を受ける。人工的な階層を取り除き、身体性の真実を抱擁すれば、無秩序が消えてしまうのである。植木は自分の説を補強するためにハーバート・スペンサーの言葉を引用し、平等な教育の機会と責任によって、あらゆる差異をなくせると論じている。(42)とどのつまり、男も女も皆人類なのである。さらに植木は「抑も人類たるの大段落に至っては曾て少しも相異なることなければなり。同じく維れ人也矣」とも論じている。(43)たしかに、性別やその他いかなる身体にかかわる差異は「人間の身体を持ったすべての者」という未分化の範疇に包含されてしまうのだ。

植木の身体に関する政治問題

媒体のない身体性という植木の急進的な理論は、三つの関連する問題を提起した。第一に、動物と人間の身体の違いを見つけなければならない。動物にも身体があるのに、なぜ動物には政治的権利が賦与されていないのか。第二は、集団における個人の身体的権利を位置づけねばならない。換言すれば、個人の身体と社会の身体がどちらも自然だとすれば、両者はどのような関係にあるのか。第三に、日本の特殊な集団組織を論じる手段を見つけなければならない。植木は、身体性を調整する「意識」を認めていないので、この三つの問題はすべて関連している。いったん、理性、労働、頑強さの政治的関連性を否定すると、心と身体、またはある人と他者との仲介に意識的な意志や欲求を使えない。だから植木は、どうすれば政府をよくできるか、人に説明できないのだ。本書は三つの具体的な問題を議論した後で、この意識の問題に立ち返る。

欧米の人にとって、人間と動物の区別は、自然の政治において最も興味深い問題のひとつだった。実際、絶滅の危機に瀕している種の法的・道徳的権利に関する議論や、人間・非人間社会を類推する社会生物学の立場で、この問題は注目を浴び続けている。一般的に、一九世紀の欧米では、人間と動物は知的能力によって一線を画していた。このアプローチをとると、誰、そして何が理性を持っているかの発見が必須事項となる。知的能力によって文化から自然を切り離すと、ジェンダー、人種、民族、健全性を基準にして人間を区別するようになった。自意識の理性、特に保護すべき利益を公式化する力のある人が政治社会に参加し、その社会を維持できた。意識的な理性は、人間の自然状態という既定事実と人間が選択した社会状況のギャップを埋める。一般的に、動物、肌の黒い人間、すべての女性と子どもは「自然」状態に近いままとされていた。

前述のように、明治期の日本で自然と文化の区分は、ヨーロッパほど強く懸念されていなかった。これは、動物と人間の関係が懸念されていなかった反映である。ところが、植木の説は身体に大きく依拠しているので、動物と人間の身体の区別に関して何か言う必要性に迫られた。植木は知的能力をあまり信頼したくないので、幸福という基準で人間と動物の区別をし、「吾人人類は元来に最大の幸福を享受すべき動物(44)」と表現した。「幸福」という概念は功利主義的な感じを与えるかもしれない。たしかに、イケ・ノブタカや家永は、植木が功利主義の影響を受けすぎているきらいがあると示唆している。(45) しかし、英国理論家たちはこの快楽計算を基に知的階層を形成していたが、植木は快楽計算という言葉は使わなかったようだ。一方、ジョン・スチュアート・ミルは幸福を産み出すために自由を支持したが、植木とは異なり、最大の幸福とは第一級の知的・道徳的成長を助長することだと定義している。稀にみる高尚な「天才」を育むために自由が必要であり、その天才が人間の成長を推進するとミルは記している。(46) この英国人が提唱する最大多数の最大幸福という概念は、決して飲めや歌えのどんちゃん騒ぎではないという理解に基づいている。植木は、幸福とはまさに、楽しみながらその方向に向かっていくことだと考えていた。

さらに、身体の幸福という考えに忠実な植木は、道徳的欲求か非道徳的欲求かの区別をせずに、身体の自由に対する基本的権利を強調している。植木が示唆するように「我身を以て我身を支配(47)」する時、われわれは欲求のなすがままになる。「己の心さへ丈夫なら、何んなり、かんなり出来ざるなし、自在でなくて何んぞいな(48)」。この自然自由は悪の方向に向かうかもしれないが、たとえそうなっても、欲求は究極的によいという植木の信念は揺らがない。悪者の陰謀はまっすぐな身体的適応力とかけ離れているように見えるが、「民権田舎歌」で次のように歌っている。

食《くろ》ふも自由《じゆう》に生《いき》るも自由《じゆう》
心《こころ》わ思《おも》ひ口《くち》わ言《い》ひ
骸《からだ》わ動《うご》き足《あ》しや走《わし》る
視《み》たり聞《きい》たり皆自由《みなじゆう》
自由《じゆう》にするのが我権利《わがけんり》(49)

皮膚のような生得的自由はまったく無害で、他人の自由をあまり犯さないと描写されている。たしかに、単純な喜びは意図的な目的を持たない手段である。したがって、対立を引き起こさないと植木は示唆しているようである。

植木は、性欲を下品なものと考えてはおらず、あっさりと人間の活動分野に包含している。だから、時として、性欲が政治的欲求と混ざりあい、同じものになることもある。『民権自由論』においては、幸福、性交、政治まで融合させている。「民権を枕にし、自由の美人を抱きて、立憲の蒲団に寝ぬれば即愉快もまた千万ならん乎」[50]。よく似た比喩だが、植木は政府に自然権を要求しない恥と愛人になることの恥を同等視している[51]。性的表現も政治的表現も善だと認識し、オープンにすべきなのである。とどのつまり、プラトン哲学が示すように、欲求とは決して「欠乏」[52]を意味するのではなく、人生そのものである。だから彼は、心と身体の概念的距離を否定するように、欲求（肉欲、政治的欲求、その他の欲求）とその目的は乖離しないとする。自然物は完全であり、その身体的な形態に含まれており、すでに政治的諸権利を含むあらゆる欲求を備えている。

幸福を求めるすばらしい本能の力が、人間と動物を区別するとしても、幸福に関する植木の説明は、社会とのかかわりのガイドラインをほとんど提示していない。具体化された幸福の定義と個人の諸権利を結びつけると、権利と快楽を民主化できるが、社会における性的権利などの権利や快楽を組織化したり防御したりするメカニズムを構築しない。人間の身体に関して、植木は、所有（自分自身の身体部位の第一次的所有も含む）も欲求（欠如の認識）も個人の基礎的構成要素と提示しない。所有や欲求という方法もなく、植木が描写する個人は、他者と接触する基本的な能力も必要性も奪われている。力強い人間の身体を構造化した社会に組み込むのが植木の作品に見られる第二番目の大きな理論的問題点である。実は、意識の問題が最も鋭くなるのがこの部分なのである。

植木自身は、自然を理論的に自己完結していると見なせば生ずる問題をまったく忘れていたわけではない。「民権自由論二編甲号」において、植木は自然の自由（個人の権利という意味）と社会の自由（国家の大権という意味）を区別し、困難な問題に直接対処しようとしている。[53] 二つの自由の望ましい関係について、社会の自由は自然の自由を抑圧すべきではないというはっきりとした見解を持っているのだ。家永はこの植木の見解を正確に描写している。「自主的能動力を最大限に発揮させるためには、社会的に最大限の自由が保障されなければならず、国家は人民の自主的能動力によって運営されるように組織づけられなければならない[54]」。自由を個別に保障している点を指摘しながら、植木は現存する諸憲法（米国、フランス、オランダ、英国のほかプロシアの憲法も含まれている）を賞賛する。[55] ゆえに、彼が望んでいたのは、自己抑制的な立憲政府のタイプだといえる。

植木の最終目的は理解できるが、実際面および理論面で、どうやって成し遂げようとしていたのか、わからない。彼は自然の自由と社会の自由が協調し得るメカニズムを提示していないからだ。植木の理論によるとほとんど無意識に近い自然のアクターは、立憲政府を新たに樹立するイニシアティブも必要性も持ち合わせていない。個人の身体を超越し、集団的社会組織体をつくる意識的な行動をあてにしないので、自然の欲求と市民的欲求の均衡を保つ手段は区別しづらい。この点に関しては家永三郎の植木批判は正しい。彼は人間の自立にある無限の力に絶対的な信頼を置いているが、それは自立した政治的被統治者をつくる適切な基礎とはならない。だが、後述するように、植木の理論において被統治者に欠けているのは、家永が言うような急進的な自己疑念ではない。むしろ、政治的主体性に関する植木の見解は、具象化した自然を否定せず、社会と交渉可能な調整済みの意識に理論的・時間的・制度的空間を与えない。自然と非自然を合体させるというテーマは、社会の自由と自然の自由がどのように相互作用するか示した植木の作品には決して現れない。

二つの自由に関する問題を公式化するにあたり、植木は、社会権よりも自然権を優先事項にしない。自然の自由と社会の自由は自然状態に関係なく同時に発生する。植木が「民権自由論二編甲号」で宣言しているように、「政事に就きての権とはその本天より稟けたるに非ず一人の身分に具はるにあらず」[56]。したがって、政治的主題はいつも完全に自然であると同時に社会的でもある。自然権の主題が政治的権利の主題ではない、などと仮定されたことさえないだろう。植木が描写した諸権利には、政治に参加する権利、政府に請願する権利、政府を相手に訴訟を起こす権利、官吏になる権利、そして政府に保護される権利など幅広い特権が含まれている。だが、一八八〇年刊行の「民権自由論二編甲号」に掲載された一覧に投票権が含まれていないのは興味深い。後に、『男女の同権』において、植木は、投票権は国家建設に携わる人にとって必要ではあるが、実は、「天然《てんぜん》固有」のものではないという信念を率直に述べている[57]。この一節は旧士族の男性に投票権を与える弁解と解釈できる。植木は旧士族の男性の利害に大変気配りしていた。士族の男性は、自分たちが日本に多大な貢献をしたと主張していたのかもしれない。しかし、数ページ後では、人間が幸福になるためには男女とも投票権をもつべきだと断言しており、この点に関しては混乱していた[58]。要するに植木は、投票権の理論的根拠を、これまでの貢献への対価から、将来の幸福を得るための手段へと素早く変えているのである[59]。だが、自然の自由と社会の自由の協調と、その協調の原則という問題は未解決のままである。

植木の著作は『天賦人権弁』でもほかの著作でも、社会の権利と個人の権利の関係は不安定である。加藤への反論で、植木は「然レトモ人ニ天然ノ権利アリト云フコトハ強チ何時ニテモ其権利ノ保安ヲ併有シ居ル者ナリト云フニハアラサルナリ。……斯ノ如キノ時ニ於テハ其人々ハ未タ権利ノ安全ヲコソ得サルト謂フヘケレ」と認めている。哀愁を帯びた修正を加えてはいるが「随テ権利ナシトハ謂フヘカラサルナリ」[60]なのだ。さらに、社会で身体の特定の諸権利をどう保障すればよいか途方にくれているようでもある。個人と社会を調整する属性や条件といった助けがないので、彼の理論では、個人のために戦っているにもかかわらず、その個人を保護できないからだ。国家から賦与された権利しか存在しないという加藤の考えには強烈な攻撃を加えているが、植木は、人間が生来そなえていると主張する自然権を国家が承認すべきか、もしくは無理やり承認させるべきか、論理的な根拠を提示していない。個人と国家は、互いにあらかじめ定められた権利を持つが、停戦の手段を持たず、ただ対立しているだけだ。究極的には、国家は優勢な組織と権力をそなえているので、どのような対立でも必ず勝利を収める。

植木の活動家としての論争術にとって二義的にしか重要でない理論の問題で締め上げているのは、私も自覚している。植木は幅広い政治的権利を無理やり認めさせようとし、そのために明快な理論ではなく、強く世論に訴える方が必要だと考えた。だが、この理論では民主的な政府を打ち立てる適切な基盤を築けなかったので、その限界を理解するには自然の身体に関する植木の唯我論的な概念を真剣に受け止めることが必要である。そうすると、身体とそこに生来的にそなわっている自然権は、社会の外でしか日が当らないように思える。この自然の身体を本当に享受しようとするなら、孤独に、社会から離れた山伏のような生活をする必要がある。しかし、自然の身体が社会の中に位置づけられるとすぐに（植木は自然の身体はつねに社会の中にあるという前提に立っている）、身を守るすべもないまま、国家の鋭い要求にさらされる。個人の身体と国体が協調する機会や手段はなく、相互に否定しあうように思える。このような「否定の論理」形態は、認知と意識を通じた超越の可能性もなく、行き詰まりとなってしまう。

私は一九四四年に刊行された家永三郎の『日本思想史に於ける宗教的自然観の展開』の自然に関する議論を参考にして、意図的に山伏の比喩と「否定の論理」という用語を使った。戦後、初めて植木枝盛と彼の政治思想を研究するようになるまで、家永三郎は自然の宗教的概念を含めた宗教問題に焦点を絞っていた。この戦時中の研究において家永は、日本が自然の中だけではなく、個人を自然から連れ戻す共同体の絆の強さに安寧を求めるのはユニークだと主張している。家永は自然を、社会のアンチテーゼでありながら、人間社会のあらゆる構造や絆を否定し自然の無として、魅力的に描く。自然や山里に身を潜めると、人間は社会も自然の世界も弁証法的に超越する第一歩を踏み出す。社会は決して精神的安寧を提供してこなかった。だが、このように静かに身を潜めることができる自然の場所の存在によって、隠遁生活を送ることができる静寂を生み出すのではなく、社会形成への渇望が生じるのである。たしかに、人間社会の騒動、自然における絶対的な孤独のどちらも、精神的安らぎを与えない。家永は「ここに至って矛盾はもはや解決すべからざる難点の極に達したのである。だがこの矛盾はこれを中和することによってではなく、むしろ矛盾を矛盾として受け入れようとする一見逆説的な、而も実は一段と高い心境に於て豁然として打開されるのであった。いはば絶対の矛盾が絶対否定的に自己を開通せしめたと云ふべく、具体的に説明するならば、山里の寂しさがその寂しさのままに於てかへつて無上のよろこびであり、魂の救ひとなると云ふ特殊の心境が開かれたのであつた」(61)と述べている。彼の著作では、社会と自然の絶対的な矛盾によって、求道者が超越できる可能性が生まれるのである。

家永の宗教理論にある社会と自然のアンチテーゼは、植木が用いた社会の自由と自然の自由の政治的アンチテーゼとそっくりである。どちらの場合も、二つのカテゴリーは相容れないが、互いにとって必要と定義されている。両者の大きな差異は、家永が思い描く隠遁者が完全に社会を拒絶し、山里のまったくの孤独を会得した後で「至公、至正」の状態に超越していくことである。他方、植木が思い描く個人は、山塞へ行かずとも社会の中で絶対的な孤独感に浸る。この人たちは身体をとらわれたままで身体を超越できず、言葉で言い表せない肉体の快楽しか享受できない。「男女の同権たるべきは元来自然の道理」[62]と植木は言う。しかし、実際、彼が定義するような社会参加はまだできていない。家永が言う隠遁者は社会を離れ自然に入る際、「否定の論理」を用いるが、植木の思い描く個人は自分自身の自然の身体に宿るので、選択の余地なく、無意識のうちに「否定の論理」形態に関与しているのだ。身体に関する植木の見解は、家永の山里にも通ずると言っても過言ではないが、孤独感を克服する弁証法的手段をもたない。家永によると、植木の言う身体はアンチテーゼの意味で、そこからは統合（もしくはリベラルな政治国家）は現れない。

植木の理論に沿って個人と社会を調和させるのがむずかしいのであれば、彼の唱える身体を通じ、日本を国として理解するのもほぼ不可能といえる。これは植木の著作における第三の大きな謎だが、身体理論が一般にナショナリズムへの抵抗としてもともとあったからではない。多くの国学の文献では、身体は労働を通じて国家建設に貢献しており、それを特定の祖先を奉ることと同じととらえる。しかし、植木が描く個人はいかなる特定の文化的慣行の特異性も否定している。この点は若干皮肉でもある。本居宣長を中傷ぎみに批評しているのに、身体を重視する植木は多くの点で国学の先頭に立っているように思える。植木の著作と国学者の論説には人間はそれ自体で完全無欠だとする共通点があるようだ。人間の中には、自然で正しい政治的形態をつくるのに必要なすべての知識がある。植木が強調した動きとダンスは、一般人が土地を耕し、世直しを願って踊るという国学の文献が称揚する季節のリズムを呼び起こす。頬と舌で話すことができるように、身体の中で言葉を司る器官を一貫して重視してきたが、そこからは言動のギャップを埋めようとする国学者の努力が思い出される。植木の著作における身体は、古風な単純さと完璧性という点で、平田篤胤が描写した「民衆」の身体を真似ているように思える[63]。

こう見てくると、植木は国学者の思想の影響を受けているように思えるが（具体的なつながりを特定するのはむずかしいが）、人間の身体に関する理解の仕方は最終的に大きく異なる。植木がいう身体は人間に共通しており、あらゆる文化や歴史の痕跡だけではなく、民族やジェンダーといった要素も抜け落ちている。植木が考える「人」は、研磨機から出てくる宝石のようなもので、元来あったほこりや汚れをすべてきれいに拭い去り、一定のサイズと丸みをもつように滑らかにされている。一言でいえば、日本人の身体には顕著な特徴はないのである。

論争術では、植木は国家としての日本の理論的基礎を詳説する必要を感じていなかったのかもしれない。家永が「人間そのものではなく、独立した強力な国家が明治日本の究極の目的となった[64]」といった環境下で、人を手段ではなく目的として扱うべきだという植木自身の要求（はっきりとカントに言及していない）は、政府と国家の存在を当然の前提としていた。植木周辺ではつねにナショナリズムをめぐって反論があったので、日本を日本たらしめる特質とは何かという議論に一石を投じることをためらったのかもしれない。ところが、植木は国家の特質に関心がなかったわけではない。思想面では普遍主義者だったが、植木は熱心な愛国者を自認し、馬場同様、個人の諸権利を支援するために「国家の善」をつねに要求していた。国民の自立性がなければ、その国は暴動と抑圧という果てしない過酷なサイクルにはまり込んでしまうと植木はしたためている。したがって、「之を直すは憲法と自主が第一の薬じゃ」と助言している[65]。馬場同様、自由人しか自由な国家を保障するために必要な愛国心を育むことができないと考えた。さらに、こう警告もした。「専制の下に唯一人の愛国者あり、其君主是也と[66]」。女性の権利も愛国主義に基づいた「婦人は家庭の教育を任ずる者也。然るに婦女にして愛国心も無く、政治の思想もなきときは亦其家児をして預め報国の精神を発し、敵愾の気象を起さしむることをも得ざるべし……由て其子弟をして報国の精神、敵愾の気象を発起せしむるを得べく、随って国家の為めに尊ぶべきの人物たらしむるを得べし[67]」という論で支えられている。植木は間違いなく国家のためになることをしたのだが、どういうやり方でするか、なぜ国家が存在するかはまったく説明していない。

ここでもわかるように、植木は楽観的で理論的に脆弱なために、知的な問題はどうでもよかった。矛盾を突かれて返すせっかちな回答もだいたい察することができよう。つまり、植木だったら「もちろん、国家としての日本は存在するし、愛国主義は善である。だがもし、私の理論にある等質で自己完結的な身体が国民性を理論的にばらばらにしてしまうのなら、その問題は考えるのをやめ、ダンスをし、自分自身、自分の権利、自分の国家を抱擁しなさい」と言うかもしれない。動物とは異なる人間として、政治的権利を持つものとして、そして日本人のひとりとして解放された主体のために自然の支持を得ようとしているが、植木の論は説得的ではない。

孤独なダンス

植木は、社会と個人が自然法と実定法の完全な自由を同時に体現できるように、明治期日本のコスモポリスをつくりなおそうとした。自分の読者に現実の状況を通じて、平等と権利という根本的な自然の真理を理解し、自信を持ってこの真理を奉じてほしいと願った。この現実（日本のどこでも目には見えず不明瞭な現実）の基礎的レベルにおいて、政治的特権は制度をつくった結果ではなく、体現化された生来の権利であり、絶対的存在だが、それは完全に抽象的である。このまだ実現されていない現実レベルでは、個人も国家も不足しているものはないので、諸権利を獲得するために協調したり自己変革する必要もない[68]。こういう事情だから、政治的権利は意識的思考、意志、行動ではなく、植木が「思想ノ上ニテモ言論ノ上ニテモ……推シテ之ヲ言フニ皆同シカラサルハ莫シトス[69]」と表現する感覚を前提としている。とどのつまり、植木自身のかなり否定的な結論が示すように、無意識で不明瞭な感覚的なものを頼りにしているので、専制政府からの激しい攻撃に対して脆弱な防御しかできないばかりではなく、立憲政府の浅薄な基礎にしかならない。

植木が直面している難問は自由を考えるあらゆる理論家にとって中心的な課題である。つまり、個人および社会の中で自然と自由をどう調整するか。選択と意志を保持しながら、自然で所与のものをどう保護し受け入れていくか。丸山は自然を受け入れるのはまったく不可能だと悟り、作為という形態で絶対的自由を奉じた。しかし、植木の解決法は非常に異なっている。彼は、自然と自由をどちらも絶対的なものとすると同時に、お互いに絶対的に両立可能と考えている。個人は完全な自然の平等と自由だけではなく、完全な社会的平等と自由を主張できる。結局、植木思想の構成の基礎には、このような調和に対して不明瞭ながら確信がある。そう考えると、彼の理論が意志の役割について何ら概念的詳述をしていないのも納得できる。というのも、そのような意識の仕方は、環境との調和よりも環境と適度の距離を保つことを示しているからだ。個人が心と身体を区別しづらいのは、植木の理論によると、個人と政府、自然と文化の間にある適度の距離があまりなくなったからだと考えられる。

自然の権威を引きうける際、少なくとも理論的には、植木は平等主義的民主主義を擁護した。加藤や馬場とは異なり、能力や伝統的権力の階層に対して大きな不信感を抱いているので、民主国家の土台を提起するにあたり、慎重な創案をことごとく退けた。さらに、加藤や馬場とは異なり、自然目的論を提起してもいない。他方、大部分の批評家は、植木を自由主義と考えるが、その評価には疑問がある。彼の思想が自由主義とされるのは、自由主義を信奉し[70]、自由党で指導的な役割を果たし、憲法制定と参政権を公式に要求していたからである[71]。しかし、その政治的主体性は彼の時代もしくは後世における自由主義的個人主義とはまったく似ていない。啓蒙自由主義から功利主義を経て現代版自由主義に至るまで、自由主義とは、個人の権利、希望、特権が相互に対立し、その対立を裁くのに必要な政府の取り決めが秩序を維持するものの、自由を極度に制限してしまう危険があるという反ユートピア観を前提としていた。たとえば、ジュディス・シュクラーは次のように論じる。「そもそも自由主義が唯一守るべき意義は、個人の自由を行使するのに必要な政治状況をもたらす」ような要求に焦点を合わせることである。さらに、「成人はすべて、他の人の自由と両立しうるように、人生のさまざまな局面で不安を感じることなく公平無私に、多くの効果的な意志決定ができるようになるべきである」[72]。自由主義は際限のない個人の利害と秩序維持を目指す社会の要求の両方に疑念を持っているので、競合する要求をすべて完全に満たすというより、均衡をとるような政治制度を提起しがちである。植木は、完全な満足は正しいばかりではなく、実現可能だと信じた。自然に焦点をあてるとわかるように、植木の近代観は自由主義的にならず、理想主義的で自由民権主義的なのである。

註

(1) 植木枝盛「天賦人権弁」(吉野作造編『明治文化全集　第五巻　自由民権篇』日本評論社、一九二七年所収、四八一頁)。人間は植物や動物と同じように進化するという加藤の主張に対し、植木は少し大げさに反論している。植木は議論を有利にするため、加藤が植物は人間と同じだと言った点を強調して、加藤の議論をごたまぜにしてしまった。

（2）「自叙伝」家永三郎編『植木枝盛選集』（岩波書店、一九七四年）二〇五頁。植木は日本語と漢文の二冊の自叙伝を執筆し、自分の生涯に関して詳細な記録を遺した。さらに、一八七四年から一八九二年に亡くなるまで、毎日日記と雑録をつけていた。以下を参照。「植木枝盛日記」家永三郎編『植木枝盛集』七〜九巻（岩波書店、一九九一年）および家永三郎・外崎光広編『無天雑録』（法政大学出版局、一九七四年）。

（3）植木の活動の詳細は以下を参照。松永昌三『自由・平等をめざして　中江兆民と植木枝盛』（清水書院、一九八四年）八頁。植木自身も一八七六年から一八九〇年二月八日までの講演予定表を残している。「自叙伝」二四〇頁。

（4）Ike Nobutaka, *The Beginnings of Political Democracy in Japan* (Baltimore, Md.: Johns Hopkins University Press, 1950), p. 170.

（5）土方和雄「植木枝盛——人権主権の主張」朝日ジャーナル編集部編『日本の思想家　第一巻』（朝日新聞社、一九六二年）一七三頁。

（6）家永三郎は一九五五年に『革命思想の先駆者——植木枝盛の人と思想』（岩波書店、一九五五年）を刊行した。そのまえがきでは、戦争が終わり、自由の実務家植木のように、多くの人の思想を発掘する「科学的歴史」を書くことが可能になるという信念を述べている。さらに『植木枝盛研究』（岩波書店、一九六〇年）を刊行し、『植木枝盛選集』（岩波書店、一九七四年）、『植木枝盛集　全一〇巻』（岩波書店、一九九〇〜九一年）を編集。外崎光広とともに植木の『無天雑録』（法政大学出版局、一九七四年）も編集している。

（7）たとえば、「民権自由論」松本三之介編『近代日本思想大系30　明治思想集』（筑摩書房、一九七六年）一三八頁。

（8）植木「天賦人権弁」四七六頁。

（9）「民権自由論」の付録に「民権田舎歌」というタイトルの歌がついている。植木の作品のリズムとフロイト学派以前にみられた一般人の身体と動きを強調する特徴から、なぜだか私はウォルト・ホイットマンの詩を思いおこした。ここで私が植木を描写するのに用いた言葉はホイットマンから引用しているものもある。そのホイットマンは植木と同じ年にこの世を去った。この歌に関するさらに詳細な議論に関しては以下を参照。Roger W. Bowen, *Rebellion and Democracy in Meiji Japan: A Study of Commoners in the Popular Rights Movement* (Berkeley: University of California Press, 1980), pp. 206-8 および William W. Kelly, *Deference and Defiance in Nineteenth-Century Japan* (Princeton, N.J.: Princeton University Press, 1985), p. 259.

(10) 家永『植木枝盛研究』四〇二頁。

(11) 同前、三九六頁。

(12) 同前、四〇二頁。

(13) 同前。

(14) 植木「自叙伝」二九二頁。「三字鼠害不明」と書いたのは植木本人で、編者ではない。実際に原稿がネズミにかじられたわけではない。

(15) 家永自身、一九三〇年代と一九四〇年代の沈黙に対して自責の念があったことを考えると、植木の論敵の文脈を十分に考慮できなかったのは皮肉である。戦時中に自由と真実に関して主張しなかったのを後悔していたからこそ、家永は植木の再評価に非常に尽力した。さらに家永は、日本の教科書が日本の軍国主義と、中国大陸での日本軍の行為を故意に無視したのを正すために、数十年にわたる法廷闘争をしたことで知られる。

(16) 一八七五年以降の明治政府による出版検閲に関しては以下を参照。Richard H. Mitchell, *Thought Control in Prewar Japan* (Ithaca, N.Y.: Cornell University Press, 1976), pp. 22-23〔奥平康弘・江橋崇訳『戦前日本の思想統制』日本評論社、一九八〇年〕.

(17) 土方和雄「植木枝盛」一七四～七五頁。

(18) 植木「天賦人権弁」四七一頁。

(19) 同前、四七九頁。植木が知的に傾倒したのはハーバート・スペンサーの初期の作品だとロジャー・ボーエンは論じているが、これにも目的論といった考えが込められており、私は植木がそのような考え方を共有していたとは思わない。Roger Bowen, *Rebellion and Democracy*, pp. 202-06.

(20) 植木『天賦人権弁』四六六頁。

(21) 同前、四七二頁。

(22) 同前、四六九頁。

(23) 植木「民権自由論二編甲号」松本三之介編『近代日本思想大系30 明治思想集』(筑摩書房、一九七六年) 一五七頁。

(24) 『言論自由論』を参照。もともと一八八〇年に刊行され、以下の書物で論じられている。Ike, *The Beginnings of Political Democracy*, p. 136.

(25) 植木は資産と有形財は目的ではなく、身体を保護するために身体を通じて獲得する必需品だと考えている。また、富が愛国主義や政治権利の必要条件だとは考えていない。植木「民権自由論二編甲号」一五五頁。

(26) 植木は「民権自由論二編甲号」でこの信念を示す表を描いている。

(27) 植木「天賦人権弁」四七〇頁。

(28) 植木「男女の同権」一五六頁。

(29) 同前、一五五頁。生存競争において、まがりなりにも良い形態と悪い形態を区別した加藤の論を無視し、植木は修辞的に次のように尋ねる。「茲ニ加藤氏ヨリモ優レル人アリテ、其人克ク加藤氏ノ生命ヲ奪フニ足レルモノナレハ、加藤氏ハ則生命ノ権利ナキニ帰スルモノ歟」(『天賦人権弁』四七二頁)。これ以外にも、身体の頑強さは日々変化すると論じている(『男女の同権』一五五頁)。

(30) John Keane, "Despotism and Democracy: The Origins and Development of the Distinction Between Civil Society and the State 1750-1850," in *Civil Society and the State: New European Perspectives*, ed., John

Keane (London: Verso, 1988, reprint 1993), p. 35.

(31) ノルベルト・ボッビオは「このモデルの三つの主要な型」を区別している。第一の型は、「自然状態を除去し崩壊させる急進的反駁としての政治国家。すなわち国家に先行する人間の進歩という考え方とは対照的に再生なのである(ホッブズ－ルソー型国家)。第二の型は、自然を活用する国家である。その国家は自然社会の規制であり、国家樹立前の自然状態とは別物というよりは、それを実現、もしくは完璧にした国家である(ロック－カント型国家)。第三の型は、自然を活用すると同時に、超越した国家である(ヘーゲル型国家)。国家は新しい段階であり、先行状態を単に完璧にしただけではない。……また、先行する社会とまったく断絶したわけでもない。……ホッブズとルソーの考える国家は自然状態を完全に除外するが、ヘーゲルが思い描く国家には市民社会(法哲学者の自然状態もしくは自然社会の歴史化)が包摂されており……それを超越するものである」。Norberto Bobbio, “Gramsci and the Concept of Civil Society,” in *Civil Society and the State*, p. 74.

(32) *Ibid.*, p. 73.

(33) *Ibid.*, p. 74.

(34) 植木の作品では運動と感情を分類した箇所が多い。『民権自由論』の最後に掲載されている「民権田舎歌」という歌は、自由な動きを政治的自由と同一視し、肉体的動きに関して長々と論じている。また、はじめの方(一五二～五三頁)では、このような感覚をひとつひとつとりあげて描写している。

(35) Bryan S. Turner, *The Body and Society: Explorations in Social Theory* (Oxford: Basil Blackwell, 1984), p. 232〔小口信吉・藤田弘人・泉田渡・小口孝司訳『身体と文化——身体社会学試論』文化書房博文社、一九九九年、二四七頁〕.

(36) *Ibid.*, p. 232〔同前、二四八頁〕.

(37) Simone de Beauvoir, *The Second Sex*, trans., H. M. Parshley (New York: Vintage, 1989), p. 34〔生島遼一訳『第二の性』駿河台出版社、一九九一年、一八二頁〕.

(38) 特に以下を参照。Luce Irigaray, "Any Theory of the 'Subject' Has Always Been Masculine," in *Speculum of the Other Woman*, trans. Gillian C. Gill (Ithaca, N.Y.: Cornell University Press, 1974).

(39) 植木「男女の同権」一五四頁。

(40) 同前、一八〇頁。

(41) 同前。

(42) 同前、一五八～五九頁。

(43) 同前、一五三頁。

(44) 同前、一五一頁。

(45) 家永三郎は次のように記している。「明治の啓蒙思想家が、ともすれば個人の快楽を最高価値と仰ぐ利己主義の方向に奔って、個人の道徳的責務を絶対最高のものとする道義的個人主義を確立し得」なかった。Robert Bellah, "Ienaga Saburo and the Search for Meaning in Modern Japan," in *Changing Japanese Attitudes toward Modernization* (Rutland, Vt.: Charles E. Tuttle, 1965), p. 411〔細谷千博編訳『日本における近代化の問題』岩波書店、一九六八年、三〇五頁〕より引用。植木自身は実直で、快楽や利益だけで誘導されるような人ではなかったようだということを付け加えておかねばならない。Ike, *Beginnings of Political Democracy*, p. 137.

(46) John Stuart Mill, *On Liberty* (Northbrook, Ill.: AHM Publishing, 1947), p. 65〔水田洋訳『自由について』河出書房新社、一九七二年〕.

(47) 植木「民権自由論二編甲号」一五二頁。

(48) 同前、一五三頁。

(49) 『民権自由論』に収録されている「民権田舎歌」一五〇頁より。

(50) 植木『民権自由論』一五二頁。

(51) 同前、一三九頁。

(52) プラトンが『饗宴』で欲求をこのように定義しているのは有名である。欲求に関する雄弁な議論として以下を参照。Anne Carson, *Eros the Bittersweet* (Princeton, N.J.: Princeton University Press, 1986).

(53) 植木『民権自由論』一五二頁。

(54) 家永『植木枝盛研究』三九六頁。

(55) 植木『民権自由論』一五五〜五六頁。

(56) 同前、一六五頁。

(57) 植木「男女の同権」一六八頁。

(58) 同前、一六九〜七〇頁。

(59) 植木が提案した憲法では、未成年者、囚人、僧侶を除き、納税者全員に投票権を与えている。Ike, *The Beginnings of Political Democracy*, p. 134.

(60) 植木「天賦人権弁」四七二頁。

(61) 家永三郎『日本思想史に於ける宗教的自然観の展開』(斎藤書店、一九四七年)六〇〜六一頁。私はこの節の翻訳をベラーの "Ienaga Saburo" p. 392 から引用している。

(62) 植木「男女の同権」一五四頁。

(63) 国学者の文献における身体論に関しては、以下を参照。Harry D. Harootunian, *Things Seen and Unseen: Discourse and Ideology in Tokugawa Nativism* (Chicago: University of Chicago Press, 1988)、特に pp. 407–9.

(64) Joseph Pittau, S.J., "The Meiji Political System: Different Interpretations," in *Studies in Japanese Culture*, ed., Joseph Roggendorf (Tokyo: Sophia University Press, 1963), p. 121 より引用。

(65) 植木『民権自由論』一四七頁。

(66) 植木「男女の同権」一八五頁。

(67) 同前、一八六頁。

(68) 自然に対する植木とアンリ・ルフェーヴルの見解を比較検討すると、不完全なものとしての自然の描写と行動を起こす可能性という関係が強調される。自然は完全な個人の自由と完璧な社会秩序を認可するので、植木にとって不足しているものは何もなく、行動を起こす必要もなければ可能性もない。対照的に、アンリ・ルフェーヴルが自然について記述する際、自然は自己と同一であると同時に、完全に他者でもあるという矛盾を強調している。この大きな矛盾が克服できないような不足という状況を作り出し、応用が可能というより不可欠になるとルフェーヴルは論じる。植木の見解を端的にいえば、不足しているものがないので、政治的行動だけではなく、いかなる行動の必要もない。

(69) 植木「天賦人権弁」四六七頁。

(70) 植木「自叙伝」二九二頁。

(71) 一八八一年八月に刊行された植木枝盛『日本国家国憲案』は、家永編『植木枝盛選集』八九〜一一一頁に掲載されている。

(72) Judith Shklar, "The Liberalism of Fear," in *Liberalism and the Moral Life*, ed. Nancy L. Rosenblum (Cambridge, Mass: Harvard University Press, 1989), p. 21.

第七章　日本の自然の文化変容

　これまでの章では、一八八〇年代半ばまでの明治初期思想において、自然が中心的な役割を果たしてきた点に光を当てた。さて、本章では一九〇四〜〇五年に起こった日露戦争まで時期を延ばし、自然の政治的存在感の大きな欠落に関して検討を加えたい。明治初期の資料（一八六八年の五ヵ条の御誓文および、一八八一年の危機に際して加藤弘之、馬場辰猪、植木枝盛が著した書物や記事）とは対照的に、一八九〇年頃に発行された明治政府の主要な資料（明治憲法を含む）はほとんど自然に触れていない。近代政治制度と近代教育制度を構築した日本が関税自主権を回復し、一八九五年の日清戦争での勝利と一九〇二年の日英同盟締結で国際的地位を高め、国歌のような近代国家のシンボルをそなえると、自然は次第に政治の表舞台から消えてしまった。

　この事実は私の主張に疑問をなげかける。日本が近代国家として制度を確立するにつれて自然の輝きが失われていくのであれば、要するに近代とは反自然にならないだろうか。政治イデオロギーにおける自然観から脱却したからこそ、部分的であれ日本は近代国家になったのではなかろうか。丸山やその他の研究者は日本の発展における決定的瞬間を見過ごしたのかもしれないが、彼らの分析の基本的前提は正しいのではなかろうか。いや、私はそうは思わない。普遍的な発展段階を強調する社会ダーウィニズムの自然の概念は、国家的目標のじゃまになるため、一八九〇年代には無視されていた。だが、政治論そのものではなく日本文化論で、これまでとは異なる、より一層、国家主義的で有益な自然の概念が生まれたのである。本章ではこの点を検討する。

しばらくの間、主要な政府資料では自然についての言及がなかった。だからといって、日本が近代化したというわけではない。むしろ、この空白期は日本が近代と対峙した、特に緊迫した時期であり、政府支持者は次のことに気づいた。つまり、社会ダーウィニズムは、日本が「西洋」から遅れており、公的生活の社会的政治的混乱は当然で必要だということをつねに示している、と。明治政府は、国際競争で国家に必要なイデオロギーの安定と、国内支配の維持に努めるエリートを調達するべく、別の異なった自然に基づく近代を模索し始めた。しかし、社会進化論が政治理論では優位を占めていたため、自然の再公式化は政治領域ではなく、文化領域で起こった。単語、文献、見通しに対するアプローチの変化によって、自然の概念は日本特有となり、自然の概念にある普遍性や進歩的な性質は破壊された。換言すれば、明治政府の第二世代指導者は、手元にある社会ダーウィニズムの概念を用いず、自然が日本文化としての国家イデオロギーに役立つと再評価できるようになるまで、じっと待っていたのである。それができたのは、自然が力量不足だったからではなく、潜在的な政治力があったからである。

政治から文化へと、一時的ではあるが自然が大きくふれて、自然と政治の第三の公式化の基礎が築かれた。徳川時代の空間的コスモポリスは、歴史的変化を理解するには不適切であり、社会ダーウィニズムのような歴史化されたコスモポリスもナショナリズムの基礎としては不適切だとわかった。第八章で論じる第三のコスモポリスでは、宇宙の自然秩序でも、進化中の人類でも、解放された個人でもなく、日本国民そのものが特に優れた自然の政治的主体として現れる。コスモポリスが急進的に再公式化され、主体性という新しい意識形態が生じたのが、日本やその他の国における近代の特徴だといえる。一八九〇年代の自然の文化変容で、二〇世紀初期に急進的な再公式化に必要なものが整えられた。日本が立派な近代国家になる下地が形成されたのである。

近代は反自然性によって定義されるという説では、自然から離れていく軌跡や論理を前提とする。もし丸山と石田が、明治後期の政府資料に自然というトピックが欠如していることに関心を向けていたら、両者が待ち望んでいた反自然的・解放的近代に向けた明治政府高官の衝動を、二人はほのめかしていたかもしれない。もちろん、実際には、明治政府高官にはそのような衝動はまったくなかった。逆に、近代は成長の自然なパターンを表すという論考は、明治期の日本はまずヨーロッパがたどった進歩的歴史的過程を再現したという説に通じる。明治時代の人物は保守派から自由主義、急進派とヨーロッパの基準に沿って位置づけられる。しかし、いずれの説でも、一九世紀の日本の経験は穏健であり、ヨーロッパと比べて遅れ、いびつで不完全な近代と定義される。つまり、自然と近代の形はそれぞれ一つしかなく、ヨーロッパの形式がその唯一の形式とされる。

自然の束縛を解いたり、正しい自然史で描いて、ヨーロッパのように日本は近代化したのかを問うのではなく、日本人思想家がどのように自然と政治を再結合させたのかを検討すると、明治に活躍した人々の位置づけは複雑になり、日本と外国の経験の関係は変わってくる。たしかに、自然に複数の形があるとすれば、近代にも複数の形があり、ヨーロッパの経験も数ある経験の中のひとつとして「局地化」される(1)。さらに、問いを組みたてなおせば、一九世紀日本の大混乱を相当認識できるようになるだろう。この混乱は西洋モデルのいう革命状態ではなく、西洋に近づくためのステップでもない。そうではなく、日本の思想は根本的な知的変化を遂げた。政治概念としての自然の分析が示すように、日本と世界の経験を結びつけるのは、このポリスとコスモスという大規模で慎重な再編に他ならないのである。

本章では第一に、進化的コスモポリスが限定的にしか成功を収めなかったことをとりあげる。第二に、それが失敗した理由を検討したい。そして最後に、社会進化が顕著な政治的論考ではなく、言葉と芸術における変化を通じて、よりイデオロギー色が強い自然観が構築された過程を考察する。

社会進化の勝利

これまでの流れを簡単にふり返ってみたい。幕末期には徳川コスモポリスが終焉を迎えた。佐幕派、尊皇派、世直し一揆に加わった農民、ヨーロッパ諸国から知識を集めようとした蘭学者など、誰にとっても、(空間的、中心的、非進歩的、階層的な)自然の形はもはや十分な説明力もイデオロギーの力も持たなかった。社会のあらゆるレベルの活動家と文筆家は、明治初期に拡大した世界と調和を保つために、自然とポリスを融合させようとした。知的な動揺が大きかった時期に、自然の意義を決定する力は明治政府支持者の手からすべり落ち、さまざまな政治勢力の間を行ったりきたりした(2)。加藤弘之は、この不安定さが危険だと早くから気づいていたから、『人権新説』で、進化の政治的教訓を基礎に、国家権威の砦として自然を作り直そうとした。彼が政府批判者を攻撃したため、論争は「自然」対「天賦」という構図になった。ここで「自然」とは、聡明な政治指導者が研究し理解すべき、世俗的で客観化できる自然を指している。また、「天賦」とは、自然そのものが政治に完全無欠の道徳的指針を与えるという「妙な」信念を指している。道徳的ニュアンスを含んだ「天賦」という語は、進歩的民主主義者である馬場と植木のスローガンとなり、両者ともこれを著書のタイトルに使用した。ただ、これまで検討してきたように、両者はこの語を同じ意味で使っていない。加藤は「自然」という語を頻繁に用い、一八九〇年代までにこの言葉が好まれて使われるようになる状況を先取りした。(3) だから、加藤が自然という語の使用法を定着させ、国家目的のために自然の概念を再度主張したように思えるかもしれない。しかし加藤は、ハーバート・スペンサーの初期の急進的な思想とは慎重に距離をとりながら、(4) 社会ダーウィニズムの見解を主張していた。したがって、多くの評者の目には、加藤が専制国家の理想的なスポークスマンと映ったのである。社会学者・経済学者の加田哲二も、『人権新説』の考え方は「後代の国家主義の哲学となった」と見なす。(5)

この考え方はたしかに、ハーバート・スペンサーの社会進化論に魅せられた知識層の琴線に触れた。スペンサーは欧米の同時代人にとって最も印象的な知識人だっただけでなく、前述したように、著作が邦訳された西洋の社会・政治理論家の中で抜きん出た存在だった。(6) 人気を博したのはダーウィンではなくスペンサーの進化観であり、最大の争点は進化論の生物学的意義というより、その社会的意義だった。新しい日本のコスモポリスは科学ではなく社会学によって構築されたのである。

スペンサー派のイメージは非常に尊ばれ、帝国政府側ばかりではなく、馬場辰猪のような民主主義の提唱者も彼の名前を引きあいに出した。(7) 一九〇三年一二月二七日発行の『平民新聞』が敬意をもってスペンサーの死亡広告を出したことからもわかるように、社会主義者もスペンサーの思想に刺激を受けていた。小学校から新生帝国大学まで、教育機関はとても体系的なピラミッド型の世界観を採用していた。ヨーロッパ人とアジア人をトップに、アラブ人からアフリカ人、そして先住民へと地位が低くなる階層である。日本人の子どもはその階層に基づいて世界の異民族を見るよう教えられた。このように、社会ダーウィニズムは教育論にも浸透していった。(8) 外国人であれ日本人であれ大学教授や講師は自然の進化だけではなく社会の進化を絶賛したが、キリスト教宣教師やその支援者たちは、それを相当腹立たしく思っていた。(9) 哲学史家ジノ・ピオヴェザーナは「東京大学の創設期が《大学の進化論》の時代として著名である……まさにこの大学は進化論思想流布の拠点だったのである」と述べた。[10] 一八八一年から一八九三年まで東京帝国大学綜理を務めた加藤とともに、外山正一教授（一八四八～一九〇〇年）はスペンサーの進化論を信奉し、『心理学の原理』を教え、一八九三年には日本で初めて社会学講座を創設した。最初の哲学教授に就任するため、一八七八年八月に東京帝国大学に赴任したアーネスト・フェノロサは、その数年前にハーバード大学の学生だったとき、スペンサー・クラブを創設していた。[11]

教育機関以外でも、硬い批評誌や大衆紙が社会ダーウィニズムを促進した。ジャーナリストで歴史家の徳富蘇峰（一八六三～一九五七年）は道徳教育を促進するため、『新日本の青年』（一八八六年）でスペンサー流教育論を、『将来の日本』（一八八六年）でスペンサー流歴史論を利用し、さらに若者に経済活動に関心をもってもらうため優勝劣敗論を採用した。渡辺正雄とオセ・ヨウコが指摘するように、『東洋学芸雑誌』や『学芸志林』といった雑誌は、進化に並外れた関心を示す論文がぎっしり詰まっており、「主に自然科学というよりは社会科学を基礎にして議論されていた」。[12] 最も有名なのは、駐英公使森有礼（一八四七～八九年）がスペンサー本人にアプローチし、明治憲法にコメントを求めるのが適切だと考えていたことである。[13] 明治期の知識人がスペンサーの進化社会学のレンズを通して、社会と政治の理解に再び焦点を合わせたというのは驚きに値する。短期間ではあったが加藤が一世を風靡したのも、進化する国家の原則を明確に唱えたからである。彼の論によれば、自然と政治の真の中核は、空間というより時間で表現される。

社会進化の敗北――進歩的コスモポリスの政治的不適切さ

しかし、歴史は見かけの勝者をまどわせるものだ。長期的な視点に立つと、加藤は大きな影響力と立派な経歴を兼ねそなえていたにもかかわらず、明治政府のために有効なコスモポリスの概念をうまく描けなかった。田中浩は加藤を「日本における保守主義の先駆者[14]」と呼んだが、実はそうではなかった。加藤が提起した自然と政治の進化の状態は、古い形態の社会と政府に敬意を表すという意味においても、また、伝統的なテキストに依拠するという意味においても保守的ではなかった。さらに、将来に希望を託すという意味でも保守的でない。加藤は、世界と折り合いをつけるための飾らない新たな方法をみつけたが、ほんの少しの期間しか日本のエリートの利益にはならなかった。加藤は主に、自然のイデオロギー的な潜在力を示すことに貢献したのであって、二〇世紀の日本にとって進化的コスモポリスを構想したわけではない。

そして、社会進化を基盤にしたイデオロギーが失敗した最大の理由は、あまり国家的でなく管理しにくいことがわかったからだった。換言すれば、このイデオロギーは世界で対等の地位を求める日本の主張も、明治政府上層部が望む国内の確固たる権威も認めなかった。だから、進化的コスモポリスは明治、大正、昭和の政府の目的には合致しなかったのだ。理由は簡単である。加藤が考える社会進化では、自然は普遍的なプロセスであり、日本は一つのケースに過ぎず、決して最高の国家機構ではないが、進化についていこうと努力しているのだ[15]。馬場が力説するように、日本が最高の進化状態である民主主義を即座に採用しない限り、加藤が考える自然によって世界のヒエラルキーが形成され、日本は永遠に西洋の後塵を拝することになる。日本がいくつもの進化段階を飛び越し、西洋に追いつくのは不可能だと考えていたスペンサー主義者は、日本の劣等と脆弱性を非常に敏感に感じていた。たとえば、哲学者井上哲次郎（一八五五～一九四四年）は、日本中で日本人と西洋人の混住を許可すると、知性、体格、独立心で勝っている西洋人が、商業と政治全般にわたって支配的影響力を持つだろうと懸念していた。井上は、社会ダーウィニズムに基づき、国家安全保障のために「われわれの弱く劣った文明」を正直に認めるべきだと主張した。(16) こうした理解はもの悲しいものだ。

日本の指導者が社会ダーウィニズムの自然の定義を受け入れると、定められた征服のおそれだけではなく、ハーバート・スペンサー本人のもったいぶった指導に対しても、無防備になった。明治憲法に関する意見を聞かれた際も、スペンサーは自分の弟子たちの業績を喜ぶのではなく、一八七九年から八四年まで駐英日本公使を務めた森有礼（一八四七～八九年）と憲法起草者のひとりである金子堅太郎（一八五三～一九四二年）に、「貴国憲法の失敗」について落胆した様子を見せた。(17) 一八八九年憲法の勅令により認められた限定的な代議制政治ですら、スペンサーは日本が十分享受できるまでには少なくとも六～八世代が必要だと考えていた。その結果、多くの欧米人（と若干の日本人）は日本に対し尊大な態度をみせるようになった。

徳富蘇峰などは、一八九三年にはすでに前提となっていた西洋のヘゲモニーを苦々しく思い、それに反発していた。もともとは、スペンサーの考え、特に成熟した産業社会は必然的に平和主義であるという見解に共鳴していたが、だんだん軍事色を強める日本を擁護するようになっていった。一八九五年に日清戦争に勝利したときも、日本も「世界に雄飛す可き、恰当の資格」をそなえていることがわかったと徳富は述べている。(18) その一〇年後、日露戦争に勝利すると、不変と思われていた進化の梯子と同様に、それまで秩序を保ってきた国家間の序列が劇的に転換した。ケネス・パイルが指摘したように、明治期の日本を生きた性急な新世代のナショナリストは、社会進化したからといって、日本がすぐに西洋と対等にはならないと予想していた。もしそうなら、現実的に考えると、一八八〇年代初期に、民主的代議制の早急な実現を望む国内勢力を弱体化するには、加藤独特の自然の概念が有益だったのかもしれない。しかし、加藤の見解によって、政府はイデオロギー的な問題にぶつかった。なぜなら、政府は平等を原則として、国際的な権力とその承認を得る道をとり、日本の国体を定義づけようとしていたからである。

社会進化というイデオロギーは部分的に独立した立場をとるので、国内でも次第に問題が生じるようになった。加藤は専制政府に都合のよいよう自然を利用しようとしたが、自然から得られる政治的教訓が普遍的で進歩的であるという点では、民主主義者や社会主義者と見解は一致していた。さらに、自然の政治的進化はゆっくりとしているため、人間にとって有益になるとは限らないかもしれないと強調した。しかし、優れた指導力を発揮すれば、次第に社会は民主的な形へと進化し、最終的に「宇内大共同はじめて立ち、宇内各国同じく遵奉するところの大制度・大法律はじめて成る」と考えていた[19]。管理された生存競争の結果、このような自然に許されたユートピアが生ずるのだろうが、それはまさしく自由で平等なのであろう。馬場も植木も加藤のアプローチの矛盾を認識し、植木は苦言も呈していた。「加藤氏カ保守論ノ城ヲ築クニ彼ノ進化主義ヲ以テシタル」[20]。保守派の批評家も批判した。加藤の見解を吟味すると、自然は独立規範として機能し、それを基準に政治的な進歩が測られた。つまり、このような進化する国家の概念は、エリート支配と無関係の究極の基準をそなえた、制約のない前向きな政治を規定したのである。

さらに驚いたことに、加藤が進めた自然の政治によって、裏で権力を操る非公式グループである元老の権力が一貫して弱まった。加藤は、自然進化は道徳的な場合もそうでない場合もあるので、国家の目標が自然の過程と一致しない時は、国を適切に導く卓越した指導力が必要だと主張した。一見すると、社会闘争を監視する専制エリートの正当化は、元老に有利に見えるかもしれない。しかし、よく吟味すると、少なくとも力のない少数派から見れば、加藤が政治的主体性に新しい基盤を提示したとも考えられる。加藤の論理は次のように機能する。ユートピアを達成するまで自然と政治が完全に一致しないので、特定の事柄の正誤を検討できる慎重なアクターが必要になる。現在の発展段階における基準は必ずしも自然が決めたものではないので、創見に富む政治アクターは、責任をもって当座の基準を創設すべきである。丸山の言葉を借りれば、政治に関与する権利を持つエリートは、自然の基準と彼ら自身の作為の間で均衡を保っている。したがって、この政治的指導層は自然と社会の両方に働きかけることができる立場にある。つまり指導層は、つねに自然の究極的な理想像と人間の正義の基準の両方に責任をもつ。加藤は、元老のヘゲモニーを保証する自然の概念を創り出すのではなく、元老が批評にさらされ、不安定となり、責任を負うべきコスモポリスの形態を頭に描いていた。こういったコスモポリスでは、元老は、決定は自然に起きるので避けられないと言い逃れができなくなる。

加藤にとって、自然の不確定な倫理、たゆまない物質性、および物質的発展を煽るような無慈悲な競争への圧力に、抑制と指導が必要なところでは、この創意に富む政治的主体性が生まれるのは必然的だった。[21] しかし、加藤自身はこうした考えを好まず、彼のいうエリートがそなえるべき政治的主体性は、馬場や植木が提唱したものよりも古典的自由主義に近い。加藤は保守的な明治政府に確固たる忠誠を誓いながらも、馬場や植木より、ほんの少しかもしれないが、創造的で、部分的に自然な主体性を奉じた。皮肉なことに加藤は、丸山が言うように、自然が政治に影響を及ぼすことに反対せず、よいことだと信じて主体論を展開したのである。

社会ダーウィニズムが国家イデオロギーには不適当だったので、明治政府は、加藤の自然に対する進化観だけではなく、自然そのものと距離をとり始めた。社会ダーウィニズムに関する論考があふれていても、国家は超然としたままだった。一八八九年二月一一日、天皇が公布した憲法ではまったく自然について触れてない[22]。すべての学童に国の新しい価値観を吹き込むため一八九〇年に作成された教育勅語も、皇位は「天壌無窮」であると遠まわしで儀式的な言及をした以外は、自然を無視している。さらに政府は、国歌は日本の山々、小川、渓谷への愛を喚起させるようなものにすべきだという志賀重昂（一八六三〜一九二七年）らの要請を拒否し、「君が代」を採用した。平岡敏夫が指摘するように、君が代は安全策をとり、風景には言及していない[23]。政府は自然を国家のシンボルにすることではなく、天然資源を産業に利用することに力を注ぐようになった[24]。つまり、一八八一年から八三年にかけての論争で加藤が抑えぎみにした後ですら、イデオロギー的な自然は危険で扱いにくかった。理由は異なるが、米国の独立革命の時と同じように、明治維新以降の自然は激しく危険なほど抑えのきかない概念だったのである[25]。自然は全世界を引きあいに出し、独立した価値基準を提供する傾向があるので、加藤が『人権新説』で自然の帝国に対する忠誠を保証するのに失敗してから少なくとも二〇年間、自然という言葉は主な国家声明から排除された。

日本文化としての自然——外を内に入れる

環境理論家であり「アースファースト！」の活動家でもあるクリストファー・メインズは次のような論を展開した。「自然界は社会をうまく抑制する力の境界線である。つまり、自然界は『外』の世界であり、その『外』が存在するので、人は特定の文化の『内』にいることを確認する。しかし、必ずしもそうする必要はない」[26]。加藤、馬場、植木、そして、「宇宙の継ぎ」と「天地ノ公道」に関心を寄せていた木戸孝允などにとって、自然の概念は明治政府の「外」として機能した。自然は現状を批判しうるアリーナだった。明治期の日本で「外」としての自然と、今日「外」として見るメインズの自然観を比べると、前者は文化的に中立とは思えない。明治初期の政治的言説で、自然が、憲法によって保証された自然権、もしくは自然が目指す政治的、経済的、社会的目標を十分に表現できるような進化を意味したかどうかはわからないが、西洋は普遍的自然を暗示したり、明示したりすることがたびたびあった。井上哲次郎は、頭蓋骨の形からも西洋人が優秀なのは明らかだと絶望し、ヨーロッパ人こそ自然に好まれる民族だと考えていた[27]。

こういった理由によって、国家の政治アジェンダにかなうようにするには、自然の概念を日本文化の内に取り込み、改善しなければならなかった。一八八一年から八三年の論争後、大学やメディアで社会進化論が盛んに議論されていた時ですら、評論家、特に志賀重昂は強引に自然を国際政治の領域から外し、日本文化の領域にもっていこうとした。それは、ばらばらで統制のとれていない試みだったので、自然は文化的に変容し、神聖化された。明治末になるまで、自然は国家イデオロギーとして役に立つようにならなかった。

日本文化の一項目に自然というカテゴリーを入れるには、二つの関連ある転換が必要だった。一つは、自然を外在的というよりは内在的なものとして再解釈すること。もう一つは、自然の普遍性を取り除き、個別の日本に関して言及できるようにすることである。変化はさまざまな場面で起こった。新たにヨーロッパから入ってきた登山というスポーツですら、自然観の再形成に役立った。文化的転換によって、最終的に、特に日本的な自然形態を「発見」するに至った。しかし、明らかになった「日本の自然」の大部分は、欧米の思想、イメージ、活動とのかかわりを通じて現れたように思える。全体としては、この自然の文化変容のために失った価値と普遍性も多く、日本という特殊性の外側で道徳的・政治的規範に口を出す力を失ってしまった。他の文化領域で自然の意味がゆっくりと小さくなる様を検討する前に、まず語彙が極端に減ったことに注目してみたい。

語彙が人の思想領域を示すものだとすれば、徳川時代と明治初期の豊富な語彙は自然がもつ無限の意味を表している。徳川時代に使われた、自然を表す言葉の一端を見ても、その時代の幅広い地形学的な想像力が示されている。それは明治初期についても同じである。辞典をひもとくと、英語の nature にあたる語彙がたくさん載っている。[28] もちろん自然という言葉も含まれてはいたが、それだけではなかった。たとえば、一八七三年版英日辞書『英語字彙』には、自然以外に、天地、万物、宇宙、品種、本体、天理、性質が掲載されている。[29] 数年後の一八八一年、『哲学字彙』には、万有と造化という用語が一覧に加えられたが、自然という用語は含まれていなかった。[30] ちょうどその頃、民権運動で天賦という考えを使うことに対して、加藤が自然という語を強調したのは皮肉なことだ。しかし、次第に、nature の訳語の種類はおおむね減っていった。言語学者の相良亨は「自然」という用語が一般化した正確な時期を教えてくれる。[31] 「自然観・自然環境・自然科学等々の自然の用法が定着したのはほぼ明治三十年代からのこと」という。吉田忠と源了圓は、一八九〇年代には nature を表す複雑な言葉が減り、「自然」という語が標準的日本語および訳語としてだいたい定着したという説を裏付けている。[32] さらに、一九世紀末までには、徳川時代および明治初期にたくさんあった融通のきく語は「自然」という語へ集約されていった。[33]

自然という慎重な用語は、競合する nature の訳語を排除し、特に日本と結びついた特定の自然の概念へと収斂させながら、概念を狭めていった。歴史家日野龍夫は、自然の意味の起源は中国の儒学でいう「無為」だと指摘し、[34] 言語学者柳父章は、現代の自然の意味は前近代の日本と西洋での意味を混合したものだと論じたが[35]、自然は日本人特有の感性を表現する言葉と考えられるようになった。さらに、自然を定義する際に「自発性」を強調する日本人研究者は多い[36]。自然という言葉の根本的な意味で「環境」よりも「自発性」を強調すると、個人や文化の外側に言及する力が拡散し、生来的で手の入っていない特質への言及を際立たせるのは言うまでもない。この自然という用語は衝動と感情によって最もよく表される。また、自然は内側から湧き出て、疑念や再検討、比較や分析などで汚されていない。自然を自発性だと考えると、西洋の自然と日本の自然を区別する支柱の機能を果たす。日本の自然が主体性の様式を示すのに対して、西洋の自然は客体性を示すと言われてきた。自然という語を使うと、nature は普遍的でも、西洋独特のものでもなくなった。

自然に関する欧米の思想に触れた後、その影響を忘れたかのように、文学分野でも言葉の転換は起こった。自然という言葉の意味は一八八七年までには、小説家森鷗外（一八六二～一九二二年）と巖本善治（一八六二～一九四二年）の間で、巖本主宰の『女学雑誌』で公開論争となった。巖本は「文学と自然」という論文で、意気と精神は自然の表現であり、「文学とは『自然の儘に自然を写』すもの」と論じた[37]。彼によれば、文学的表現は、学問ではなく自然、特に、執筆者の自発的感情と体験という意味で、自然の直接的な暴露に過ぎない。言語学者柳父章が指摘するように、巖本は、論敵である森鷗外が用いた西洋型の自然の定義に対抗し、日本独特の自然の型を構築しようとしたのだ。その一方で森鷗外は、文化は自然の単なる複写ではなく、人生の精巧な演出であると主張し、ドイツ語の Natur と Kunst の区別を利用した[38]。自然と文化を区別し、資料の質よりも創作を重視する森鷗外の意見は少数派だった。逆に、反鷗外派は、明白な自然性と考えられているものや私小説文学の即時性を賞賛し、強調した。

自然と日本文学の非常に大きな溝が埋まっていくにつれて、自然と日本文化の大きな溝もだいたい埋められていった。現実でも比喩でも「風景」が国家の自己発見の場になった。一七〇一年に初版が刊行された『自国史』のような古い作品では、土地と風習を一緒にしていた。こういった本は徳川時代には非常に人気を博したが、社会心理学者南博が指摘するように、人々は幕末には、初期の風景観への興味をなくしてしまった[39]。しかし、一八九〇年代までには、江戸様式が再発見され、近代日本に関する同様の作品で模倣されるようになった。志賀重昂や三宅雄二郎（ペンネームは三宅雪嶺。一八六〇〜一九四五年）らは、日本の自然環境の驚異や美の再発見を鼓舞した[40]。

志賀は、日本が土着の風景に対する当然の感情を取り戻し、ふさわしい愛国心を育むことを切望した[41]。志賀は札幌農学校で植物学などの自然科学を勉強した後[42]、ヨーロッパではなく太平洋をめぐる旅に出た。そして『南洋時事』で、日本の運命は地理的な偶然性と結びついており、イギリスのように島国という自然の優位を基盤にしなければならないと論じた[43]。国家の威信を回復しようと一八八八年に創刊した雑誌『日本人』の編集長になると、志賀はその考えをさらに推し進めた[44]。創刊号では、「今ヤ眼前ニ切迫スル最重最大ノ問題ハ、蓋シ日本人民ノ意匠ト日本国土ニ存在スル万般ノ圍外物[45]」と主張し、第二号でも、日本の国粋を創造する自然および歴史的要因を明示している。国粋の注釈で nationality を示しているが、national essence のほうがより適切な訳語かもしれない。志賀は「日本の海島を環繞せる天文、地文、風土、気象、寒温、燥濕、地質、水陸の配置、山系、河系、動物、植物、景色等の萬般なる圍外物の感化と、化学的の反応と、千年萬年の習慣、視聴、経歴とは、蓋し這裡に生息し、這際に往来し這般を観聞せる大和民族をして、冥々隠約の間に一種特殊なる国粋（Nationality）を剏成発達せしめたる事ならん」と述べた[46]。この複雑な構文からわかるように、志賀（じつは三宅らも）は、国粋がつくられる要因や本質を確定できなかった。国粋とは非常に純粋であり、維持すべきものだが、同時に非常にあいまいなものでもあった。歴史的要因と環境要因の間に緊張関係があると、「特殊なる国粋」を何が保障するかはっきり示せない。この一節では「千年萬年の習慣」に、もう少し後では「進化」にまで言及しているが、歴史は国土そのものほど国の確固とした特質を維持するとは思えない。

古代地中海世界に関する志賀の理解を見ると、彼が歴史に不信感を抱いているのは明らかである。同世代の教養人と同様、志賀も古代ギリシャ・ローマ史に漠然と関心をもっていた（馬場は、自分は「ローマ法の観念を日本人に与えた最初の人である」と自慢していた[47]）。また、イギリス人の読者は古代史を知ることに自分の考えを再確認する恒久的価値を感じる人が多いが、志賀は、古代史に、時は裏切り、偉大なものも衰退することを見てとった。ギリシャ人のアフリカ化やローマ人のギリシャの模倣が示すように、文化交流と国際結婚によって国民性が損なわれるのはとくに危険だと歴史はあばきだした[48]。志賀によると、混ざりあった歴史よりも、手つかずの隔離された自然環境の方が、確実に国家のアイデンティティを守ることができる。

日本の地理的条件と日本文化は結びついているという志賀の見解は、一八九四年に刊行された代表作『日本風景論』で存分に展開されている。同著は南博が記した徳川時代の著作を参考にしながら、日本独特の美しい風景を誇る[49]。矛盾するようだが、日本独自の自然を証明するために外国から取り入れた生物学と物理学も用い、さらに、日本独自の美を際立たせるために、ヨーロッパと比較している。たとえば、志賀はドイツの絶壁と岩山への思い入れを捨て、犬山・美濃加茂間の木曽川を「日本ライン」と命名した。宣教師であり登山家のウォルター・ウェストン牧師の作品と、彼の傑作『日本アルプスの登山と探検』が大きな助けとなり、志賀にとっては非常に重要な精神的高揚と肉体の挑戦の源として、日本の山々を見直した[50]。さらに、科学、美学、スポーツまでも外国から取り入れ、日本が世界とかかわれるアイデンティティとして自然を再定義するために、ヨーロッパの権威に依拠した。要するに、自然という用語と自然主義文学の推進とともに、日本の風景としての新しい自然に対する意識が西洋思想に遭遇した後に登場したのだ。

現代の文芸評論家柄谷行人も同様の評価を下しており、（伝統的な「名所」ではなく）日本の「風景の発見」を推し進めた原動力は、欧米の風景画の輸入だったという。風景の発見は、内面の発見をともなった。柄谷によれば、外界の風景は、客体だけではなく自己の意識をも生む哲学的な視点を創りだすからである。この「風景」もしくは「認識的な布置」こそが、文化の「外側」としての機能を果たすと思われるかもしれない。しかし、風景は即座に文化に吸収され、「いったんそれができあがるやいなや」その起源も「隠蔽されてしまう」ので、その可能性はすぐに否定される[51]。たしかに、風景は決して文化の外側にあったり、独立していたり、文化の登場前に存在するのではなく、日本近代文化の血となり肉となっているのである。「明治二十年代において重要なのは、近代的な制度が確立したこと、そして『風景』がたんに反制度的なものとしてでなく、まさにそれ自体制度として出現したということである」と柄谷は論じている[52]。一八八〇年代後半と一八九〇年代に日本は風景を発見したが、それは同時に近代化した自己の発見でもあった。

「言葉と悲劇」という別のエッセイで、柄谷は再度、特定の形をした自然と文化の弁証法を展開している。ここで、柄谷は丸山眞男と同じように自然と作為という二つの概念を使い、その完全な融和を主張する。「風景の発見」と「内面の発見」が絡み合うことで、外面性と内面性の相互作用を意識しない近代システムが確立したように、自然と作為は最終的に自然《じねん》という概念で統一される。この自然《じねん》という語は、「自発的な実践」と定義づけられ、文化の全体性を示している。「じねん」は「しぜん」と同じ漢字を使うが読み方が異なる。この「じねん」を選ぶ際、柄谷は、弁証法によってわれわれはつねに主体的な自然に戻り、その過程で創造性を見出しているに過ぎないと主張しているとも言える。

柄谷が一八八〇年代後半から一八九〇年代の日本に特に位置づける風景の発見とは異なり、自然《じねん》に見出した自然と作為の統合は、あらゆる場所の近代文化を合わせてみる役割を果たした。柄谷は、日本文化が自然を従属させたのは珍しいことではなく「すべての共同体は……自然《じねん》の原理を持っている」[53]という。自然を否定するものとして近代を定義した丸山とは異なり、柄谷は近代を自然《じねん》と定義し、しぜんと同じ漢字だが異なる読み方を用いた。丸山が絶対的主体性という見地から近代を定義する一方で、柄谷は、主体と客体、内面性と外面性、自然と文化という差異をそっくり吸収する力があるものとして近代を定義した。私は丸山の見解には反対だし、柄谷の分析手法、つまり削除というやり方にも同意できない[54]。柄谷は主に近代を全体を合わせる役割で理解しようとしたが、そのせいで世紀転換期に、自然を文化として特定の形式にあてはめることが、イデオロギー的にどれほど効果があったか正確にとらえられなくなっている。さらに、近代化するとどこでも自動的に同じ結果になると示唆し、文化と自然を統合するには多大な努力が必要だとして、いわば自然の法則に基づいて説明している。丸山同様に柄谷は、自然の観念の相違を調査していない。「自然」を反近代とか近代の最終的表現と定義づけない方がよい。自然のタイプと近代国家内で地位を要求する可能性に着目すると、自然が、日本における近代的主体性の特定の形、すなわち、全体としての自然の形を形成するのに役立っていることがわかる。

一八九〇年代までに、自然は国家の状態を映すようになり、自然は国家にとって自己満足させてくれる鏡となった。巖本善治や志賀が公式化したこの文化的風景は、一九三〇年代とは異なり[55]、まだ「国家の財産」にはなっていなかったが、日本文化と同意語になりかけていた。日本文化は外に目を向けなくても、自然を愛することができるようになった。

社会ダーウィニズムの最後の痕跡

自然を文化変容させるこの取り組みは、国家イデオロギーの信奉者が企んだものではない。どちらかといえば社会ダーウィニズムへの反感が調整する要因だった。社会ダーウィニズムが競争と変化を重視したために、社会的混乱が助長され、その普遍性は国家のアイデンティティを損なったからである。『日本人』の寄稿者である国友重章（一八六二〜一九〇九年）は、徳富や民友社一派のようなスペンサー主義者に不満を述べていた。「彼らの論には、『人間』という言葉はあっても『国家』という言葉はなく、『世界』という言葉はあっても『政府』という言葉はない[56]」。しかし、社会ダーウィニズムはイデオロギー的に不十分なことが明らかになっても消滅せず、さらに複雑になっていった。日本人のスペンサー主義者も、晩年のスペンサーのように、世界の急速な進化について、悲観的になった。

一九〇五年以降、加藤ですら、『自然界の矛盾と進化』（一九〇六年）、『自然と倫理』（一九一二年）、『人性の自然と吾邦の前途』（一九一六年）などを含む一連の大作で、社会進化の倫理的影響に関して疑いの目を向けるようになった。これらの作品はまだスペンサーの強い影響を受けていたが、厳しい自然の仕打ちを和らげる方法を見つけることに関心を払うようになったのだ[57]。

他の日本人の社会ダーウィン主義者も楽観論を捨てた。一九一二年、生理学者丘浅次郎（一八六八〜一九四四年）は、ダーウィン主義者は自説が完全に崩壊しないよう悪あがきしているに過ぎないと述べた。人類は強敵の自然と生存競争をしていたのだ。自然は経済発展には洪水や河川の汚染で、近代医学には「静かなる復讐」の結核で対抗し、貧富の差が広がるにつれ、社会システムにおける緊張関係を高めて対抗した。しかし、丘は以下のような警告を発している。「地球の上には幾多の異なった民族が対立して、互に隙を覗ふて居ることとてある故一刻でも油断して競争に後れる如きことが有ってはならぬ、然して民族間の競争には如何なる者が勝ち如何なる者が敗けるかと云へば、他の点が全て同等なる場合には自然の征服に一歩でも先へ進んだ者が必ず他に勝つ譯である故、若し研究を怠り、努力を休んで、自然の征服を務めずに居たならば、自然の復讐を受けることは或は軽く済むかも知れぬが、その代り忽ち他の民族に征服せられ壓状せられて、更に苦しい位置に落ちねばならぬ」(58)。社会ダーウィニズムは日本に長期間留まったが(59)、自然が必ず進化するという説は多くの日本人にとって、諸刃の剣となっていったようだ。

明治期後半、進化的コスモポリスという日本の理想像は、政治的には永遠に変化するという自然に疑念を抱いた政府からも、政治以外では、文化表現としての自然に関心を抱く者や社会ダーウィン主義者自身(その多くはダーウィニズムが本当に役に立つのか疑っていた)からも批判された(60)。このような自然の意味をめぐる鋭い意見の対立は、歴史家石田雄の穏やかな語りとは矛盾する。石田にとって、自然とは明治期を通じて保守国家イデオロギーの一貫した特徴なのである。そして、彼が理解しているように、外国から取り入れた社会有機体論は、一九〇〇年以降に家族国家を構築するため、孝行と大衆の家族構造に関する朱子学思想に接木された(61)。馬場が提唱したような、国家有機体を構築するさまざまな理想主義的で平等主義的な方法も、社会ダーウィニズム的イデオロギーの展開に対する政府のためらいも、自然から西洋色の強い普遍性を除こうとした志賀の運動も石田は無視した。石田にとって、二一世紀の日本の自然の概念は少しずつ堆積して発展したのであり、その最も重要な特徴は過去との連続性および非民主政治への一貫した忠誠である。この意味では、自然は伝統の特徴をそなえている。

私の主張はそのような論とは異なっている。二〇世紀の日本の自然観は、決して伝統的でもなければ前近代の残り物でもない。それは、社会ダーウィニズムへの抵抗と国威の発揚にとって不可欠な、新しい創造物である。一九世紀最後の一〇年間に、政府は決して新しい国家機構の権威づけのために自然に依拠せず、公的声明では、むしろ自然と距離を置いた。世紀転換期以降、自然の概念が文化変容して初めて、役人は伝統的なものでも進化的なものでもない、自然化した日本像を広めようとした。その努力によって二〇世紀の日本における「自然愛」、つまり、同時に文化的でもあり政治的でもある愛の基礎ができあがったのである。

註

（1） Dipesh Chakrabarty, *Provincializing Europe: Postcolonial Thought and Historical Difference* (Princeton, N.J.: Princeton University Press, 2000), and "Provincializing Europe: Postcoloniality and the Critique of History," *Cultural Studies* 6 (1992), pp. 337-57.

（2） 第三章参照。

（3） いつ日本語で nature の定訳が「自然」になったかに関しては以下を参照。吉田忠「自然と科学」三四二頁と相良亨「はじめに」相良亨ほか編『講座日本思想　第一巻　自然』（東京大学出版会、一九八三年）iii頁、源了圓「コメント」『自然の思想』（研究社、一九七四年）四一〜五五頁。

（4） 加藤は自然権を信ずる「欺かれた」西洋思想家のリストにスペンサーを加えている。加藤はスペンサーの非常に急進的な『社会静学』を基礎に判断を下している。この作品は馬場にも大きな影響を与えた。「人権新説」植手通有編『日本の名著34　西周・加藤弘之』（中央公論社、一九八四年）四三八頁。

（5） 加田哲二『明治初期社會經濟思想史』（岩波書店、一九三七年）六〇六頁。

（6） Nagai Michio, "Herbert Spencer in Meiji Japan," *Far Eastern Quarterly* 14, no. 1 (1954), p. 55. 現在スペ

ンサー理論が重用されず、社会学に対する幻滅があるので、当時の文脈におけるこうした理論を理解するのはむずかしい。一九世紀思想のスペンサーの位置づけに関して詳細は以下を参照。Robert J. Richards, *Darwin and the Emergence of Evolutionary Theories of Mind and Behavior* (Chicago: University of Chicago Press, 1987), pp. 295–330.

(7) 第五章で述べたように、馬場はスペンサー著『第一原理』の第一章を『スペンセル氏原著哲学原論』(一八八四年) として翻訳した。さらに、スペンサー主義を「平均力ノ説」(一八七九年) および「親化分離の二力」(一八七九年) で力説した。また、民権運動を攻撃する加藤弘之にはスペンサー論を利用して反論した。以下を参照。「読加藤弘之君人権新説」(一八八一〜八二年) および『天賦人権論』(一八八三年)。

(8) ハーバート・スペンサーの *Education: Intellectual, Moral, and Physical* (1861)〔島田四郎訳『教育論』玉川大学出版部、一九八一年〕は一八八〇年に日本語に翻訳された。教科書に使われた例に関しては以下を参照。山住正己『教科書』(岩波書店、一九七〇年) 二一一頁。

(9) キリスト教徒の出版物である『六合雑誌』は一貫してそのような主張を批判した。たとえば、エドワード・S・モースの進化をテーマにした講演に対する反論は、以下に掲載されている。『六合雑誌』(一八八二年) 三五〜四一頁。

(10) Gino Piovesana, *Recent Japanese Philosophical Thought, 1862–1996* (Richmond, Surrey: Japan Library / Curzon Press, 1997), p. 25〔宮川透・田崎哲郎訳『近代日本の哲学と思想』紀伊國屋書店、一九六五年、三一頁〕.

(11) Kenneth Pyle, *The New Generation in Meiji Japan: Problems in Cultural Identity, 1885–1895* (Stanford, Calif.: Stanford University Press, 1969), p. 60〔五十嵐暁郎訳『新世代の国家像——明治における欧化と国粋』社会思想社、一九八六年〕.

(12) Watanabe Masao and Ose Yoko, "General Academic Trend [sic] and the Evolution Theory in Late Nineteenth-Century Japan," *Japanese Studies in the History of Science* 7–8 (1968–69), p. 141.

(13) J. D. Y. Peel, ed., *Herbert Spencer: On Social Evolution* (Chicago: University of Chicago Press, 1972), pp. 253-57.
(14) 田中浩『近代日本と自由主義（リベラリズム）』（岩波書店、一九九三年）五五頁。
(15) 加藤は、ヨーロッパを最高の文明地域と考え、それに比べて日本は見劣りするという。『人権新説』四四九〜五〇頁。
(16) 井上哲次郎「わが国における労働問題」木村毅ほか編『明治文化全集　第三版』（日本評論社、一九六八年）Vol. 6、五〇八頁。
(17) J. D. Y. Peel, ed., *Herbert Spencer*, pp. 253-57.
(18) W. G. Beasley, *Japanese Imperialism, 1894-1945* (Oxford: Clarendon Press, 1987), p. 31〔杉山伸也訳『日本帝国主義 1894-1945——居留地制度と東アジア』岩波書店、一九九〇年、三四頁〕より引用。
(19) 加藤『人権新説』四五一頁。英訳版は J. Victor Koschmann によるもの（Department of History, Cornell University, photocopy）を参照。
(20) 植木枝盛『天賦人権弁』（吉野作造編『明治文化全集　第五巻　自由民権編』日本評論社、一九二七年所収、四八二頁）。
(21) すでに見たように、加藤は『人権新説』で進化論を大いに持ち上げていた時ですら、その倫理的な諸問題を懸念していた（四一六頁）。幾年もの窮乏と競争を経れば、将来社会的利益を得られるという約束だけでは、非道徳的とはいわないまでも十分でなかった。一九〇五年以降、『自然界の矛盾と進化』（一九〇六年）、『自然と倫理』（一九一二年）、および『人性の自然と吾邦の前途』（一九一六年）など一連の大作で、加藤は、社会進化の倫理面における派生的影響に関して、ますます深い疑問を呈した。
(22) 日本語の明治憲法は次に再掲されている。Matsunami, N., *The Constitution of Japan* (Tokyo: Maruzen, 1930), pp. 125-32.
(23) しかし、「君が代」では小石が成長して岩になるという奇妙なイメージが用いられている。「君が代は千代に八千代にさざれ石の巌となりて苔のむすまで」。この歌詞の英訳は以下を参照。*Kodansha Encyclopedia of Japan*, vol. 5, p. 336.

(24) 足尾鉱毒事件が示すように、後戻りできないところまで工業化を進め、産業のために自然を容赦なく利用すると、国家目標に自然を喚起するのは困難になった。非常に多くの自由主義・左翼活動家を激しく刺激した足尾銅山闘争に関する議論は以下を参照。F. G. Notehelfer, "Between Tradition and Modernity: Labor and the Ashio Copper Mine," *Monumenta Nipponica* 39, no. 1 (1984), pp. 11–24; Kenneth Strong, *Ox against the Storm: A Biography of Tanaka Shozo, Japan's Conservationist Pioneer* (Vancouver: University of British Columbia Press, 1977)〔川端康雄・佐野正信訳『田中正造伝――嵐に立ち向かう雄牛』晶文社、一九八七年〕; Kenneth Pyle, F. G. Notehelfer, and Alan Stone, "Symposium: The Ashio Copper Mine Pollution Incident," *Journal of Japanese Studies* 12 (1975), pp. 347–408.

(25) ダニエル・ロジャーズは次のような論を展開している。「多くの愛国主義者が急いで言葉を固定し、その含意を整理するまではまだ完全に独立したとはいえなかった」。Daniel Rodgers, *Contested Truths: Key Words in American Politics since Independence* (New York: Basic Books, 1987), p. 47.

(26) Christopher Manes, *Greenrage: Radical Environmentalism and the Unmaking of Civilization* (Boston: Little, Brown, 1990), p. 221. 丸山流に言うと、ここで自然は、別の機能を示している。

(27) 井上が社会進化論とスペンサーの初期作品に影響を受けていることは、特に一八八三年に刊行された『倫理新説』で明らかである。その中で、倫理は自然と宇宙の本体の理解に基づかなければならないと述べた。

(28) 明治初期より、ヨーロッパの言葉を翻訳する際自然という言葉が度々利用されてきた。源了圓によると、一八七三年に nature の訳語として「自然」を最初に使ったのは西周だった（源了圓「コメント」四五頁）。

(29) 同前。

(30) この辞書は当初、井上哲次郎が執筆していた。改訂版は一八八二年と一九一二年に「英独仏和」という副題をつけて刊行。

(31) 相良「はじめに」iii頁。
(32) 源「コメント」四六頁。
(33) Augustin Berque, "Sense of Nature and its Relation to Space in Japan," in *Interpreting Japanese Society: Anthropological Perspectives*, ed., Joy Hendry and Jonathan Webber (Curdridge, Southhampton: Ashford Press, 1986); 相良「はじめに」、三枝博音「『自然』という呼び名の歴史」『思想』第四〇五号(一九五八年三月。『三枝博音著作集 第一二巻』中央公論社、一九七三年所収)、Suzuki Takao, *Words in Context: A Japanese Perspective on Language and Culture*, trans., Miura Akira (Tokyo: Kodansha International, 1978)、柳父章『翻訳の思想――「自然」とnature』(平凡社、一九七七年)および『翻訳語成立事情』(岩波書店、一九八二年)、日本文化会議編『自然の思想――東西文化比較研究』(研究社、一九七四年)。
(34) 日野龍夫「徂徠学における自然と作為」相良亨ほか編『講座日本思想 第一巻 自然』(東京大学出版会、一九八三年)一九四頁。儒学では通常、自然を名詞として扱うが、徂徠は形容詞として使用したと日野は指摘している。
(35) 柳父『翻訳の思想』三二一~三二四頁。
(36) 相良「はじめに」viii頁。
(37) 柳父『翻訳の思想』九頁。
(38) 同前、一〇頁。
(39) 南博『日本人論の系譜』(講談社、一九八〇年)四三頁。
(40) ケネス・パイルはこの世代の、特にこうした人々について以下の書物で議論している。Kenneth Pyle, *The New Generation in Meiji Japan*, pp. 55-75 (五十嵐訳『新世代の国家像』).
(41) 志賀重昂の伝記に関しては以下を参照。岩井忠熊「志賀重昂論」『立命館文学』第一八六号(一九六〇年)一~二二頁、第一九四号(一九六一年)二八~四六頁、第一九八号(一九六一年)三五~五六頁。
(42) 札幌で志賀の数年先輩だった内村鑑三(一八六一~一九三〇年)は、ウィリアム・クラークの影響でキリスト教徒になり、新潟の北越学館の教頭となり、やがて日本における無教会主義の創始者となっていった。そして志賀同様、普遍主義と国粋主義の緊張関係を懸念している。その懸念も徐々に、日本と自然との関係の探求に結実していった。内村の全集を参照。内村鑑三「自然と人生」『内村鑑三選集　第五巻』（岩波書店、一九九〇年）。

(43) 志賀重昂「南洋時事」志賀重昂全集刊行会編『志賀重昂全集　第三巻』五四〜五五頁。

(44) ケネス・パイルは慎重に、『日本人』の支持者や政教社のメンバーが盲目的に反西洋というわけではないと強調する。パイルは志賀の言葉を引用している。「予輩は鋭意熱心に泰西風を輸入せんことを奨説す、然れども大和民族の開化に美処、長処、粋処の絶無なるを以て直ちに泰西風に模倣し欧米の開化を根抜して日本国土に移植すべしとの理論に同感を表示する能はざる者なり」Pyle, *The New Generation in Meiji Japan*, p. 56〔五十嵐訳『新世代の国家像』八四頁〕.

(45) 南『日本人論の系譜』四六頁。

(46) 志賀重昂「『日本人』が懐抱する處の旨義を告白す」『日本人』（一八八八年四月一八日）『志賀重昂全集　第三巻』一三五〜七五頁。ケネス・パイルはこの個所を翻訳し、論じている。Pyle, *The New Generation in Meiji Japan*, p. 68〔五十嵐訳『新世代の国家像』九八頁〕.

(47) 馬場辰猪、"The Life of Tatui [sic] Baba,"「馬場辰猪自伝」西田長寿ほか編『馬場辰猪全集　第三巻』（岩波書店、一九八八年）一七三頁。古代地中海世界を舞台とした明治期の小説の注釈版としては以下を参照。越智治雄解説、山田有策・前田愛注釈『日本近代文学大系　第二巻　明治政治小説集』（角川書店、一九七四年）、矢野龍渓『経国美談――Young Politicians of Thebes』。同書のカバーには英語のサブタイトルが付されている。

(48) 志賀重昂「日本前途の二大党派」『日本人』（一八八八年六月一八日）『志賀重昂全集　第一巻』二八頁。

(49) ピーター・デールは、志賀重昂が「地理気候上の影響という観点から東西の相違を議論」したと主張する。Peter Dale, *The Myth of Japanese Uniqueness* (New York: St. Martin's Press, 1986), p. 41.

（50） Reverend Walter Weston, *Mountaineering and Exploration in the Japanese Alps*（London: John Murray Publisher, 1896）. ファクシミリ版リプリント（大修館書店、一九七五年）〔青木枝朗訳『日本アルプスの登山と探検』岩波書店、一九九七年〕。同書が日本語に翻訳されると、レクリエーションとしての登山に拍車がかかった。横浜英国聖公会のチャプレンで日本山岳会初の名誉会員となったウェストンは、一九二六年に以下のように回想した。「三十年か四十年か前まではこの辺りの山々は西洋人のみならず、大部分の日本人にとっても、事実上未知の国であった。その頃、ここが英国人の探検者の注意を惹き、彼らはこの未開のロマンチックな砦に年々侵入するようになった。……しかし今日ではこれらの山の神秘を覆い隠していたヴェールは剥がされ」、摂政の宮裕仁とその弟秩父宮が登頂した。Walter Weston, *A Wayfarer in Unfamiliar Japan*（Boston: Houghton Mifflin, 1926）, pp. 157-8〔長岡祥三訳『ウェストンの明治見聞記——知られざる日本を旅して』新人物往来社、一九八七年、一六七〜六八頁〕.

（51） 柄谷行人「風景の発見」『日本近代文学の起源』（講談社、一九八〇年）二二頁。英訳版 trans., Brett de Bary, *Origins of Modern Japanese Literature*（Raleigh, N.C.: Duke University Press, 1993）, p. 22.

（52） *Ibid.*, p. 38〔同前、四二頁〕.

（53） 柄谷行人『言葉と悲劇』（第三文明社、一九八九年）一七一頁。

（54） ブレット・ド・バリーは「柄谷の風景は『自然』の客体と表象を混同している。当時の読者が『外の』風景と考えていたものが表象だった」。Brett de Bary, "Origins of Modern Japanese Literature," *South Atlantic Quarterly* 87（Postmodernism and Japan）（Summer 1988）, p. 599.

（55） この転換に九鬼周造が果たした役割は以下を参照。Leslie Pincus, 特に "Epilogue: How the Cultural Landscape Became the Property of the State," in *Authenticating Culture in Imperial Japan: Kuki Shuzo and the Rise of National Aesthetics*（Berkeley: University of California Press, 1996）, pp. 209-47.

（56） 国友重章「日本政治社会の一新現象」『日本人』〔第一次〕（一八八八年五月三日）九九頁。

（57） 加藤弘之『自然界の矛盾と進化』（金港堂書籍、一九〇六年）、『自然と倫理』（實業之日本社、一九一二

年)、『人性の自然と吾邦の前途』(大日本學術協會、一九一五年)。ウィンストン・デーヴィスは以下の書物で加藤の後年の経歴に関して論じている。Winston Davis, *The Moral and Political Naturalism of Baron Kato Hiroyuki* (University of California, Berkeley, Institute of East Asian Studies, Center for Japanese Studies, Japan Research Monographs, 1996).

(58) Alan Stone, "The Japanese Muckrakers," *Journal of Japanese Studies* 1, no. 2 (1975), p. 405より引用。丘浅次郎「人類の征服に対する自然の復讐」『中央公論』第二七巻第一号、一一三〜一二〇頁。

(59) たとえば「日本文化はまさにこの自然淘汰される多文化過程によって形成されたので、他の追随を許さなかった」。したがって、アイヌ、朝鮮人、台湾人などの部外者は次第に「単一の日本民族に融解される」と、テッサ・モーリス=スズキは、一九二九年に喜田貞吉が用いたダーウィニズム的な競争概念について論じている。Tessa Morris-Suzuki, "Becoming Japanese: Imperial Expansion and Identity Crises in the Early Twentieth Century," in *Japan's Competing Modernities: Issues in Culture and Democracy, 1900–1930*, ed., Sharon Minichiello (Honolulu: University of Hawaïi Press, 1998), p. 175. 民俗学者柳田國男の作品も、山岳地帯や沖縄の人々に残る古い様式の「痕跡」や「遺物」を探る際、かなりダーウィニズム的考えに依存していた。

(60) たしかに、スペンサー自身も後者の立場をとるようになり、日本の場合だけではなく、社会進化の力一般に悲観的になっていた。

(61) 石田雄『明治政治思想史研究』(未来社、一九五四年)四頁。

第八章　超国家的自然——死んだ時空

日本文化が前面に出て、自然はなりを潜めていたが、一九三〇年代までに、自然は再度、政治舞台で活躍した。自然はもはや、一八九〇年代のように政府文書で疑わしい概念ではなくなり、国家的、いや、超国家的イデオロギーの大黒柱となっていた。本章では、まず戦時中の日本における超国家的自然を説明する。この概念の起源は日露戦争から一〇年の間にあると見て、考察する。この時期は文化、政治、国家および自然が新しい方法で結合しあっていた。

一九三七年三月に文部省が刊行した超国家主義的プロパガンダの妙な冊子『國體の本義』をひもとくと、日本人の生来的性格を知る上で一番重要なのは、日本の自然環境を理解することだと書かれている。「国民性」という章では、まず、日本の最高の自然環境に言及し、国民性を説明している。その章は徳川時代に古学を唱えた山鹿素行（一六二二〜八五年）の「中国の水土は萬邦に卓爾し[1]」という言葉で始まり、すぐに日本の自然環境の賛歌になっている。さらに、日本の「温和なる気候、秀麗なる山川に恵まれ、春花秋葉、四季折々の景色は変化に富」むことなど称賛の言葉がつづく。時折、自然の災禍に見舞われることもあると著者は認めるが、日本人はそのような災難を、決して恐れたり絶望したりせず、不屈の精神で立ち向かうのである。たしかに、「西洋」とは異なり、日本人は自然の猛威にもより大きな献身的愛情を注ぎ、そのため自然との衝突は神話化される。この章では、島国日本がまことに生活の楽土である、とされる。さらに、桜の歌を根拠に示すなど、実際の気象条件から美的評価に至るまで、日本の自然環境に基づいて日本人の特殊性を立証しようとしている。

「国民性」の章では、日本人と自然の密接な関係が描かれており、愛する対象の独自性を熱心に説くことに最も情熱を傾けている。『國體の本義』は、日本は「他国には見られない美しい自然」を享受していると述べる。しかし、日本人なら誰でも「自然を愛する」といわれるが、その「愛」ですら、自然との絆を描写するにはあいまいでしっくりこない用語のように思える(2)。また、『國體の本義』の「人と自然との和」に関する箇所では、自然への愛を、愛情というよりはもっと深く強い心と見なす。国民の日常生活、年中行事、家紋、建築、庭園などすべてが自然との「微妙な調和」を証明しているのだ。しかし、こうした慣習は人と自然の関係のうち、表面に現れたものでしかない。日常生活の表面下では、日本人と自然の深い愛情によって意識と身体的体験が密接に結合しているため、両者を切り離せない(3)。島国日本の性質とそこに住む人の意識は、いくらか神秘的なレベルにおいて同じである。自然は、自然環境から、慣例の行動を経て、人の意識へと動いていくことで、日本人の多様な経験を統合する。

『國體の本義』への批評からも明らかなように、このような自然との密接な関係は、ヨーロッパで個人の自覚を強調するようなロマン派の「自然主義」と類似した個人的な関係ではない(4)。というより、自然と日本人全体としての共同体意識の間につながりがあるのだ。たしかに、連綿と続く「自然の御一系」と「御自覚の御一系」は皇統において結びついており、世界を統治する資格があることを示している(5)。自然は政治的にそれとなく定義したものから、国家の政治文化および国際的野望を最終的に保証するものへと変化するのである。

系統を強調しているにもかかわらず、国家意識としての自然の政治的イメージ、つまり、一九三〇年代の日本のコスモポリスは明らかに伝統的な概念ではない。この政治的イメージでは、日本には独特の自然形態が存在し、徳川時代や明治期の概念をほぼ占めていた普遍主義とはかなり異なっている。さらに、自然は永遠に日本人と調和するので、社会ダーウィニズムの競争的変移とも大いに異なる。しかし、当然のことながら、このイメージを創造した学者や官僚はそのルーツを古に求めた。山鹿素行は本居宣長（一七三〇～一八〇一年）や藤田東湖（一八〇六～五五年）が描いた日本の風景や、桜を詠んだ歌を称賛した。日本人が自然に深い愛情を注いだ過去の例を掘り返して、彼らは連続性という説得力ある雰囲気を巧妙に作り出す。

たしかに、昔から共同体関係が支配的な日本観は、非常に説得力があり、文字通り受け入れられている。その一方で、自然と国家の役割を変えた激動の歴史は忘却のかなたに追いやられてしまった。遠い昔から自然と調和していたという主張は、一九三〇年代に日本を「伝統的」だと考える人が提示した証拠の一部となり、逆に、「伝統」が日本の超国家主義を「ファシスト」というべきか否かが論点となった。日本のいわゆる伝統主義は「ファシストという言葉が発明される前のファシスト」だと提唱する学者もいれば、逆に伝統主義のおかげで日本は真のファシズムの基礎となる「『永久革命』式」を採用しなかったと論じる学者もいた(7)。ここで私が提起するのは、少なくとも自然の概念に関して言えば、第三帝国がゲルマン精神の「土地」の回復を主張するのと同じように、日本の超国家主義的イデオロギーのいわゆる「伝統的な」面は、それほど古くはない(8)。

たしかに、自然に対する日本の超国家主義イメージは、単に古い伝統を強調するのではなく、ドイツの国家社会主義者がファシスト国家を認めるために用いた自然観と似ている。たとえば、日本人が田園生活に抱くロマンチックなイメージと、ドイツ人がゲルマン民族だけの農村共同体に抱くイメージは似通っている。田舎風に生活しつづけたいという心からの気持ちが日本の政治レトリックの主流であり、もちろん軍需産業も含めた産業支援の緊要性とは齟齬をきたすことが多かった。一九三四年、陸軍省は「国家福利にとって最も差し迫った問題は、農村、山村、漁村を救済することである」と宣言した。これらの地域は貧困にあえいでいた。九年後の一九四三年、戦争の真最中には、東条首相は国会で、「日本の基礎は農業の最重視にある」と述べた。[9] これは直接的には、農村地域から健康で柔順な者を徴兵するために、[10] また間接的には、一つの広大な村落共同体としての国家というイメージを形成するために、[11] 国政エリートは戦時中に自然という言葉をよく口にした。

ドイツ人同様、日本人の思想においても民族イデオロギーは重要だった。一九三九年に刊行された『新日本の思想原理　続編——共同主義の哲学的基礎』で、三木清（一八九七〜一九四五年）は「民族は階級を超えた全体であるが、国家は民族といふ自然的なものの特殊的なものが理念的なもの普遍的なものを自覚することによって成立する一つの道徳的全体である」と論じている。[12] 三木が明確に主張したように、日本のナショナリズムにおいて民族は複雑な概念であり、生物学的な起源を持ちながらも抽象的であった。哲学者の西田幾多郎（一八七〇〜一九四五年）も一九四四年に刊行された論文で、世界の歴史ある国々の基礎に民族という概念を用いたが、三木同様、民族は「単に生物的なるもの」ではなく、むしろ自然と歴史を融合させる具体的な歴史ある国々の「抽象的形態」であると述べた。[13] しかし、このように民族をとらえる高尚な哲学により、戦場や征服・植民地化した国々で、自称「世界の指導民族」である日本人が引き起こした野蛮な人種偏見があいまいになったり、過小評価されたりした。[14]

しかし、日本の超国家主義者とドイツの国家社会主義者の間には自然のイメージ、特に、環境保護運動に見られる空間と、「である」ことと「する」ことという対照的な時間の概念で重要な相違がある。一九三〇年代、日本政府は国の自然環境保護に尽力した。たとえば、一九三四年から一九三六年にかけて、国立公園が一二か所指定されている。皮肉なことに、この国立公園の設立はドイツ人医師エルヴィン・ベルツ（一八四九〜一九一三年）の提案によるものだった。ベルツは長年日本に在住していたが、一九一一年に日光に国立公園を造るように初めて嘆願した。[15] 米国人の自然保護論者であるジョン・ミューアも日本の国立公園の指定を間接的に助けた。一九一四年にミューアと出会った登山家であり官僚だった東良三と、一九四二年刊行のミューア著『アラスカ探検記』の翻訳者である戸伏太兵の息の長い努力が功を奏したのである。[16]

しかし、ヒットラー率いるドイツと比較すると、環境保護に対する日本人の関心は限られていた。ナチ党は六〇年間におよぶ自然保護政策を継承し、早々に一連の動物や風景の保護を講じた。これを、歴史家レイモンド・ドミニクは、「ナチ統治下一八か月後に、（元プロシア国家資源保護局長ウォルター・）ショーニチェン（教授）は、ここ一〇年間よりもナチ統治下の方が資源保護政策は進んだと主張するが、一理ある」としぶしぶ認めている。[17] 特に包括的な対策は一九三五年に施行された帝国資源保護法だった。これによって、「植物、動物、特別天然記念物、および政府指定の自然保護地域など、従来の法律が何らかの保護をしていたもの」だけではなく、「稀少性、美しさ、特殊性ゆえに保護したり、科学的、民族的、森や狩猟といった面の重要性ゆえに保護することが社会全般の利益となる、まだ保護されてない風景」にも保護の対象を拡げた。[18] 一方、超国家主義の日本では、自然の理解は非常に抽象的なので、自然環境を大切にする気配はあるものの、「環境」のような具体的に見える語はきわめて抽象的に、土地、空気、水の保護を妨げるような意味になりがちだった。たしかに、『國體の本義』で言われているように、日本の自然に関する議論は、すぐに「連続した意識」という抽象的な領域にいってしまい、現実の自然環境と結びつく自然観はあとかたもなくなった。

繰り返しになるが、この時期のドイツと日本の自然観は、「である」ことと「する」ことというように対照的に大きく違う。ファシズムを定義した論文で有名なジョージ・モッセは、どのようにしてドイツ国家社会主義が「新しい人間」の創造を探求したかを描いた。ナチのイデオロギーは、ヤコブ・ベーメのような神秘主義者の考え方まで新しい「生き方」に取り込みながら、人間がさもしい自己を乗り越え、「自然との調和」を探求するように鼓舞した。モッセは「『である』ことよりも、『する』ことまたは民族の不朽の魂をわかちあうことを非常に重視し、最初は自然が、後には『民族』そのものが体現する『純粋性』の探求」を強調している[19]。一方、日本では、「する」ことではなく「である」ことに重きが置かれた。だから、社会ダーウィニズムやその安定策のような西洋思想への反発が、歴史の変遷を凌ぐ、ナショナル・アイデンティティを定着させたいという希望と組み合わさった。その結果、黄褐色がかった緑色に染まる山を登ったり、有機栽培をしたりすることで同調できるような自然ではなくなってしまった。むしろ、自然は日本人のあるがままの姿であり、同化の努力をせずに依存できた。ドイツの共同体は「強制されたのでなく、『自然で』『純粋な』ものであり、共同体自体の有機的強さと生活が自然に類似している」[20]（強調はトーマス）と表現されたが、日本の共同体は自然そのものとされた。われわれが恒久革命、もしくは「する」ことの形態が「ファシズム」だというモッセの定義、つまり、ブルジョワの妥当な価値との戦略的妥協を模索しながら、つねにその見解の新しさを主張する定義を受け入れれば、日本の超国家主義はファシストとはいえない。だから、ひとたび日本で価値の転換が起こると、過去との決定的な分断は公けにせず、注意深くその記憶を拭い去ったのである。

二〇世紀初頭、日本の価値転換の記憶はうまく拭い去られた。『國體の本義』が苦心の末刊行される頃までには、同書の哲学や政策の多くは二〇年もの間、世に問われたため、形は練りあげられていた。まず、東京帝国大学の久松潜一教授が初稿を書き、文部省編集委員会の一四人の専門家が修正を加え、編者であり思想局長の伊東延吉が最終的に手を入れて仕上げた。このようにさまざまな人の手を介したわりには、内容に新鮮味はなく、学校や大学に配布されても（一九三七年から四三年の間に一九〇万部が配布された）[21]、注目されたのは包括性だけだった。しかし、内容が陳腐か否かは、私たち自身の価値基準と、『國體の本義』が古の日本の本質を表していると認めるか否かにかかっている。たしかに、戦時中のイデオロギーを研究する際、一九三〇年代だけに焦点を絞ったり、「大正デモクラシー」が先細りになった一九二〇年代後半だけ組み込むのでなければ、自然観は不変に思える。[22]「日本ファシズム」の原点は「第一次世界大戦終結後の一九一九年」[23]にまでさかのぼるという丸山眞男ですら、日本の二〇世紀における自然観が単に封建制の遺物、つまり、惰性や反動の産物ではなく、新機軸だと認識できるほど長期的にとらえているとは思えない。

戦時イデオロギーの重要な基礎は太古に形成されたわけではないし、第一次世界大戦が終結した一九一九年以降のファシスト運動でも、一九二〇年代後半に衰退した「大正デモクラシー」でも、一九三〇年代の国家イデオロギーにあったわけでもない。実際、自然にかかわる国家イデオロギーの革命的再編成は、日露戦争（一九〇四〜〇五年）後の一〇年間に起こった。帝政ロシアとの戦争によって日本人の感情が大いに高ぶり、意識が変化していったのは、まさにこの時期だった。日本は「西洋列強」に対する勝利に酔いしれながら、ポーツマス条約の条項には大いに失望した。樺太の一部しか領有できず、期待していた賠償金もない「盗まれた」勝利に大きな不満を持ち、「西洋」は日本を虐待したとは言わないまでも誤解しているという意識が高まった。日露戦争に勝利したので、日本はいまや国際社会に正規メンバーとして参加する権利があると考えたが、「西洋」側はそのようには考えていなかった。欧米諸国に日本の立場を説明するため、日露戦争が勃発して二日後に日本を発った末松謙澄子爵(一八五五~一九二〇年)は西洋の愚鈍さに多くの不満を感じていた。「西洋諸国が日本よりも上位の立場にあると認める」ことに異論はなかったが、「西洋の批評家が日本人を中傷した際には時々このように抗議すべきだ」と感じたと自著 *The Risen Sun* で述べている。(24) 一九〇五年九月、ポーツマス講和条約に怒った日比谷焼打事件が引き金となり、ほぼ三か月にわたって戒厳令が出され、特に労働者階級の参加者は厳罰に処された。(25) そして、一九〇五年以降の一〇年間、国際情勢に対する失望と、労働者階級の抵抗への専制政府の狼狽と明治期指導者の死去や引退が重なった。さらに、一九一一年には大逆事件の左翼急進派が処刑され、(26) 翌年には明治天皇が崩御したために、国家と自然を新たに評価する必要性と機会が生まれた。この時作られたもう一つの「伝統」(27)(たとえば、三菱造船所所長荘田平五郎は一九一〇年に日本企業を指して、温情主義的な主従関係の「美風」と呼んだ)のように、日本と自然の特殊な調和も提起され始めていた。

一九〇五年以降になると、一八九〇年代に文化変容によって形成された自然観が政治言説で使われ始め、さまざまな政策を通じて断片的に登場するようになった。私はこのような政策、特に、神社合祀、倹約を基礎とした経済、および教育を検証したい。私がこの事例を取りあげたのは、そのような例しか自然の新しいイメージ形成にふさわしいものがなかったからではなく、総合的に考えて、一九〇五~一五年に新しい概念が台頭するにつれ、こうした政策が新しい概念の具体的な対象と理論的パラメータを表すようになったからである。さらに、この政策を通して、抽象的な概念の、文字どおり比喩的な根拠は、『國體の本義』や関連する戦時中の文書に登場する自然を神格化し、国有化した。この下地があって、西田幾多郎、和辻哲郎（一八八九～一九六〇年）、田辺元（一八八五～一九六二年）といった京都学派の哲学者の著作が世に出て、その後、自然と国家の関係は組織化された。彼らが場所、気候、種を重視したため、当初ばらばらだったものを戦時中、支配的なイデオロギーに作りあげることに哲学的正当性が付与された。実際、和辻は『國體の本義』の文部省編集委員となり、自分の考えを直接刻み込んだ。換言すれば、日本の「古の自然との調和」は二〇世紀の産物であり、前の世代が社会ダーウィニズムを適用したことへの反応と、世紀転換期前に形成され、自然化された文化に関する言葉や学問を使って『國體の本義』は編纂された。自然のイメージと共鳴しやすい日本の過去とヨーロッパ哲学を一掃することで、官僚と知識人は日露戦争後に一貫した「新日本」を生み出したのである。そのとき、「新日本」は古から存在するものとして登場した。(28)

神道の国家的自然

神道は、中国大陸から書き言葉、仏教、道教、儒教が伝来する前から日本にある原始的自然崇拝の形と説明されることが多い。したがって、神道の教えを実践すると、「日本」（そのようなものが古代にあったとして）と自然の古くからの関係を再生できることになる。これは、和辻など二〇世紀の多くの識者が作りあげた神道のイメージであり、一般にも浸透したので、神道には土着宗教の自然概念がしっかりつまっていると信じられている。しかし、詳しくみると、一連の宗教儀式をする「神道」、その儀式の対象となる「自然」、および相互作用の中心は変化している。たしかに、二〇世紀の最初の二〇年間、地方の神道と国家神道の間に緊張関係があった。それからもわかるように、自然に関して二つの見解が相争っていたのである。

明治期、神道は非常に多くのゆがみを経験したので、神道をなおも「宗教」と呼ぶには、争点である基本的性格に触れざるを得ない。明治政府では、はじめのほんの短期間だけ神道は国家宗教となり、他の宗教よりも優先された。しかし、一八七二年までに仏教徒とキリスト教徒の反対があり、さらに、「神道」の内容が多様で、一貫して政策に寄与できなかったために、特権的地位は剥奪された。そして、小康状態を保った後、一九〇五年頃に神道は非宗教的国家イデオロギーへと作り変えられ、ユニークで愛国主義的な慣習となり、神官は国家儀式を監督する官僚のようなものになった。このようにして、国家の団結を鼓舞する儀式を宗旨にかかわりなく、すべての国民に押し付けるのに成功した。キリスト教の宣教師は、神道が「宗教」から「国家イデオロギー」に鞍替えしたことに文句を言えたし、また、実際ケチをつけた。しかし、この鞍替えはうまくいった。水野錬太郎内相は一九一八年五月に次のように述べた。「神社は我国特殊の制度であり、又国体の精華であり、国家と離る可からざるものである」[29]。国家的、非宗教的、愛国的な儀式として神道を利用するという前例のないことを行うため、無計画にできた神社、一定の形をもたない教義、および地方の慣習を表す儀式を完全に、組織化・中央集権化する必要が生じた[30]。

神道を国有化する政策は、日本の自然に対する理解に直接的な影響を与えた。というのは、伝統的神道（明治以前の多様な慣行や信仰を示す古い表現が許されるならば[31]）は、自然に関するさまざまな考えを支え、多くの自然な場所を保護してきたからだ。神道には以下のような特徴がある。①神道の宗教儀式は単純なので、自発的もしくは自然な形で畏敬の念を表す。②神道は教義を嫌う自然信仰である。③神道には木造の神社があり、滝を楽しむなど、自然界を好意的にみている。④家族を継承する神道の儀式は、血縁と祖先との結びつきに対する神官の見解を示す。イデオロギー的にも実用的にも、神道はその新しい国家的役割として自然の概念、特に神聖な空間としての自然に焦点を絞らなくなる一方で、その他の要因を拡大し、具象化した。すると、地元の場所や物事の自然性と定着性は重要でなくなってしまった。神道が国家化されたため、最も基本的な自然、および国家の単位としての家族に対する神官の見解がますます重視されるようになった。

研究者のD・C・ホルトムは、新しい国家神道を目のあたりにし、これは天然崇拝の価値を減じ、祖先崇拝を格上げする自然の再公式化だと記している。一九二二年の論文で、ホルトムは以下のように書いた。「日本の宗教、教育、政治といった分野で近代思想を形成した人は、後者［祖先崇拝］こそ日本人気質に合うと強調する傾向が顕著である」(32)。祖先崇拝のイデオロギー的効果は無視しがたい。祖先崇拝を強調したため、特定の場所で儀式を行う必要がなくなり、その場所は、文字通り、移動したのである。あからさまに祖先を神と同一視し、皇室にすべての神は包含される。このような一九一四年に政府が発行した祝詞にある陳述は、個別のもの、地元のもの、一族のものを国家・皇室レベルに拡げることができたときしか可能にはならない。この年から全国で紀元節祭が行われるようになったのである。亡き祖先にはもともと喩えの要素があり、便利なことに、祖父への敬意と皇室の神々への敬意は似ているとされた。他方、近隣の神社の樹木は具体性があったため、どれほど立派でも、東京と結びつくような喩えにはなりえなかった。自然環境の中に喜びを見出すことは軽視されるようになり、固定し、地元に根付いた従来の慣習の象徴よりも、移動性のある祖先が重要視されるようになった。

さらに、空間的自然を軽視すれば、神道は空間を越えて移動でき、植民地に押しつけてよいという論理も形成された。一九三七年までに、朝鮮には三六八の神社があり、その大部分は天照大神を祀っていた(33)。もし自然の神聖性を特定の土地から引き離せなければ、国家の領域が拡大しても神道はそれほど容易に拡がらなかったであろう。同じくらい重要なのは、自然にそなわっている系譜のしっかりした抽象的な性質

は海外へ輸出できるが、その逆はできない。系譜的つながりがないからだ。たとえば、一九〇六年の神道神官年次大会で、靖国神社に日露戦争の朝鮮人戦没者を祀るか否かが検討されたが、靖国神社に祀られる特権は日本人の両親から生まれた「真の」日本人に限定すると決定された。[34] 自然な結びつきという概念があるために、非日本人は血縁を主張できなかった。

隠喩化され可動性のある祖先の神格化と、一定の場所に固定され有機的な姿をした神の区別で、神社合祀という物議をかもした政策は推し進められた。神社の統合数は一九〇六年から一九一二年にかけて頂点に達したが、当局の説明によれば、一村一社にすると非常に多くの小神社を支援する財政負担がなくなり、お参りの場を粗末な場所（ある役人の怒りの言葉を借りれば、屎尿を貯めておく場として使われていた）から畏敬の念を起こさせるような場所に移せば、国民の崇敬心は高まるはずだった。

この政策により、実際には、古い部落（大字）の氏神はばらばらにされた。地方神道は物理的に破壊されてしまった。つまり、古い神社は打ち壊され、周辺の立派な木々は木材となって売り飛ばされ、動物は離散し、神社跡は耕地になったり商業用に転用された。[35] また、神社のもうひとつの隠喩的な部分、つまり神が宿るご神体は、村人が盛装して受け入れてくれる神社へ運んだ。ウィルバー・フリーデルによると、中央政府はこの政策を正式な指令ではなく提案としていたが、結果的には非常に功を奏した。一九〇三年から一九二〇年の間、等級に分類されていない五二％以上の小さな神社と一三％の村神社が統合した。[36]

何世紀にもわたって、地元の神社でお参りやお祭りをして共同体意識を高めてきたところでは、いうまでもなく、一村一社政策は不人気だった。すると、妙な出来事が起こった。ある事例では、村人は「村の」神様を祀っている神社まで約二五マイル（約四〇・三キロ）を徒歩で行かねばならなかった。[37] するとご神体を新しい神社へ運ぶ悲しい役目を担った人が突然変死する事件も、少なくとも一件はあった。[38] 地方では不満をもっていたので、一村一社政策は全国津々浦々まで一斉に拡大しなかった。

全国的にみると、神社合祀への抵抗が、生物学的にも庶民の慣習にもはっきり認められた。南方熊楠（一八六七～一九四一年）は、イタリアのサーカスとともに南米へ旅行したり、著名な英国の雑誌である『ネイチャー』に、藻に関する論文を発表するなど華々しく活躍した微生物学者だった。その南方が一九一一年、民俗学者で官僚だった柳田國男（一八七五～一九六二年）と協力し、神社合祀の廃止を請願した。神社が果たす生態学的役割についての、彼の見解は特に興味深い。南方は地元の政治制度や環境と、神社との関係を強調したのである。[39]そして、村の風習や周辺の動植物相への関心を合体させながら、小さくてみすぼらしくみえる神社が、このようなすべての生物をつなぐ役割を果たしていると示唆した。神社の木々がなくなると鳥が巣を作れなくなり、燕などの鳥が虫の繁殖を抑止する状態が崩れる。さらに、虫が大量に繁殖すると作物に被害が出るので、農民は費用をかけて農薬を散布するようになる。すると、費用はかさみ、村内の自立体制にほころびが生じる。また、神社は湧水の近くに建っていることが多いので新鮮な水を確保できるのだが、神社がなくなれば、それも保証の限りではない。南方によれば、地元の神社がなくなると、稀少な菌類から魚、人間の希望や理想に至るまでありとあらゆるものが危険にさらされるのである。[40]

国家レベルで抽象化された祖先から成る神格化された共同体とは対照的に、南方が推進した自然の共同体や柳田が重視した風習は地元に根ざし、自然で、知的に実り豊かなものだった。国家神道はさまざまなやり方で死を強調した。一九一四年の収穫祭のように、国家が仕切る儀式は「親王とその子孫から平民まで」すべての人の豊作を祈願したが、東京の官僚は安産にかかわる伝統的な神社の儀式だけに、渋々ながら、しかも暗に賛成したに過ぎなかった。さらに、靖国神社とその地方機関（愛国者が祀られる）の建立で、神道の儀式はますます生から死へと移っていった。結局、神社合祀に抵抗が高まり、この政策は中止されたが、反対運動をした人々が広めた自然観は主流から取り残された。

国家神道を通じた自然の転換は一連の矛盾として示すことができる。全国の小さな神社の聖域にあった自然は、国を自然化するために破壊された。そして、新しく自然化された中央を支えるために、伝統的な自然の共同体は人工的な街に再構成されていった。さらに、神社の土地や木々を合理化する政策を打ち出した政府は、国の神秘的な土台を築くため、もともと神聖な場を商品として市場に出した。すると、それまで雑然とし、慣習的に、創造力に任せてさまざまな方向に向かっていたのが、組織だてられ、官僚的になり、制御されるようになった。つまり、地方の生活を奉ずると国家的な死の追悼となったのである。

しかし、この転換を単に矛盾と理解してしまうと、大きく異なる自然の諸概念の政治的対立が見えなくなる。当局が唯一の「自然」を操作したために矛盾が起きたのではなく、実は二つの自然が拮抗していたのである。中央当局は、神秘的な皇室の中心と共鳴するような、抽象的・統合的な原理として自然の境界を画定、再定義し、不安定な国際政治と経済・社会構造の変化に対応した。そうすることで、「自然」は国家的政治文化と同一視された。この中央集権化され、抽象化された自然に抵抗して、南方、柳田、および多くの村人は地方の民俗風習に神秘的共鳴現象を見出し、自然とは身近で触れることができるものであり、創造力に富み、特定の民衆文化と一致すると主張した。いずれの場合も、自然には神秘的な特質があるとされ、さまざまなグループが異なる目的のために、その神秘主義を利用したのである。

自然の倹約

経済活動に関連した日本の自然の新しい概念化を理解する上で、神秘的な二つの自然の概念として神社合祀論争を分析すると、重要な問題が生ずる。近代政治思想で自然を利用する著名なモデルによると、神聖なる自然は生産様式の合理化とは対立する間違ったイデオロギーの形になってしまうのだ。したがって、封建的生産様式から資本主義的生産様式に経済が変化すると、天然資源の利用が自然を崇拝する気持ちと矛盾しても、自然は神秘的価値を保てる。たとえば、テリー・イーグルトンによると、資本主義社会は「その活動を、超越的な価値とりわけ宗教的価値の祭壇において、正当化しなければならないと感じていながら、同時に、資本主義社会自体の情け容赦ない合理化実践によって、宗教的価値の信憑性を確実に破壊している。したがって、現代の資本主義の『基盤』は、ある程度まで、その『上部構造』と齟齬をきたす。真実を実用的な計算値としかみない社会秩序にかぎって、永遠の真理をありがたがり、それに固執する。『自然』に君臨することで、世界からあらゆる神秘を排除する生活様式にかぎって、儀礼的に聖なるものを呼びおこすのである[41]」。このモデルは、個人の有効な天然資源の利用を神は是認しているという、西洋文化の分析で重要な点を要約している[42]。したがって、企業家にとって単に資源に過ぎない自然が、同時に、国家にとって明白な天命と神の祝福の象徴ともなっている。すると、「基盤」つまり経済「人」の支配下にある無尽蔵の自然と、「上部構造」、すなわち、神が創造した不可侵で神聖化された真理という国家イデオロギーとの間に緊張が高まる。そして、環境問題が限界に達したとき、この緊張関係は最大になる。

二〇世紀の日本では神聖なる自然が国家イデオロギーになったが、それを概念的に使っても、先のモデルが示した実用的な利用方法と完全に相容れないわけではなかった。だからといって、資本主義的な実利主義が地方や国家の神秘主義にまったく影響を与えなかったわけではなく、日本の国家的神話体系に欺瞞がなかったわけでもない。古い神社を商品化するような資本主義的方法で、資源活用や国家イデオロギーを合理化することは、二〇世紀初期の日本にとって不可欠となった。しかし、中央政府のイデオロギー的な宣言とそのイデオロギーが現場で推進した行動は、自然とそれを開発する可能性に関して、同じように有限だとする警告を発した。日本は小国で永遠に資源が不足するだろうと考えられていた。たしかに、日本には自然美があるかもしれないが、その自然美は商品化されなかった。

日本に天然資源がないのは、現在では単なる事実と受け入れられているに過ぎないが、欠乏観は絶対的なものではなく相対的なものである。それは、イデオロギー研究にとってより重要であるが、誰が、どのような目的で資源を管理すべきかと関連していた。徳川時代では、階級の永続的安定と階級間の調和を信じていた貝原益軒のような朱子学者も、すべての人が分相応の立場をわきまえるなら、その体制を支えるため、自然界は必要なものを授けるとも考えていた。徳川時代の指導者の中には、日本の周辺をうろうろし、通商を要求した「黒船」は、日本の並外れた自然の恵みに引き寄せられたのではないかと考える者もいた。たとえば、一八三八年、水戸藩主徳川斉昭は「日本は小国にて一つの島同様に候へ共米穀金銀をはじめ富有の国に御座候間海外の国にては日本の富有をうらやましく存候義勿論に御座候」と主張している(43)。明治維新後ですら、ジョン・ホィットニー・ホールが指摘しているように、「広く行き渡ったテクノロジーを見ると、日本は土地、水、太陽、人的資源に恵まれていたので、現在天然資源不足と言われていることも当時はハンディキャップではなかった(44)」。だが、明治後期までには、日本はほとんど不毛な国として認識されるようになった。これは、当時どのような天然資源が望まれていたかにかかわる、現実的で新しい評価だった。日本には近代産業にとって重要な金属、石油、その他の天然資源がほとんどなかったのである。[45] しかし、天然資源を倹約しなければならないという新しい考え方は、市場の論理ではなく、政府当局の指導によってイデオロギー的に展開された。個人と地方共同体が独自に富を分配するのではなく、官僚が分配すべきなのである。個人の福利ではなく国家の繁栄のために、自然にそなわる限定的な生産能力を、大切にしなければならなかった。

北海道への投機や栃木県の足尾銅山のように、自然から得られる富に最大の期待をかけていた場所では、大きく失望した。北海道は期待に反して繁栄せず、一九三〇年代まで非常に貧しい僻地のままだった。足尾銅山も一九〇〇年までは国内の銅産出量の五〇％を占め、絹と茶についで日本第三位の重要輸出品だったが、恥ずべき足尾鉱毒事件により、政府はここでの自然の恵みを放棄した。[46] 開発がそれほどむずかしくないと思われた自然環境の場でさえ、二〇世紀初期の開発手段は怪しいものだった。テツオ・ナジタが論じるように、「文化はテクノロジーのイデオロギー的管理下にはなかったので、テクノロジーの強烈な影響には非常に大きな懸念」があった。[47] 資源としての自然が無限の可能性を提供する可能性はあるが、文化の管理下に置けない場合もある。

二〇世紀の最初の数十年間に発布された政令は、自然の経済的可能性ではなく、その限界という課題を改めて示した。たとえば、一九〇八年の戊申詔書には「華ヲ去リ実ニ就キ」とあり、農民と労働者に対して勤倹を勧めている。ここには、欲を抑えるなら、「国運発展ノ本近ク斯ニ在」と書かれている。[48] そもそも戊申詔書の大切な目的は労働不安をとり除き、一九〇八年の銀行への取り付けを抑えることだった。より広義には、天然資源は有限であり、個人が利用する際には国家の繁栄を念頭におくべきという主張であった。換言すると、戊申詔書は自由放任資本主義や社会ダーウィニズムを支持する人々よりも、自然の恩恵に関してかなり悲観的な見解を示唆していたのである。

戊申詔書を実施に移すため、一九〇九年に内務省官僚が始めた地方改良運動もこの悲観主義を共有していた[49]。村長や地主を含め、目上の人に対する敬意が大変重んじられた。彼らが用いた「分度推譲」というスローガンは、強い個人が社会的経済的恩恵を得るという社会ダーウィニズムのアンチテーゼであると同時に、共同体の繁栄を目的とした二宮尊徳（一七八七〜一八五六年）の運動のように、徳川時代以降進められた自己修養運動のアンチテーゼともなった。地方改良運動を推し進めた官僚にとって、農民が自然に関与しても、何ら社会的経済的向上を期待せず、自給自足農業そのものを目的とした。歴史家ステファン・ヴラストスが論じるように、「日本人の国民性を形成する基本的価値と習慣を生む国家的文化の貯蔵所」という日本の農村のイメージは、「比較的最近になって考えだされた[50]」。こういった自然観が個人のイニシアティブを限定し、国家の「貯蔵所」として村を保持してきたこともあって、自然は有限とされた。

このような支配的な言説に反対する者も、日本に天然資源がないとは言ったが、国家主導ではなく地方がこの倹約運動を管理できるように尽力した。たとえば、急進的な農本主義者の横井時敬は一九二七年刊行の『小農に関する研究』で、厳密に境界線を定めた反商業主義的農村活動の世界を描いた。「横井が思い描いていた日本の『小農』の世界では、農民の労働を活用することは利潤を最大にする戦略ではなく道徳的要請なので、農業に強制、争い、疎外といったものはなかった。すべての人が『喜んでできる限り労働を提供し、仕事を喜びと考え、環境に共感し、動植物の成長を育むことに幸せを見出す[51]』。農本主義は、自然が無限の恵みをもたらしてくれるとか伝統との真のつながりではなく、質素な自然との調和に小規模のユートピアがあるという新しい考え方を提唱した。

人口統計から考えても、自然には物理的に限りがあるという見解は正しいとされた。内務省神社局は軍隊を支えるため、息子がたくさんいる大家族を称える祈祷をし、日本の人口は海外領土を除いて、一八九〇年の約四〇〇〇万人から一九三〇年には六四〇〇万人に増加していた[52]。こうして、マルサス派が唱える土地の限界が強烈に感じられ、さらに、移民政策をめぐる国際紛争でもこの点が強く主張されるようになった[53]。

王子製紙社長藤原銀次郎（一八六九〜一九六〇年）のような楽観的な実業家は、天然資源がないことや人口増加圧力を根拠とする暗い未来像に異議を唱えた。一九三五年に刊行された『工業日本精神』では、日本だけが「原料を自給できない」国ではないと読者に訴える。さらに、日本は他国と交易するのにすばらしい地理的位置にあり、労働意欲も高いので、「われわれの産業発展」に障害などないとも主張している。しかし、自由貿易に対する藤原の穏健な考え方は、当時すでに時代遅れとなっており、彼が列挙した貿易国のいくつかはすでに日本の植民地になっていた。

専制政府は現実的にもイデオロギー的にも、自然界を地方や個人ではなく、国家の目的と合致させようとした。（反対もあったが）自然の搾取により、発展する歴史を創り上げる個人の生のエネルギーと、国家として存立するための超越的で永遠に安定した自然の許容との間にはっきりとした違いがなかったので、自然を搾取する経済活動と自然を国家化するイデオロギー活動は、それほど相容れないわけではなかった。日本のナショナリズムにとって、自然に実体がある米国や西洋諸国と異なり、自然を天然資源と定義づけることは、もっと抽象的で文化変容した自然の概念よりも二次的になった。物質的な自然界には限りがあり、将来性はないと考えられたが、万世一系の自然な国家ははるかに膨張性があり、植民地化、移民、中央集権的な監視が必要だった。換言すれば、イデオロギーは、自然の経験が用心深く狭量だと事実を大きくねじ曲げはしないが、この点に関して基本的に矛盾もなかったために、逆にすなおなやり方で反対しづらくなったのかもしれない。

国家という家族に対する教育

神社政策によって抽象的で神格化された自然がつくられ、経済の面では自然の富は有限で、個人が向上する機会は限られると熱心に説かれながらも、教育政策では自然を国家という家族（National Family）だと定義した。もちろん、親孝行と皇室への愛国的な忠誠心の類推は二〇世紀以前から一般的だったが、一九〇〇年以降、特に一九一〇年ごろには、家族、村落、皇室の近似は類推から現実へと転換した。ある歴史家の言葉を借りれば、「国家は家族のようなものではなかった。一般的に日本の家族の遠い先祖は主流の皇族の分派であるという事実から、国家は家族そのものだといえる」（強調はトーマス）[54]。日本がこのように歴史的国家から家族国家という自然な国家へイデオロギー的に転換することを、修身の教科書は意識的に奨励した。

一八九〇年の教育勅語に関するさまざまな私的解釈に対し、一八九七年に国会は、国家が望む見解を普及するような教科書を政府が発行すべきだと決定した。この決定により、国定の修身教材シリーズを編纂する委員会が文部省内に発足し、加藤弘之が委員長となった。そして、加藤の指揮下で一九〇三年に最初の教科書シリーズが出来上がった[55]。日本政治思想史家石田雄が指摘するように、この教科書では家族としての自然を特に取りあげてはいなかった。実際、加藤がまだ社会ダーウィニズムのレトリックを使っていたため、最初の教科書としては進歩的側面を強調しすぎたきらいもある[56]。論点は日本と世界の発展予想におかれていた。日露戦争とそれ以降の社会的混乱を経験して初めて、小学生の修身教科書が愛国主義と国家という家族のための犠牲を熱烈に唱えるようになったのである[57]。

一九一〇年までには、新しく、より国粋主義的な修身教科書が編纂された。委員長は、当時東京帝国大学法科大学長の穂積八束（一八六〇〜一九一二年）だったが、彼の保守主義は加藤のそれとはまったく質を異にする。加藤は専制統治を提唱していたが、進化する世界、卓越したリーダーシップを必要とする、変化していく世界がよいと考えていた。しかし、穂積は「天皇制」中心の永遠の真理としての国家と国内法に焦点を合わせていた。穂積は根本的な意味での「進化」を忌み嫌った[58]。

加藤と穂積が編纂した一連の教科書を比較すると、明らかに国家の質が変化している。それについて教育史家の唐澤富太郎は「この時期には、封建的な家族倫理が強調された。そして当然その逆に近代的モラルが姿を消し、一期に掲げられた『他人の自由』（高三　一二）『社会の進歩』（高三　一三）『競争』（高四　一二）『信用』（高四　一三）『金銭』（高四　一四）などはすべて除去され、それらに代つて新しく『皇大神宮』（尋二・尋六）『建国』『国体の精華』『皇運扶翼』……『皇祖皇宗の御遺訓』などの課が加えられてきている」と述べている[59]。換言すれば、新しい教科書は社会進化と競争に関する社会ダーウィニズムの考えを反映した箇所を削除したのである。それにかわり、先に示したような国粋主義的な部分だけではなく、天皇の慈愛を受ける日本人全員が天皇のために喜んで命を投げ出すべきと強調した一文が挿入された。

学校の教科書では、親孝行と国家への忠誠がセットで「忠孝の大義」として提唱されていた。中学三年生の教科書には「子の父母を敬愛するは人情の自然に出づるものにして、忠孝の大義は此の至情より発するものになり。……我が国は家族制度を基礎とし国を挙げて一大家族を成すものにして、皇室は我が国の宗家なり。我等国民は子の父母に対する敬愛の情を以て万世一系の皇位を崇敬す」と説かれている[60]。この一節は代数の証明のように、家族と国家は同じであると巧妙に確定したのである。

日本政治思想史家石田雄は、教育勅語を分析した著書でも同様の傾向を認めている。一九〇四年に刊行された「勅語ノ旨趣ニ基キ」は自然という言葉を使っていないが、一九一一年の論評「国民道徳論」では親孝行の基礎として自然を紹介しており、同時に、親孝行は日本人独特のものとしたと論じている。[61]道徳論をうたう小冊子は日露戦争後の教科書のように、自然と正しき政治、家族、日本人らしさを合体させていた。

しかし、国家という家族を奨励することは、組織だった有機的ネットワークを形成するために、単に周縁を中心に引っ張ってきただけではなかった。家族国家は、真の文化の担い手として、自然が歴史に取って代わるという表明でもあった。ダーウィンのいう社会進化によると、人間の文化は自然に順応した歴史の段階にあるといえるが、日本の新しいイデオロギーでは、最も平凡な集団である家族に基づいても、文化は日常とほとんど関係がない。文化には日本人の永続的な自然性という裏づけがあるので、日常生活におけるありきたりの変化でも変わらない。だが、逆説的で不可解だが、文化は、日本人ひとりひとりの日常的な活動に表れる。先述した中学三年生の修身の教科書は「国家は永遠に互りて独立に生存す、個人の生存は一時のものにして国家の生存に比すれば極めて短く、寧ろ其の一部をなすものと謂ふべし。国民たるものが個人の利害を顧みることなく、国家永遠の目的にかなふやうにすべきは当然の理なり」と学生を諭す。[62]この見解によると、家族、国家、文化としての自然は日常生活、いや、生活そのものとはかけ離れていた。自然に順応した国家が日常生活を超越する際、自然を携え、日常生活は、満ち足りない人生、個人の死、国家の永遠性としてあとに残される。

神道と経済の奨励で国家化された自然同様、修身教科書で国家化された自然は、死と精神的豊かさが一致するような時代を超越した国家的な自然がたっぷりある中に、具体的な日常生活の世界を組み込んだ。自然は、抽象的で神聖、有限の利益しかもたらさないが、皇統を通じて永遠となっている。このような新しい形の自然は日本人の国民意識と同一であり、必ずしも自然より下等ではない他民族、文化、場所に関係なく、「八紘」に広がる可能性もあった。もはや、崇拝という自然な行為も生活する共同体では行われなくなり、地元の天然資源では経済成長ができなくなったため、真の家族や真の自己は現世ではなく、亡くなった先祖とのつながりに見出すようになった。日露戦争後、自然の本当の場所は、生きている土地や空気ではなく、先祖の世界となったのである。

世界史的自然

新たに自然を熱狂的に提唱するようになったルーツをたどると、多数の日本の著名な哲学者が著した戦時中のプロパガンダにたどりつく。たとえば、和辻哲郎は、一九二〇年代から戦時中に哲学的論稿の底流をなした、好戦的愛国主義とドイツ思想へかかわった(63)。彼はまず東洋大学の若き講師だった一九二〇年に『日本古代文化』を刊行し、国家と自然の緊張関係をまとめ始めた。太古の年代記、歌、考古学に関するこの研究は、古代日本人が「自然を愛して、そこに渦巻ける生命と一つになる。……この親密な自然との抱擁は、自然を思惟の対象とすることを許さない」と主張している(64)。日本人は科学的客観性や経済的なやり方で自然にアプローチしたことはなく、「安らかな自然との抱擁」の中で何の不満もなく生活し、「身体と心との微妙な調和」を享受したと請け合ったのだ。一九一八年の米騒動とその後つづいた参政権運動に直面した指導者にとって、このような確信は慰めとなったに違いない。

一九二八年、短期間のドイツ留学から帰国してすぐに、和辻は自然の概念に関して彼の最も重要な作品といわれる『風土』に取り組み始めた(65)。この本は一九三五年に刊行されたが、本人によれば、不本意にも初版に入ってしまった「左翼偏向」を削除するために、一九四三年には改訂版を刊行している。時間に重きを置くハイデッガー学派に反論して、『風土』は空間分析を用い文化的相違を理解しようとした。人が占有する空間は社会的（間柄）であり環境的でもある。歴史の弁証法ではなく、自然の毎年のくり返しによって、独特の文化が生まれるのだ。したがって、時間は進むのではなく堆積していくのである。何年も積み重なって文化的な自信を固めるのだ。『風土』は、気候によって世界は大きくモンスーン、砂漠、牧場の三類型に分けられると論じている、この分類法は『國體の本義』にも採り入れられた。国の気候と土地がその文化を決定するのである。「印度の如きは自然に威圧せられてをり、西洋に於ては人が自然を征服している観があって、我が国の如き人と自然との深い和は見られない(66)」。だから、風土が異なれば文化も異なる。同時に、風土によって各々の文化は一貫性を保つのである。

戦争が進むにつれて、和辻の論稿では、完全な自己犠牲を求める国でしか明らかにならない文化の迫力が、自然の「渦巻ける生命」を抱擁する生きた文化にとってかわる。この超国家主義的な文化は、最高の形態で自然を表すといいながら、各人の自己と目前の自然環境を否定せざるを得ない。一九四四年に刊行された『日本の臣道』という小著で和辻が明らかにしたように、日本帝国の立場は「死生を超えた立場」である。「清明心に徹するためには更に死生を超えて自己の任務の重大性を自覚すること、――その任務が、正直・慈悲・知恵を国家的に実現し給ふ大君の御活動の一部をなすものとして、実に神聖な根源より出づるものであることを自覚することが必要であります。死生を超える体験は敵と撃ち合ふ一時の間にのみ実現されても貴いものであるに相違ありません。しかしそれが更に生活の全面に浸透し、渾身の清明心として実現されましたときには、正にこれ絶対の境地にほかならないのであります」[67]。この「絶対の境地」、つまり人格や生や殉死に対する自己中心的な欲求を放棄させるような意識が表現するのは、空間的な境界、生きた経験、身体的存在とは無関係に帝国が備えているきわめて優美な永遠性だけである。この段階の和辻にとって、日本という国は自然の究極的な発現ではあったが、日常の空間、日常の時間、生きている者の身体には見つけられない形式だった。

日本という国が自然と意識を合体させた次元は、大部分の文筆家にとって非常に抽象的だった。世界史にかかわるヘーゲル理論とハイデッガーの時間概念を変形させながら、「西洋」が論理体系および単線の進歩的歴史観では、すでに指導的立場にあるように思えたので、日本の知識人は、その西洋型の発展の外側に「日本」を置くように努めた。さらに、知識人は、日本の国土とアジア大陸で獲得した領土の物理的制限を越えるような場を日本のために定義し、文化変容したグローバルな、もしくは少なくともアジアの兄弟愛を実現する不変のアリーナにしようとした。日本を「八紘一宇」の理念で、異なる次元に位置づけ、和辻、西田といった知識人たちは、日本の「世界史的使命」を構想できた。日本は「自己に即しながら自己を越えて一つの世界的世界を構成する」と、西田は一九四三年に発表した「世界の新秩序の原理」で強調している[68]。「何処までも内なるものが外であり、外なるものが内であるのが、国体の精華であらう」と事実を把握し、日本は世界のモデルとして、国際連盟が保証するものよりも高貴で総体的な世界統一のモデルとして、役割を果たし得ると論じた[69]。

時空に関するヨーロッパの前提とそれを世界史に結びつけるのに反発して、意識的に「日本」を定義した知識人もいるが、彼らにとって戦争は避けられないなりゆきと思えた。盧溝橋事件一周年にあたる一九三八年、三木清は、近衛文麿（一八九一～一九四五年）首相の諮問機関である昭和研究会に、中国への進出を拡大すべきだと進言した。「それを空間的にいえば東洋の統一であり、それをまた時間的にいえば資本主義社会の解決である。支那事変はこれらの根本的課題を解決すべきものとして、そこに世界史的意義を見るべきである」(70)。この超国家主義の変質的な自然は、超越した生のための生贄、きわめて優美な統一を目指した領土の獲得、そして、抽象的な自然のための具体的な自然を必要としていた。西田は「日本精神の真髄は、何処までも超越的なるものが内在的、内在的なるものが超越的と云ふことにある」(71)と主張したが、実際には、国家の超越的目的は、存在のさらに内在的な形態を常に先取りしていたように思える。

日本が抽象的に自然を奉じたため、実用的な副次作用もある。国家の本質という墓に埋葬した腐らない自然のイデオロギーは、近代テクノロジーがもたらす脅威を変える。たしかに、テクノロジーへの不安は他国同様、日本にもあった。しかし、国家文化と定義された自然に対するテクノロジーの脅威は、環境としての自然へのテクノロジーの脅威よりも敏感に感じ取られた。広大なアジア大陸に帝国を築こうと総力をあげた政策を進めたので、日本は自国の土地、森林、水にほとんど関心を向けなかった。だが、テクノロジーが自分たちの純粋な生き方を汚さないように努めた。それだけではなく、日本人からテクノロジーの発達を望む声は聞かれなかった。一九三三年、小説家谷崎潤一郎は、「案ずるにわれわれ東洋人は己れの置かれた境遇の中に満足を求め、現状に甘んじようとする風があるので、暗いと云ふことに不平を感ぜず」と記した(72)。日本の家屋とトイレの陰翳に関して非常に雄弁だった谷崎は、新しいカフェが人気を博し、近代世界への憧れが満ち溢れているにもかかわらず、日本人には近代世界の明るい光が必要でもなければ望ましいものでもないと主張した(73)。伝統的な日本間で陰翳のある静けさの中、「時間の経過が分らなくなってしまい」白髪の老人になって出て来ると谷崎は述べた(74)。工業生産に最も直接的な関心をもつ陸軍省でさえ、イデオロギー的にはテクノロジーを信用していなかった。

他方、ナチスドイツは、実際的にもイデオロギー的にも近代テクノロジーを奉じていた[75]。機械化が環境に与える悪影響を懸念し、『責任感』と『あらゆる形態の生命に対する畏怖』からテクノロジーを矯正するようになった。環境史家レイモンド・ドミニクが指摘するように、「第三帝国の異様なまでの破壊性を考えると、その手先が生命への畏怖を語る方法は驚くべきものだ。周囲で破壊が進み、自分がひどい皮肉を言ったことにも明らかに気づいてはいないのだが、戦時中ですら、(プロシアの自然保護局長だった)シヨーニチェンは『最高の文化には、自然とその自然が創り出したすべてを保護する至高の責任が含まれる[76]』と記述している。彼は戦争が終われば、ドイツが先導して汎欧州自然保護組織を創設したいと考えていた」。日本の官僚はその方向には向かわず、ただ、死に関する不平を述べていた。政府刊行物では桜は戦争で死にゆく若者を表しており[77]、母親は天皇のために戦死しなかった息子を戒め、兵隊に行かない人は戦闘機の燃料用に松の木の皮を剥いだ。戦後日本が指導権を握った世界では、調和を重視した構想があったが、それは人間のレベルに限られていた。日本が世界史的な使命を果たした際には、「横に並列的なる民族が縦に立体的に、世界が一となる」(西田の言葉)共栄圏の指導的立場に立つだろう[78]。抽象的で最終的に統一された世界は、洗練した自然を表すのだろうが、それは、水質保護や土壌保全とはほとんど無関係の自然である。

近代日本史で最も興味をそそるのは、国家は対立するような多くの政治的文化的成果をいかに同化できたかという問いである。機械化、商業化、都市化の進展によって、明治・大正期の権力構造が不安定になり、民主主義が拡大し、自立した市民社会へ道が開かれる可能性もあったのだが、実際にはそうならなかった。また、日本は自由主義に向かう近代化論の道も、革命に向かうマルクス主義の道も歩まなかった。

日本は近代化と対立し、より強力な帝国国家に成長した。日本は近代化によって得られる物質的恩恵を統括する立場にあり、最終的な近代的主体性を持っていると唱えた。

本章で、私は「自然」の政治性を真剣に受け止めながら反対派を抑え、日本の国家が台頭した方法を理解する上で新しいツールを手に入れたと主張してきた。国家文化の境界が先述の自然形態に隣接するよう形成されると、反論は根本的な意味においての背徳行為、つまり、自然に対する嫌悪感となったのである。人は自然か不自然かのどちらかである。自然な者の言行は日本文化と調和するが、不自然な者は国体とそりが合わず、国家から「離脱」させられたような形で、究極的にはその存在感をも消されてしまう。日本人であれば、たとえどのような関与の仕方をしても、ほとんど自然に順応した国家に同化されてしまう。というのは、各々の自然な個性と真の意識によって、その風変わりな選択を抑えたからである。換言すれば、対立する利害と社会的構想は不自然なように見えるが、日本人ひとりひとりはつねに自然と国家の一部であり、だからこそ「不自然な」考えを持っていても同化されたのである。大逆事件の翌一九一一年に急進派が処刑されたように、非常に極端なケースに限っていえば、社会や自然のアイデンティティは吸収されたり覆いかくされたりするというよりはむしろ完全に抹殺されてしまったのである。

自然に順応したナショナリズムの覇権力に対抗することは非常に困難だったが、これまで見てきたように、別の方法で自然と国家を再定義しようという試みもあった。国家の慣行に先立って、地方の慣行に自然性を授けて抵抗を鼓舞した南方と柳田の努力は、リュック・フェリーが唱えた『地方的なもの』(ディープ・エコロジーの左翼版)と『国家的なもの』(右翼版)の古典的な対立の一例といえるかもしれない。[79]同様に、ケヴィン・ドークが提唱した、国家と国民を対峙させる考え方も、主要な政治的主体としての国家の生来的な自然性に疑問を投げかけたと理解できる。[80]自然に順応した国家に対抗する地方の自然に影響を与えるもうひとつの潜在的手段は、環境運動だった。村長で国会議員も務めていた田中正造（一八四一～一九一三年）は、地位も家族も家もなくしたけれども、衝撃的な足尾鉱毒事件との勇気ある闘いは、自然と共同体に対する国家の責任についてのさまざまな見解を基礎にしており、記憶に留めておくべきだ。歴史家の鹿野政直は、明治後期と大正期の環境汚染との闘いは、産業政策だけでなく、より広い意味での民主主義の問題に関して専制政府の力を打ち壊すために使える最強の道具のひとつだと論じている。[81] しかし、このような抵抗をもってしても、自然を地方の慣行や独立した環境領域と再定義できなかった。結局、日本のユニークな自然に順応した統治組織のレトリックは、戦中戦後を通じて国民の団結心を高め、反対派を同化し続けてきた。自然は日本文化となり、日本文化は自然となった。反対派でい続けようとするなら、この閉じた社会から飛び出す以外に手はなかったのである。

要約すると、二〇世紀の日本は伝統的な自然の概念を受けついだわけでもなければ、西洋文化の猛襲に抵抗するために「自然」を選択したわけでもなかった。そうではなく、二〇世紀初頭に、知識人と官僚が独特の自然の概念を創り上げたのである。それは、社会ダーウィニズムのような外国の思想や、日露戦争といった事件への対応であり、専制派にとっての国内の脅威への対応であり、また、過去のイメージと当時の哲学を創造的に利用した産物でもあった。このような特定の状況から、超国家主義国家、超自然国家が現れたが、この国家は、個人、もしくは個人の自然環境の部分的な自立さえ、一切認めようとしなかった。

註

（1）『國體の本義』（文部省、一九三七年）九一頁。

（2）同前、五四頁。

（3）同前、五五頁。

（4）孫田秀春・原房孝『國體の本義解説大成』（大明堂書店、一九四〇年）二四頁。孫田と原は個人主義を重視する「西洋」の代表としてニーチェを挙げている。

（5）同前、五五一頁。

（6）Anthony James Joes, *Fascism in the Contemporary World: Ideology, Evolution, Resurgence* (Boulder, Colo.: Westview Press, 1978), p. 155. ジョーズは、日本が西洋帝国主義の脅威の下で後発国として急速に発展したことと多くの伝統的な文化形態が合体することによって、注目に値するファシズム国家となったと論じている。ジョーズはドイツやイタリアと比較して、「日本ではファシズムはかなり『自然に』発生した」というバリントン・ムーア・ジュニアの説を採用している。

（7）スタンリー・G・ペインは、一九三〇年代に「日本はいくぶん多元的な権威主義体制を構築し、ファシズムの特徴を示したが、それほど際立って革命的なファシズムには発展しなかった」と論じている。Stanley G. Payne, *A History of Fascism, 1914-1945* (Madison: University of Wisconsin Press, 1995), p. 336.

（8）たとえば以下を参照。Ludwig Ferdinand Clauss, "Racial Soul, Landscape, and World Domination," in *Nazi Culture: A Documentary History*, ed. George L. Mosses (New York: Schocken Books, 1966).

（9）Maruyama Masao, "The Ideology and Dynamics of Japanese Fascism," in *Thought and Behavior in Modern Japanese Politics*, ed., Ivan Morris (Oxford: Oxford University Press, 1963), pp. 47-48.

（10）R・P・ドーアと大内力は、農村は都市と同様に、一九三二年の五・一五事件を引き起こしたような極右を支持しなかったが、軍部は衛生を改善し雇用の機会を増やして「農村の支持を得ようとした」と論じた。R. P. Dore and Tsutomu Ouchi, "Rural Origins of Japanese Fascism," in *Dilemmas of Growth in Prewar Japan*, ed., James William Morley (Princeton, N.J.: Princeton University Press, 1971), pp. 196-98〔小平修・岡本幸治監訳『日本近代化のジレンマ——両大戦間の暗い谷間』ミネルヴァ書房、一九七四年〕.

（11）ドーアと大内は、大隈重信編『開国五十年史』所収の伊藤博文の論文から、「村落共同体」としての国家に関する長い一節を引用している。Shigenobu Okuma ed., *Fifty Years of New Japan*（New York: E. P. Dutton, 1909）〔大隈重信編『開国五十年史上・下巻附録』開国五十年史発行所、一九〇七～〇八年〕. Dore and Ouchi, "Rural Origins of Japanese Fascism," p. 208.

（12）三木清「新日本の思想原理　続編――共同主義の哲学的基礎」『三木清全集　第一七巻』（岩波書店、一九六八年）五七七頁。

（13）西田幾多郎「哲学論文集第四補遺」『西田幾多郎全集　別巻Ⅵ』（岩波書店、一九五三年）九～一二頁。この論文はもともと一九四四年に「国体論」として発表されたものが英語に翻訳されている。David A. Dilworth and Valdo H. Viglielmo, eds., *Sourcebook for Modern Japanese Philosophy*（Westport, Conn.: Greenwood Press, 1998）.

（14）John Dower, *War without Mercy: Race and Power in the Pacific War*（New York: Pantheon Books, 1986）, p. 203〔斎藤元一訳『人種偏見――太平洋戦争に見る日米摩擦の底流』ＴＢＳブリタニカ、一九八七年〕.

（15）Alexander B. Adams, ed., *First World Conference on National Parks*（Washington, D.C.: National Park Service, Department of the Interior, 1962）, p. 409. ベルツは日本体験記を以下の書物に著した。*Das Leben eines deutschen Arztes im erwachenden Japan*（Stuttgart: J. Engelhorns Nachf., 1931）. 英訳は、*Awakening Japan*（New York: Viking Press, 1932）〔菅沼竜太郎訳『ベルツの日記』岩波書店、一九七九年〕.

（16）Maymie and William Kimes, "Ryozo Azuma, the John Muir of Japan," *Sierra* 64（July/August 1979）, pp. 42-44.

（17）Raymond H. Dominick, *The Environmental Movement in Germany: Prophets and Pioneers, 1871-1971*（Bloomington: Indiana University Press, 1992）, p. 106.

（18）Dominick, *The Environmental Movement in Germany*, p. 108. ドミニクは、ドイツにおける自然保護の

歴史を振り返り、国家社会主義的イデオロギーと自然保護は同じではないが重なり合うところがあると論じている。彼が指摘するように、ワイマール憲法は非常に進歩的だった。「世界最初の自然保護を強制した憲法といってもよいワイマール憲法第一五〇条は次のように宣言している。『芸術、歴史及び天然の記念物並びに名勝風景は、国家の保護及び助成を受ける。ドイツの芸術上の所有物が外国に輸出されることを防ぐのは、ドイツ国の事務とする』」。*Ibid.*, p. 82.

（19） George Mosse, "Introduction: Towards a General Theory of Fascism," in *International Fascism: New Thoughts and New Approaches*, ed., George Mosse（London: SAGE Publications, 1979）, p. 7.

（20） *Ibid.*, p. 37.

（21） Robert King Hall, "Editor's Introduction," in *Kokutai no hongi: Cardinal Principles of the National Entity of Japan*, trans., John Owen Gauntlett（Newton, Mass.: Crofton Publishing, 1974）, p. 10.

（22） たとえば、スタンリー・ペインは一九三〇年以降の日本しか分析していないのに、革命党や革命的イデオロギーがなかったので、日本はファシストではないと論じている。Payne, *A History of Fascism*, pp. 328-37.

（23） 日本のファシズムには三段階あったと丸山は論じている。一九一九年から一九三一年の満州事変までの「準備期間」、「満州事変から一九三六年の二・二六事件までの成熟期」。そして、「上から明白にファシズムを支援している軍部が一方では官僚と上級家臣という半封建的権力、他方では独占資本と政党と不安定な連立政権を形成していた」。Maruyama Masao, "The Ideology and Dynamics of Japanese Fascism," pp. 26-27.

（24） Baron Suyematsu（Suematsu Kencho）, *The Risen Sun*（New York: E. P. Dutton, 1905）, p. 346.

（25） たとえば以下を参照。Shumpei Okamoto, *The Japanese Oligarchy and the Russo-Japanese War*（New York: Columbia University Press, 1970）.

（26） 大逆事件では、明治天皇暗殺を企てたとして二四名の社会主義者と無政府主義者が死刑判決を受けた。そのうち幸徳秋水（一八七一～一九一一年）を含む一二名の死刑が一九一一年一月二四日に執行された。以下を参照。F. G. Notehelfer, *Kotoku Shusui: Portrait of a Japanese Radical*（Cambridge: Cambridge

University Press, 1971)〔竹山護夫訳『幸徳秋水——日本の急進主義者の肖像』福村出版、一九八〇年〕.

(27) Andrew Gordon, "The Invention of Japanese-Style Labor Management," in *Mirror of Modernity: Invented Traditions of Modern Japan*, ed., Stephen Vlastos (Berkeley: University of California Press, 1998), p. 21.

(28) 古い日本を書き直し、「新しい」日本を創生する問題に関しては以下を参照。Carol Gluck, "The Invention of Edo," in *Mirror of Modernity: Invented Traditions of Modern Japan*, ed., Stephen Vlastos (Berkeley: University of California Press, 1998).

(29) D. C. Holtom, "The Political Philosophy of Modern Shinto: A Study of the State Religion of Japan," in *Transactions of the Asiatic Society of Japan*, 49, part 2 (1922), p. 42. 本文で用いられている水野錬太郎の言葉は以下にある。水野錬太郎「神職の責務」神社協会事務所編『神社に関する講演』マイクロフィッシュ(国立国会図書館)、一一頁。

(30) Helen Hardacre, *Shinto and the State: 1868–1988* (Princeton, N.J.: Princeton University Press, 1989), pp. 9–13.

(31) *Ibid.*, pp. 18–19.

(32) Holtom, "The Political Philosophy of Modern Shinto," p. 5.

(33) Hardacre, *Shinto and the State*, p. 95.

(34) *Ibid.*

(35) ウィルバー・フリーデルは、抵抗した事例をいくつか紹介している。たとえば古い神社が私財と登記されながらも、神社として維持されていた。Wilbur M. Fridell, *Japanese Shrine Mergers, 1906–1912* (Tokyo: Sophia University Press, 1973).

(36) Hardacre, *Shinto and the State*, p. 98; Fridell, *Japanese Shrine Mergers*, pp. 19–20.

(37) Fridell, *Japanese Shrine Mergers*, p. 85; Yanagita Kunio, *Japanese Manners and Customs in the Meiji Era*,

trans., Charles S. Terry（旺文社、一九五七年）, p. 294.

（38） Hardacre, *Shinto and the State*, p. 99.

（39） 南方の経歴に関しては以下を参照。笠井清『南方熊楠』（吉川弘文館、一九六七年）、仁科悟朗『南方熊楠の生涯』（新人物往来社、一九九四年）、鶴見和子「南方熊楠のコスモロジー」『コレクション鶴見和子曼荼羅　第五巻　水の巻』（藤原書店、一九九八年）。この件に関して、カルメン・ブラッカーは論文を二つ発表している。Carmen Blacker, "Minakata Kumagusu: A Neglected Japanese Genius," *Folklore* 49, no. 2 (1983); Carmen Blacker, "Minakata Kumagusu, 1867–1941: A Genius Now Recognized," in *Britain and Japan: Biographical Portraits*, ed. Ian Nish (Folkestone, Kent: Japan Library, 1994)〔日英文化交流研究会訳『英国と日本——日英交流人物列伝』博文館新社、二〇〇二年〕. 南方は民話、宗教、博物学に関して広範な知識を持っていたため、マンドレイク植物、指紋、星座、ゆうれいといったトピックで欧州とアジアの見解を比較して論文を数百本寄稿できた。彼の普遍主義は包括的な理論というよりは、具体的で折衷的な知識に基づいていた。また、馬場辰猪同様、ロンドン滞在中（一八九二～一九〇〇年）に暴力事件を起こして困難に陥った。ロンドンのキングズ・カレッジで東洋部図書部長兼中国語教授をしているロバート・ダグラス卿のような寛大で重要な地位に就いている友人が支援したにもかかわらず、通りや、大英博物館の閲覧室においてさえ、赤の他人からバカにされていると感じるようになった。南方は一八九七年に二度、自分のことを嘲笑されたと思い、女性の歩行者に襲いかかっている。その後も何度か暴力沙汰を引き起こし、一八九八年、ついに大英博物館の閲覧室使用許可を剥奪された。それも、彼の被害妄想が原因だった。

（40） 南方熊楠『南方熊楠全集　第七巻』（平凡社、一九七一年）四七七～五九〇頁、Kazuko Tsurumi, "Social Price of Pollution in Japan and the Role of Folk Beliefs," 一九七七年三月八日、プリンストン大学への提出論文、後に刊行。*Series A-30* Institute of International Relations, 1977.

（41） Terry Eagleton, *Ideology: An Introduction* (New York: Verso, 1991), p. 155〔大橋洋一訳『イデオロギーとは何か』平凡社、一九九九年、三二四頁〕.

(42) この立場に立った最も著名な公式化は、おそらく、キリスト教が環境破壊の片棒を担いだとするリン・ホワイトの批判であろう。Lynn T. White, "The Historical Origins of Our Ecological Crisis," *Science* 155 (March 10, 1967), pp. 1203-7.

(43) Bob Tadashi Wakabayashi, ed., "Introduction," in *Modern Japanese Thought* (New York: Cambridge University Press, 1998), p. 2〔『水戸藩史料』吉川弘文館、一九七〇年、九七頁〕より引用。

(44) John Whitney Hall, *Japan: From Prehistory to Modern Times* (Ann Arbor: Michigan Classics in Japanese Studies, 1991 reprint), p. 7.

(45) グレン・T・トレワーサは、工業生産のために必要な日本にない天然資源を詳細に説明している。Glenn T. Trewartha, *Japan: A Geography* (Madison: University of Wisconsin Press, 1965), pp. 66–97.

(46) F. G. Notehelfer, "Between Tradition and Modernity: Labor and the Ashio Copper Mine," *Monumenta Nipponica* 39, no. 1 (1984), pp. 11–24; Kenneth Pyle, "Symposium: The Ashio Copper Mine Pollution Incident," *Journal of Japanese Studies* 1, no. 2 (1975), pp. 347–407; and Kenneth Strong, *Ox Against the Storm: A Biography of Tanaka Shozo, Japan's Conservationist Pioneer* (Vancouver: University of British Columbia Press, 1977)〔川端康雄・佐野正信訳『田中正造伝――嵐に立ち向かう雄牛』(晶文社、一九八七年)〕.

(47) Tetsuo Najita, "On Culture and Technology in Postmodern Japan," *South Atlantic Quarterly* (Special Issue: Postmodernism and Japan) 87, no. 3 (1988), p. 409.

(48) *Japan Year Book* 1911, p. 496.

(49) Sheldon Garon, "Fashioning a Culture of Diligence and Thrift: Savings and Frugality Campaigns in Japan, 1900–1931," in *Japan's Competing Modernities*, ed., Sharon Minichiello (Honolulu: University of Hawai'i Press, 1998), pp. 312–34.

(50) Stephen Vlastos, "Agrarianism without Tradition," in *Mirror of Modernity: Invented Traditions of*

Modern Japan, ed., Stephen Vlastos (Berkeley: University of California Press, 1998), p. 80.

(51) *Ibid.*, p. 86.

(52) Janet E. Hunter, *Concise Dictionary of Japanese History* (Berkeley: University of California Press, 1984), p. 258.

(53) エドワード・A・オルセンは「戦前の日本はほぼ全面的にマルサス主義を前提としていた」と論じている。Edward A. Olsen, *Japan: Economic Growth, Resource Scarcity, and Environmental Constraints* (Boulder, Colo.: Westview Press, 1978), p. 52. 一九三一年に、ウォルター・R・クロッカーは「日本の外交政策は人口問題によって規定されることになろう」と予見していた。Walter R. Crocker, *The Japanese Population Problem, Coming Crisis* (London: George Allen & Unwin, 1931), p. 214〔近藤常次訳『日本の人口問題』南郊社、一九三五年〕.

(54) Wilbur M. Fridell, "Government Ethics Textbooks in Late Meiji Japan," *Journal of Japanese Studies* 29, no. 4 (August 1970), p. 829.

(55) 石田雄『明治政治思想史研究』(未來社、一九五四年) 八頁。

(56) 戦後の教育史家は、政府が最初に刊行したこの修身教科書シリーズを非常に近代的だと弁護している。Fridell, "Government Ethics Textbooks," pp. 822-23; 唐澤富太郎『教科書の歴史』(創文社、一九六〇年)、宮田丈夫編『道徳教育資料集成』(第一法規出版、一九五九年)。

(57) 日露戦争後、より一貫した新しい国家イメージに移行したことは、一四世紀の二つの朝廷をどう表現するかという問題(南北朝正閏論)に関する一九一一年の教科書論争でも明らかだった。一三三七年から一三九二年に南朝北朝という二つの相競い合う朝廷が存在したことは、万世一系の皇室という主張を傷つけたが、一九〇三年以降の文部省刊行の標準的な教科書では両朝廷を認め、その正統性の問題には触れなかった。しかし、一九一一年に非常に緊張が高まり、教科書執筆者の喜田貞吉は非難され、激烈な論争を経て、明治天皇(北朝の子孫)は三月三日に、南朝だけが正統だという布告を出した。Margaret Mehl, *History and the*

State in Nineteenth-Century Japan (New York: St. Martin's Press, 1998), pp. 140-47.

(58) 根本的なレベルにおいては、「過程」も穂積にとって忌み嫌うべきものだったと言える。彼は「天皇制」の代表的な法理論家であり、同僚の美濃部達吉と対立した。美濃部は、天皇を超越した存在ではなく政府の一機関だと考えた。

(59) 唐澤『教科書の歴史』二八六頁、Fridell, "Government Ethics Textbooks," p. 827 より引用。

(60) 宮田編『道徳教育資料集成 第二巻』四九九頁。

(61) 石田『明治政治思想史研究』八頁。

(62) 宮田編『道徳教育資料集成』四九四頁。

(63) ロバート・ベラーは、和辻が天皇に「非常に抽象的で哲学的」なアプローチをし、「資本主義と社会主義の弱点を克服するような、より平等な社会体制」を構築したいと考えて文化を重視したので、「ファシストや軍国主義者の運動」を支持したという非難はほぼ免れないが、「狂信的な伝統主義者とはまったく異なる」と考えた。実際モースは、まさに社会主義と資本主義の間にある「第三の道」への関心と、文化の重視という点から、ドイツとイタリアのファシズムを定義づけた。しかし、ベラーは和辻が戦争行動の共犯者ではないとは言っておらず、「日本が破滅に向かいつつあるなか、何ら効果的な抵抗をしなかった」と認めている。さらには「和辻理論にもあるように、集団、とりわけ国家では常に絶対的なものが実現されると、効果的な個人の抵抗をする基盤はほとんどない」ことも認めている。Robert Bellah, "Japan's Cultural Identity: Some Reflections on the Work of Watsuji Tetsuro," *Journal of Asian Studies* 24 (August 1965), p. 589. しかしながら、このような評価は、和辻が超国家主義を積極的に支援していたことを隠してしまう。結局、和辻は政府発行の『國體の本義』製作に参加しただけではなく、戦時中に次のようなものも書いていた。「日本精神」(一九三四年)『和辻哲郎全集 第四巻』(岩波書店、第三版、一九八九年)二八一~三二一頁。以下にパンフレットも収められている。「日本の臣道」『和辻哲郎全集 第一四巻』一~三一頁、および「アメリカの国民性」『和辻哲郎全集 第一七巻』四五一~八一頁。

(64) Yuasa Yasuo, *The Body: Toward an Eastern Mind-Body Theory*, trans., T. P. Kasulis and Nagatomo Shigenori (Albany: State University of New York Press, 1987), p. 46〔湯浅泰雄『身体——東洋的身心論の試み』創文社、一九七七年、四〇頁〕.

(65) ジェフリー・ボウナスは *Climate: A Philosophical Study*（文部省、一九六一年）というタイトルで翻訳書を刊行したが、ボウナスとベラーは *Climate and Culture* というタイトルを望んでいた。

(66)『國體の本義』五五頁。

(67) 和辻哲郎『日本の臣道』（筑摩書房、一九四四年）三一頁。翻訳は以下から引用。*Sourcebook for Modern Japanese Philosophy*, eds., David A. Dilworth and Valdo H. Viglielmo (Westport, Conn.: Greenwood Press, 1998), p. 287.

(68) 西田幾多郎「世界の新秩序の原理」（一九四三年）『西田幾多郎全集　第一二巻』（岩波書店、一九八八年）四二八頁。

(69) 西田「世界の新秩序の原理」四三四頁。世界の国々は家族のようなものだという考え方は国際連盟の理想であるから、指導的国家の立場にある日本に家族国家モデルは不必要だという西田の主張に注目すべきである。

(70) James Crowley, "Intellectuals as Visionaries of the New Asian Order," in *Dilemmas of Growth in Prewar Japan*, ed., James William Morley (Princeton, N.J.: Princeton University Press, 1971), p. 366〔小平修・岡本幸治監訳『日本近代化のジレンマ——両大戦間の暗い谷間』ミネルヴァ書房、一九七四年、一二三四頁〕より引用。

(71) 西田「世界の新秩序の原理」四三四頁。

(72) Junichiro Tanizaki, *In Praise of Shadows* [1933] (New Haven, Conn.: Leete's Island Books, 1977), p. 31〔「陰翳礼讃」『谷崎潤一郎集　第二巻』筑摩書房、一九五四〜五六年、四〇五頁〕.

(73) ミリアム・シルバーバーグは、大正期日本のカフェで生まれた新しい性的社会的相互関係を手際よく描いている。カフェは非常に人気を博し、一九三〇年までに大阪だけでも八〇〇軒以上あった。Miriam Silverberg, "The Cafe Waitress Serving Modern Japan," in *Mirror of Modernity: Invented Traditions of Modern Japan*, ed., Stephen Vlastos（Berkeley: University of California Press, 1998）.

（74）Tanizaki, *In Praise of Shadows*, p. 22〔谷崎「陰翳礼讃」四〇一頁〕.

（75）ジェフリー・ハーフは、ドイツの反動的モダニストはテクノロジーの進歩と「近代主義的先駆者に関係のあるテーマ」を奉じていたと論じる。Jeffrey Herf, *Reactionary Modernism: Technology, Culture and Politics in Weimar and the Third Reich*（New York: Cambridge University Press, 1984）, p. 12〔中村幹雄・谷口健治・姫岡とし子訳『保守革命とモダニズム——ワイマール・第三帝国のテクノロジー・文化・政治』岩波書店、一九九一年〕.

（76）Raymond H. Dominick, *The Environmental Movement in Germany*, p. 111.

（77）Kenzo Kai, *Sakura no kaori: The Fragrance of Cherry Blossoms*（Tokyo: Foreign Affairs Association of Japan, 1933）.

（78）西田「哲学論文集第四補遺」一二頁。翻訳は以下参照。Dilworth and Viglielmo, eds., *Sourcebook for Modern Japanese Philosophy*, p. 79.

（79）Luc Ferry, *The New Ecological Order*, trans., Carol Volk（Chicago: University of Chicago Press, 1995）, xxvii〔加藤宏幸訳『エコロジーの新秩序——樹木、動物、人間』法政大学出版局、一九九四年、二七頁〕. フェリーはいずれの自然な政治的主体も反リベラルとして退けた。

（80）Kevin Doak, "What is a Nation and Who Belongs?" *American Historical Review* 102, no. 2（April 1997）, pp. 283-309.

（81）鹿野政直「社会問題の発生と初期社会主義」橋川文三・松本三之介編『近代日本思想史大系　第三巻』（有斐閣、一九七一年）三三四頁。

第九章　結論——自然な自由

第一章で、私は自然と近代の関係について、二つの可能性を提示した。一つは対照的な関係、もう一つはコスモポロジーな関係である。再度、この二つのモデルを吟味し、本書が自然の観念を際立たせたことで、丸山やウェーバー、その他大勢の識者が問題が多いと考える近代の普遍的な歴史における日本の地位に関して、従来とは異なる見解を提供できたことを検討する。(1)

日本と欧米の思想史家には、近代を自然と対立するものとして定義する考え方が根強い。より正確に言うなら、本能的で物理的、物質的な自然の形態から、人間の意識だけを分離して近代を定義すれば、人間は解放された主体という地位を得られるとする考え方である。このモデルでは、啓蒙思想（一七世紀のデカルト派合理主義が達成したものか、儒教の聖人が予測したものか、ホルクハイマーとアドルノのいうようにホメロスが生きていたギリシャ時代に端を発したものであるかは不明だが）によって、個人が神話や伝統、とりわけ自然という居心地のよい場所から抜け出して、自意識過剰のエゴイズムを獲得し、自然界の神秘性を取り除き、社会的世界を創設する能力を身につける。この場合、どのような形態をとっても、啓蒙思想や自然（無思考）は歴史に道筋を与える。(2) つまり、自然環境には無限の力があると考えられている。これに関して疑問視されることも、認識されることすらほとんどないが、この無限の力によって自由への道筋が補強される。

ケンブリッジ大学の歴史家であるJ・B・ベリーが述べるように、「人類は今後も、人類の進歩を妨げず、活力を損なわない物質的状況の下で何万年もこの地球に住み続ける」ことが前提となっている。[3] 要するに、自然環境は客体化され、無限の生産性を有するが、人間性はすべての自然決定論から解放され、新しい、自意識という姿で現れたのである。

このように自然から解放された主体性こそ、複雑で辛らつになりがちだった戦後論争で、丸山眞男や同世代の多くの人が最も必要だと考えていたものだった。この論争では、日本が、民主化に必然的にともなう主体性をどのように獲得できるかが問題だった。さらに、日本が主体性を獲得できるかどうかも論争の的となった。つまり、民主主義を公式の統治体制への参加と理解するか、または、革命的実践として理解するのかという問題である。[4] 戦後すぐから一九六〇年代末、一九七〇年代初頭にかけて、穏健派からマルクス主義者にいたるまで、近代的な主体性を獲得していない日本人にはその獲得が緊急事項であると共通して考えていた。

日本が近代的主体性を得ることを、心底、望んでいた人の中に、丸山と親しい同僚である経済史家の大塚久雄（一九〇七〜九六年）がいた。地理的要因とモンスーン気候によって、日本の農民にはウェーバー流の職業倫理がそなわりにくかったと大塚は論じている。日本人は、あまり努力しなくても生産高をあげられる非常に肥沃な水田に恵まれていたので、二〇世紀半ばにもかかわらず、一六、一七世紀の英国ヨーマン（自営農民）と同じ程度の発展段階にしか到達していなかったとする。しかし、万事休すというわけではなかった。日本は、肥沃な水田という、職業倫理確立の妨げとなる自然要因を乗り越え、民衆の人間類型の近代的育成が可能だと大塚は考えていた。[5] 近代と資本主義に懐疑的な人も、日本人の自己意識で自然と意識が結びつくとは認識しなかった。たとえば、中国研究者である竹内好は、近代化論は民俗を考慮に入れていないと論じており、さらに、日本人は批判精神のような、真に近代的な意味での政治的主体性を持っていないという論にも同意した(6)。

また、丸山眞男は、政治的実践の基礎として荻生徂徠は作為を獲得できなかったと主張する論文を一九四四年に発表してから少なくとも二〇年間、日本に近代的主体性が現れるべく根気よく努力し続けた。歴史家アンドリュー・バーシェイは、丸山の戦後の立場について、以下のように要約している。

> 丸山によると「内面」もしくは冷静さが主体性の規範的中核を形成した。近代化するということは、丸山にとって、特定の社会的国家的全体性の中で、それを超越した普遍的で重大な能力を発揮することだった。近代もしくは「開かれた」社会とは、自由で制約されない個人どうしの連携が規準となり、その社会では政治は創造的空間であった。創造的空間では、「自由意識の進歩」(丸山はヘーゲルの『歴史哲学』から一節を引用している)でありつづける歴史の中で、対立が解決されていった。それは、必ずしも継続した明確さで理解されるとは限らず(めったにないといってもよい)直観されるわけでもなく、人間が人間のために作った歴史だった。したがって、人間社会と諸機関は、「自然」でもなければ形而上、保証されてもいなかった。むしろ、何らかの自意識をもつアクターが演じた非常に重要なフィクションだった。丸山はこの点を近代化の重要な指標としたのである。近代意識は、フィクションと現実や真実を対立するものとはとらえず、宇宙および人間の活動範囲を理解する「自然」で形而上学的に保証された秩序を否定した(7)。

実際、丸山はヘーゲル、マルクス、ウェーバーに依拠しながら、日本社会が抱える問題は「精神が自然から機能的に独立しない」ことであると主張し続けた(8)。

丸山眞男は、ブルジョワ市民だけではなく、「大衆」にも完全な主体性を拡げたいと考えたが、彼の批判者が指摘したように、「民衆」の官能性とわがままに嫌気がさしていた。それは自己抑制（もしくは自己規定）こそが、無思考の環境だけでなく、身体の一貫した必要や欲求と定義できる自然を超越するために不可欠だったからだ(9)。丸山は自己規制するにあたり、主体的人格と衰退期や危機とを結びつけた初期の作品で予示したジレンマを解決する方法を探した(10)。ジレンマを十分解決できれば、この規制された自己は、「自らの背後にはなんらの規範を前提とせずに」、自然に打ち勝つための完全で重要な自由を獲得する(11)。そして同時に、社会の中だけで制定でき、世界や他者に敬意を表する態度に必然的に依存する、平等や民主主義といった価値をも維持できる。このようにして、丸山は、個人と国家というより国民の緊張関係を和らげようとし、自由のいい面と悪い面の両方を受け入れようとした。自然とは、一度だけ克服すればいいものではなく、継続的に規制し、制圧すべきものなのだ。

しかし、一九六〇年代半ばまでに丸山は、日本がこのような意味での近代を獲得できるとは思わなくなっていた(12)。丸山が「古層」と呼ぶ政治的社会的存在の特定の様式は深層意識に根づいていて、変化しないように思われた(13)。丸山が新たに発見した悲観主義はマックス・ホルクハイマーやテオドール・アドルノのようなフランクフルト学派理論家の悲観主義とは異なっていた。つまり、近代化プロジェクトが最初からすべて誤りだったと非難しなかった。ホルクハイマーとアドルノは『啓蒙の弁証法』において、もはや幸せな「自然との不安定な関係」の網の目にかからない自意識の主体を、セイレンの歌に魅せられたオデュッセウスのように、歴史として描いた。二人のオデュッセウスは合理性の経験を経て、破れかぶれの不条理に落ちていく運命にあった。その一方で、政治的社会的実践とは虚構の実践であり、想像力で修正可能と考えるべきだと主張したことからもわかるように、丸山は近代心理構造に非合理主義様式を進んで採り入れていた。

また、一九五一年の小論では、民主主義は日本のすべての階級の人が享受して縁遠い外国の教義でなくなると、機能的合理的根拠では主張できないと示唆している。つまり、「それ〔デモクラシーとナショナリズムとの内面的結合〕が達成されるためには、……ナショナリズムの合理化と比例してデモクラシーの非合理化が行われねばならぬ」（強調は丸山）のだ。[14] しかし、ホルクハイマーやアドルノと決定的に異なるのは、丸山が日本の特殊性を重視した点である。このように自然と伝統として記号化され、長く続いている意識構造のせいで、日本は普遍的歴史に仲間入りできない。彼の考えによれば、もともと近代合理主義にある矛盾ではなく、こういった「古層」こそ、日本が近代化できない最大の障害ということになる。

さらに、丸山は新たな悲観主義を発見したが、絶対的自由という独自の考え方に基づき、近代化プロジェクトが暗礁に乗り上げたとは論じなかった。この点では、ヘーゲル学派やマルクス主義者の近代化論にとりついた社会的全体性を攻撃したユルゲン・ハーバーマスとは異なっている。[15] ハーバーマスは「対話行為と生活世界とは相互に補完関係にある概念である。この二つの概念は、両者が互いに補完しあうということによって両者の定義の違いも示している。……〔この二つの概念が〕より高い次元で再び統一される契機となることはない」といって、近代を救済しようとした。[16] 一方、丸山は、近代が約束し、ヘーゲルやマルクスが思い描く究極的全体性で保証された完全な和解が問題なのではなく、日本が永遠の特殊性に固執して逃れられないのが最大の問題だと次第に確信を深めていった。ハーバーマスの見解によると、日本は、国際化し、全体化した近代という帰結を迎える国家主義的価値と普遍的価値の相克を包摂していない点で、敗北国だった。[17] また、ホルクハイマーとアドルノは、近代化とは絶望的なプロジェクトだと論じ、ユルゲン・ハーバーマスは「不完全なプロジェクト」としてしか復活し得ないと考えたが、丸山は、日本では近代化というプロジェクトはいまだ始まっていないと考えた。丸山や大塚など二〇世紀半ばの日本の思想史家にとって、絶望を生み自由を脅かすのは近代性ではなく、前近代性だったのである。

近代化を、あらゆる局面で自然から個人の意識を分離し、絶対的な解放を得ることだと定義づければ（つまり丸山眞男の定義を用いれば）、日本は近代化の経験を持たなかった。本書で扱った時代に登場する日本人政治思想家は繰り返し自然に対する権利を主張したし、どの時代でも自然への固執と親しみは明らかである。徳川時代において、自然は正しい政治に関する中央と地方それぞれの空間を位置づけると理解されていた。自然により、共同体の場所と形態が認められるところもあれば、そうでないところもある。そして、明治の最初の数十年間で、自然は主に空間概念から時間概念へと転換した。さらに、個人、政治体制、自然界が厳しい生存競争をするにつれて、政治慣行は博物学の形態をとるようになった。自然で普遍的、進化的な歴史が絶え間なく提唱されたが、大正期までには自然と日本の統合体制が完成したので、その必要性もなくなった。再構築されたアイデンティティを通じ、エリートが権力を維持するために、自然に関する新しい考えが現れた。物理的資源としての自然は縮小したが、時をさかのぼって空間的に「八紘」に拡散した天皇の血統を通し、精神的資源としては拡大した。多くの日本の政治思想は必ず自然に指標と権威を求めたので、日本人は『國體の本義』など戦時中のプロパガンダが主張した「親しい一體の關係」にある「自然への深い愛」をつねに持ち得たのだ[18]。

しかし、日本の真のアイデンティティ、近代の欠如や「西洋」（つまり西欧と米国）との隔りを表す言葉として流行したこの「自然への愛」は、イデオロギー的に成功したものの、次のような二つの疑問を無視している。まず、自然と近代が対立関係にあるという前提は、過去四〇〇年のヨーロッパ思想史において有効なのだろうか。また、日本政治思想で展開された自然の定義は一貫しており、国家アイデンティティの確固たる中核としての自然は、永久に近代化に対置できるのか。今まで本書で検討してきたように、どちらの質問に対する答えも「ノー」である。自然の概念への依存は、多くの欧米近代史家や政治思想家が考えていたほど強く否定されたというわけでもないし、たった一つの自然の概念が日本思想でアイデンティティの源としてずっと継続していたわけでもない。本書で提示したように、近代化を自然のアンチテーゼではなく、コスモポリス的比喩を通して定義づけるなら、近代世界の形態は変化し、その中における日本の位置も確実になる。

さて、「西洋」思想史における自然に関する疑問を取り上げる。現在エコロジーを考慮してわれわれの認識が変化したので、思想史家はコスモポリス的な比喩を以前よりも容易に受け入れるようになった。まず、この点に着目することが重要である。二一世紀初頭に、環境主義は人類史を自然過程に挿入し直したが、それまで何世紀にもわたって、ヨーロッパ人思想家は、コスモスとポリスは本質的にまったく異なる領域であり、また、そうあるべきだと考えてきた。スティーヴン・トゥールミンが指摘しているように、人間と自然の境界線を保つのに大変な努力が必要だった。「一七二〇年から二〇世紀のかなりの時期まで、大部分の哲学者と自然科学者は、……人間を自然から切り離すことに、自分たちが一役買ってきたことをあれこれと擁護し続けていたのである」。ところが、さらに彼は「ニュートンからドルバック、カントそしてヘルダー、それからさらにダーウィン、マルクスそしてフロイトに至るまでの、自然に関する公認の思想の基本的変化はすべて、社会に関する公認の思想に対しても、同じような影響を及ぼした」と続けている。[19] 近代化の主人公は自由にとって自然な必然性と離れた歴史的軌跡に加わったという認識を持っていたが、後から振り返ると、近代化の歴史は、自然と人間に関するさまざまな理解の共鳴として書き直すことができる。

コスモポリス的見解からすると、ルネサンス期の人文主義者のつつましさ（具体的、一時的、特定の現象の集合体としての自然を全体として評価する複数性、多義性、および不確かさに人文主義者が寛容だったこと）が、ヨーロッパにおける近代化の第一の動向を形づくったとトゥールミンは論じる。第二の動向であるデカルト派の近代化ですら、反自然ではなく、合理的な「人間」と自然の特殊な関係が開花したものであり、安定と秩序があって限りなく生産的で、究極的には人間の理解と構想に沿うよう創られている。一七世紀と一八世紀のこの合理的な「人間」は、組織的な宇宙の予感がなければひとりで立てなかっただろう。[20] トゥールミン自身、一九世紀の転換したコスモポリスを軽視していたが、社会・政治理論（と宗教）に及ぼしたライエルの地質学とダーウィンの生物学の影響は、自然の理解の仕方と人間社会の考え方の頑強な結びつきを示している。[21] また、ロマンティシズムも異なる方法で、人間と自然の結びつきを強めた。ようやく二〇世紀になって科学知識と人文知識の方法がまた分かれたが、[22] ブルーノ・ラトゥールなどは、近代が「［自然の］支配と［人間の］解放という二つの業績」を意味するのであれば、「まだわれわれは近代を経験していない」と力強く主張した。[23] われわれは、自然、政治、言説を明確に区別しながら、実際には「物事それ自体」「社会に生きる人間」「レトリック」について同時に話しているとラトゥールはいう。この相互関係が「異様で想像を絶する見苦しい」ものに思えるまったく別個のアプローチだという前提でしかない。[24]

ルネサンス期から一九世紀に至るまで繰り返し起きた自然と政治形態（ポリティ）の共鳴を認識し、現在の社会理論が環境問題への関心によって形づくられたことを考慮に入れると、「西洋」思想は、通常考えられているような方法ですっかり自然を放棄したわけではない。政治哲学、社会理論、人間観が自然の特定の考えに密接に依存しているという認識を、西洋思想が、やっと一時的に抑えただけである。近代化の主人公は、近代は自然から遠ざかっている過程だが、大概は、妙な物悲しさを伴いつつ、最終的には再度自然と合流することを完全な形で示すことになる。ヘーゲル流の弁証法、スペンサー流の自然と社会の進化の究極的合体、ベンサム流の完全な管理、およびマルクス流の「革命的（全体的）実践が統一体を再構築するであろう。すなわち自然は再発見されるであろう。自然は、同時に支配され、再認識され、回復されるであろう[25]」という考え方を通じて、自然は最終的に人間のプロジェクトに戻ってくる。

さらに、日本社会が欧米を知る一九世紀半ばまでに、最も自然とは遠い近代化の抽象的形態であるデカルト流の合理主義は、すでに社会ダーウィニズムの影響を受け、生物学的な意味での主体性と混じりあっていた。たとえば、山川健次郎（一八五四〜一九三一年）はハーバート・スペンサーに関する書物を読んでいて、突然、ひらめいた。彼はそれによって日本初の物理学教授となり、科学は国家に貢献すべきだと強く提唱している。山川は一八七二年にイェール大学付属シェフィールド科学学校に入学したばかりの頃、ハーバート・スペンサーの新著についての記事が『ポピュラー・サイエンティフィック・マンスリー』に載っているのを偶然見つけた。「［スペンサーの教えの］考へを私が段々考へて見ると、どうしても日本を盛にしなければ成らぬが、それには政治をよくしなければならぬ。然るに政治をよくするには社会をよくしなければならぬ。社会をよくするには社会学の研究が必要である。社会学の研究には生物学並にその他の自然科学の研究が必要である。就中国を富まし兵を強くするには物理化学が盛んにならなければならんと考へて、物理学を学ぶことに決心した[26]」。英国式コスモポリスから連想して、山川は、日本のコスモポリスを再構築するために国力、政治、社会、科学を結びつけた。彼が接触するようになったこの「西洋」が近代ならば、また、西洋が自らと他者を知るために自然とポリスの共鳴に依存したなら、日本のイデオロギーにおいて、明治期の思想家が自然の政治的権威を復活させようと努めたのは反近代とはいえない。

後から考えると、近代化とは自然から離れる軌跡ではなく、コスモポリスを転換するさまざまな経験と再定義できる。こうして日本を近代化の世界史に位置づけることができ、「西洋」のユニークさという幻想を打ち砕く。そして、思想・政治運動としての近代化は、ヘーゲル流に絶対的な自己実現という不自然な根拠や、マルクス流に再加工された「第二の自然」に基づいた束縛のない自由が登場したため、もはや注目されなくなった。こうなると、むしろ近代化は、従来の自然と政治形態の観念が崩れ、歴史的に高いレベルの生産性と社会組織に基づいて意識的に再構築された過程だと考える方がわかりやすい。その過程は日本でも「西洋」でもおなじみである。

このように近代化をコスモポリス的にとらえる考え方は、反本質主義的・反目的論的に重要である。西洋と日本の両「サイド」が自然とポリスのダイナミックな再構築に取り組む際、「決定的な」日本的自然観に「決定的な」西洋的自然観を対置できないという点で、それは反本質主義的である。また、日本（自然、前近代）から「西洋」（文化、近代）へ進歩するという考え方が不可能になるという点で、反目的論的である。ラトゥールが指摘したように、自然と文化に対するわれわれの考えを融合すれば、たしかに異文化間の比較は劇的に変わる。つまり、「自然を括弧でくくると文化の概念は人工品になる。（ユニークなものであれ、普遍的なものであれ）文化が存在しないのは自然が存在しないのと同じだ。自然－文化という一体化したものだけが存在し、これしか比較の基礎にはならない[27]」。しかし、ラトゥールに異議を唱え、自然－文化二元論の創造と維持をしたのは「西洋人」だけではないと付け加えておくべきだろう。ここで吟味したテキストが示すように、近代化が自然を超越するという幻想は、日本人思想家にも影響を与えた。丸山、家永、松本の著作のように大きく影響を受けた場合もあれば、社会学者清水幾太郎や科学史家渡辺正雄の著作のように、日本の自然なアイデンティティを主張する方法として影響を受けた場合もある。

しかし、近代化の理解を再び自然化すればすべてよいというわけではなく、よい面と悪い面がある。一方では、コスモポリス的な考え方で東洋と西洋という対立軸を越えた比較ができるために、新しい「自然－文化」基盤が提供されたが、同時に、近代化は非常に控えめな活動になる。特に、この再自然化によって、完全な自由という近代化の崇高なビジョンが損なわれてしまう。(28) 自然は近代化のコスモポリス版において、官庁のアンチテーゼでもなければ、政治的アクターの舞台でもなく、政治活動の構成要素である。したがって、自由は少し不完全な形で再定義しなければならない。

この問題を検討するにあたって、実存主義神学者のポール・リクールは「自由は純粋な行動ではなく、つねに行動と受容のセットである。自由は自ら創り出せない価値、能力、純粋な自然からできている」(29) と、意志的なものと非意志的なものという観点から自然と意志の関係を述べている。つまり、両者の関係を理解するために、「われわれはつねに、自然の観点からすると自分のコギトを取り返さなければならない」のだ。(30) 行動と受容、抽象性と具体性の関係で自由は生ずると述べており、このため自由は修復不可能な矛盾と、交渉によって生じた可能性の不安定な中間地点に置かれる。ディペッシュ・チャクラバーティが提示するように、もし近代化の主体が「われわれの感覚、つまり体の腺と筋肉と神経網をつなぐことを長く異質な歴史で文化的に訓練されて」現れるなら、自由はわれわれ自身やわれわれの状況を変えるかもしれない欲求に耳を傾け、身体と社会慣行の文脈に根をおろすにちがいない。(31) こうとらえると自由は、牛が反芻するように、黙々と自然の必要を受け入れない。むしろ自由は必要の一部を受け入れて転換する。(32) これは崇高でなく超越してない自由である。自由とは優しさと同じように、特定の社会的文脈で期待や希望とかみ合ってはじめて意味を持つのである。

絶対的自由に反する考え方を丸山の用語に言いかえるなら、「自由」は「作為」と「自然」の両方を兼ねそなえなければならないだろう。この再定義は丸山の理想主義的な希望をつぶすが、同時に彼の悲観主義を和らげもするだろう。丸山の目標が絶対的な自律性ではなく、相対的自律性だったなら、彼が日本政治イデオロギーに発見した自然のさまざまな使われ方は、政治的創造力を権威主義的に抑えこんだ証にはなりえない。ここで、自然と政治的創造性を決定論的な対立概念とするのではなく、どのように自然を理解すれば、最も効果的な創造性の基盤を提供できるかという問題に焦点を移す必要がある。このアプローチでは強制をすべて排除するのではなく、できるだけ最小限の強制力を用いるようにすべきである。すると、丸山が唱える「二者択一的」な選択や、家永三郎が提唱する「否定の論理」よりも、所与のものと状況の可能性の交渉を強く求めねばなるまい。より穏健な定義の自由は、一般に容認された価値、能力、純粋な自然を完全に除去するのではなく、自然と文化を合わせ考えるやり方によるのである。

コスモポリス的な考え方で日本史に立ち返ると、日本思想においてなぜ自然と政治が完全に分離しなかったのかではなく、一世紀にわたる近代化において、何が自然と政治のたくさんの結びつきを仲介したのかが問題になる。各状況における所与のものと可能性を比較検討する地位にあったのは何か。自然とポリスの両方を理解できると考えられたのは何か。つまり、選択と自由を求める力があると考えられたのは何だったのか。自由主義的近代であれば、個人であり、そしておそらく、自然と社会のどちらか一方だけの創造者ではなく、両者を最も実りあるものに具現化する存在だと考えるだろう。[33] 左翼と右翼の反動的近代であれば、最終的には国家という形をとると考えた。国家は自然と社会を仲介し、[34] 完全に融合させることもよくある。非自由主義的な近代国家は、必ずしも個人を軽視するわけではない。むしろ、個人は集団を通して真に自己を発現すると見なされる。東京帝国大学憲法学者の上杉慎吉（一八七八〜一九二九年）は、自然と社会、国家と個人の完全な調和を求める者にとって、国家は「道徳の頂点」に立ち、「人の本性は国家に於て最も内容多く充実せられ発展せられて居る。人若し国家を成すことなくんば人にして人にあらぬ」と一九二五年に述べた[35]。国家と個人の関係に関するこの独特な主張には、ヘーゲル主義右派の影響を感じられる[36]。近代化の反動的な形式では、自然と文化の両方を征服し縮図となった国家が自由を見出すのである。

こういった基準を用いると、日本は、世界の近代国家において非自由主義国家という多数派に属するが、それは驚くべきことではない。ジュディス・シュクラーが論じているように、「自由主義は、ここ二〇〇年余りの間に理論面でも実践面でもほとんど登場してこなかった」からである[37]。すでに検討してきたように、大部分の日本政治思想は、ある形式の自然と、ある特定の形式の文化という価値を表す国家構造を理想としていた。徳川幕府、明治専制政府、大正と戦時中という比類のない自然発生的な帝国に、理想的な自然－文化国家が実際に存在したと思われる。

さらに、自然と文化の価値を同時に表すとお墨付きをもらった国家に対峙することは非常にむずかしい。しかし、そのような何でも吸収するものの内側から反対者が出ることもある。すでに論じてきたように、自然－文化共同体の新たな形を、その時々の日本政府の反対勢力はよく提唱してきた。江戸から離れた地で自然と政治的実践は一致すると考えた人々によって、徳川時代の地勢的想像力は何度も挑戦を受けた。たとえば、安藤昌益は幕府と切り離した階層のない村を思い描いている。その村ではすべての人が農業労働をして、自然と文化を完全に表現するのである。後に、明治専制政府は社会ダーウィニズムに基づき、もし民主的勢力を解き放てば、生存競争の結果、日本の将来が危うくなると憂えた。しかし、馬場辰猪は自然観と政治観を社会ダーウィニズム的に融合して、日本は自然に関する最高の政治的表現、すなわち、立憲民主主義に迅速に進むべきだと主張した。国家が空間と時間を奪い、社会統制の技術が格段に進んでいた大正期の日本ですら、南方のように地方のエコロジーを力説したり、横井時敬のように反商業的な村落の生産性を強調するなど、「自然の国家」が挑戦を受けることもあった。こうしたあらゆる代替案が自然と文化に重きをおいていたのは驚くべきことだ。その時々の国家同様、各々の代替案は、妥協の余地のない究極的価値を認めているので、個人の選択に寛容な共同体ではなく、総体として、つまり「絶対的な倫理」（ウェーバーの用語）の理想型として提起された。

上述のような構造を考えると、個人は自然と社会の両方と交渉する立場に引き上げられ、むずかしい障害に直面した。一般的に、日本版自然－文化国家は（存在するのか計画中かは別として）、個人に二つの選択肢しか与えていない。上杉が薦めたように、集団の中で真の自分を見つけるか、完全に集団の外にいるかである。個人の身体性を自由のよりどころとする植木枝盛と、社会的束縛を避けた隠遁者を描いた家永三郎は、どちらも、個人は包括的な共同体を拒むこともできるとしている[38]。しかし、植木も、特に家永も、この社会の外側で、こうした個人がいいようのない孤独感に襲われていると気づいている。ある意味では自然の中にいるが、能力は脱自然化しているため、国家再編の活動はいうまでもなく他の人間と交渉などができない。各個人は、丸ごと否定するか熱狂的な拒絶のダンスでしか異議を申し立てられない。そうして国家権力を和らげることなく、人間性の一部や微妙なコミュニケーション能力を否定する。

皮肉なことに、本書で取り上げた識者のうち、自然や社会に完全に吸収されることなく両方と交渉できる個人を一時的に思い描いているのは加藤弘之だけである。『人権新説』において加藤は、自然と人間双方に進化の力が働いているにもかかわらず、自然と人間の目的は両立しないという信念を明確にした。自然と政治の形はそぐわないが、「およそ万物法の吾人に害あるものを避けて、特にその利を取」ろうと考える指導者が持つ解放意識の原型には、幅がある[39]。しかし、ごく少数の男性グループしか、日本の国家にとって必要な進化的生存競争と社会価値を理解できないという加藤の論を考慮に入れると、民主的見解からしても、指導者たちの解放意識は受け入れがたいほど限定されていた。さらに、加藤が考えていた小さなグループとは、実際には日本を指していたので、明治政府に、活動と受容を組み合わせる寡頭制の力が付与された。つまり、この小グループの活動の自由が国家の自由であり、国家は、かつて近代化の約束を追求し、近代国家にふさわしい強さ、近代経済にふさわしい生産性、そして究極的に、あらゆる矛盾を克服し、あらゆる緊張関係を和らげる魅力的な（しかし誤った）世界観と合致したのである。

自然と近代化を一緒に分析して（ラトゥールはその分析を「異様で想像を絶するもので見苦しい」と呼んだかもしれない）、私は日本の政治イデオロギーに新しい見方を提供した。特定の自然観と政治的実践の関係をクローズアップして近代化を再概念化すると、日本のイデオロギーが自然の中に繰り返し政治的権威を見つけようとしてきたことは、他の国と比べてもはや反近代的とは言えない。また、日本思想で自然を反復したところで、日本が「伝統的」になるわけではない。自然とは過去の遺物ではなく、根本的に再構築した考えの連続だからである。日本は自由主義的な近代化も民主的な近代化（一九二五年に男子普通選挙制を実施したというごく限られた公式の見解を除く）も左翼の近代化も経験していないが、それでも一応「近代化」を達成した。明治期と大正期に国家が自然と文化を完全にとりこもうとしたのは、変化の衝撃に日本が独特の対応をしたのではなく、自然と文化（それに合理性と正義、自由と秩序、手段と価値、生産力と公正な社会構造）は最終的には完全に調和し得ると主張して、近代化の核心の矛盾を克服しようとする、よくあるいたましい試みなのである。（日本が望んだように完全に自然を明示するにしても、丸山が言ったように、全面的に自然を抑圧するにしても）調和の約束によって、個人の選択に政治的寛容が必要だという矛盾が認識しがたくなっている。(40)

自然はわれわれが安心して戻れるような自己の内にある本質ではなく、全面的に征服できる自己の外にある客体でもない。つまり、自然とは必然性と自由を同時に兼ねそなえている。(イデオロギー概念や自然環境としての)この自然は、完全性という近代化の約束を拒否するよう政治的な教訓を与える。さらに、近代化が生み出した複数の競合する、比類のない価値の中から選ぶという、畏怖するような責任感を持たなければならないとも教えてくれる。

註

(1) 丸山は「〔一九五一年になっても〕世界史の上で日本の占める地位が未だに混沌としていること」に関して言及し、「〔日本の〕世界史的な位置づけがいかに困難であるかは、今日、過去から将来にわたる日本の政治的・社会的進化の方向と型についてのハッキリした認識が、実際政治家の間でも、専門学者の間でも未だ殆んど確立せられていないということをもってしても明かである」(強調は丸山)という見解を述べている。Maruyama Masao, "Nationalism in Japan: Its Theoretical Background and Prospects," in *Thought and Behavior in Modern Japanese Politics*, ed., Ivan Morris (London: Oxford University Press, 1969), p. 135〔丸山眞男「日本におけるナショナリズム」『中央公論』六六巻一号(一九五一年一月)二九五頁〕.

(2) ヘーゲルにとって、最高次元の歴史(すなわち、絶対的なものが登場する哲学史)は自然とは区別され、人類史よりも前からある。「したがって、一般的に歴史とは時代における精神の発展であり、自然は空間における思想の発展である」。Hegel, *The Philosophy of History*, trans., J. Sibree (New York: Dover, 1956), p. 72〔武市健人訳『歴史哲学』岩波書店、一九五四年〕. R・G・コリングウッドは、ヘーゲルに依拠しながら同様の観点で歴史を重視するため、自然を軽視している。「歴史家が歴史的認識の領域を人間事象に常に限定する理由は、すでに明らかである。自然の過程は出来事の過程であり、歴史の過程は思考の過程である。そして、人間は歴史的過程の唯一の主体と考えられる。なぜなら、思考し、あるいは十分に思考し、また十分明確に思考して、自身の行為を自身の思考表現となし得る動物は人間だけだと考えられるからである。……少なくとも次のことが確言できる。つまり、われわれの科学的また歴史的認識に関する限り、自然界を構成する出来事の諸過程は、歴史の世界を構成する思考の諸過程とは全く別種のものだ、ということである」。R. G. Collingwood, *The Idea of History* (Oxford: originally published by Clarendon Press, 1946; rpt., Oxford University Press, 1956), pp. 216-17〔小松茂夫・三浦修訳『歴史の観念』紀伊国屋書店、一九七〇年、二三二〜二三三頁〕.

（3）J. B. Bury, *The Idea of Progress* (New York: Macmillan, 1932; rpt. 1987), xix〔高里良恭訳『進歩の観念』創元社、一九五三年〕.

（4）J・ヴィクター・コシュマンの戦後主体性理論の研究では、平等と自由を拡大するための徹底的な革命である民主主義の概念と、公的領域における権利と責任の公的制度である民主主義、すなわち、生き方と統治の仕方、習慣から生まれた主体とあり方の中から発見された主体とを慎重に区別している。Victor Koschmann, *Revolution and Subjectivity in Postwar Japan* (Chicago: University of Chicago Press, 1996), 特に "Conclusion: The Subject of Modernity."

（5）大塚久雄「生産力における東洋と西洋——西欧封建農民の特質」（一九四六年五月）『大塚久雄著作集　第七巻』（岩波書店、一九六九年）。東京大学の経済史研究者でキリスト教徒、ウェーバー主義者である大塚久雄は、丸山と親しかった。

（6）竹内好「近代主義と民族の問題」『文学』（一九五一年九月）（『竹内好全集　第七巻』筑摩書房、一九八一年所収）。日本共産党は「主体性」に執着することに疑問を抱き、議論の焦点を国民性と、もちろん階級問題へと移そうとした。

（7）Andrew E. Barshay, "Postwar Social and Political Thought, 1945-1990," in *Modern Japanese Thought*, ed., Bob Tadashi Wakabayashi (New York: Cambridge University Press, 1998), p. 299.

（8）Maruyama, "From Carnal Literature to Carnal Politics," in *Thought and Behaviorin Modern Japanese*

Politics, ed. Ivan Morris (New York: Oxford University Press, 1963), p. 252〔丸山眞男「肉体文学から肉体政治まで」『展望』第四六号（筑摩書房、一九四九年一〇月）九頁〕.

（9）さまざまな論稿で自由の基礎としての自制を分析している。特に以下を参照。丸山眞男「日本における自由意識の形成と特質」（初出は一九四七年八月二一日）丸山眞男『戦中と戦後の間―― 1936-1957』（みすず書房、一九七六年）。ここで丸山はジョン・ロックの作品に依拠している。

（10）Maruyama Masao, *Studies in the Intellectual History of Tokugawa Japan* (Tokyo: University of Tokyo Press, and Princeton, N.J.: Princeton University Press, 1974), p. 229〔丸山眞男『日本政治思想史研究』東京大学出版会、一九五二年、二二九頁〕.

（11）*Ibid.*, p. 210〔同前、二一二頁〕.

（12）アンドリュー・E・バーシェイは一九六〇年代の丸山の知的軌跡を、「幻想からめざめる」過程ととらえる。Andrew E. Barshay, "Imagining Democracy in Postwar Japan: Reflections on Maruyama Masao and Modernism," *Journal of Japanese Studies* 18, no. 2 (Summer 1992), pp. 401-2.

（13）丸山眞男「歴史意識の『古層』」丸山眞男編『日本の思想　第六　歴史思想集』（筑摩書房、一九七二年）、「原型・古層・執拗低音――日本思想史方法論についての私の歩み」武田清子編『日本文化のかくれた形』（岩波書店、一九八四年）。

（14）Morris, ed. *Thought and Behavior in Modern Japanese Politics*, p. 152〔丸山「日本におけるナショナリズム」三〇三頁〕.

（15）ヘーゲルが創り出したのは「合理性」であり、「合理性を絶対精神にまで膨れ上がらせることによって、近代がようやく自分自身についての意識を獲得していた諸条件を中和し、無効化した」とハーバーマスは主張する。Jürgen Habermas, *The Philosophical Discourse of Modernity*, trans., Frederick G. Lawrence (Cambridge, Mass.: MIT Press, 1987), p. 43〔三島憲一・轡田収・木前利秋・大貫敦子訳『近代の哲学的ディスクルス　I』岩波書店、一九九九年、六六頁〕. マルクスも「ヘーゲル流の全体性の考えから抜け出て」

いなかった。ハーバーマスは、労働により十分に自己実現した第二の天性に対して、マルクスの規定を論じている。「自然の自己媒介の過程は、その過程のなかで活動的に働く主体の自己実現をうちに含みもつ。自然の自己媒介と主体の自己実現は、いずれも自己産出の過程である。どちらも、自己自身の生産物にもとづいて自己を生産する。これと同じく、この実践にもとづいて生み出される社会は、その実践のなかで実践を通じて作り出される生産力と生産関係の生産物であると捉えられる。実践哲学の思考様式には、労働と自然というとりあえずは区別されながらも相互に結びついている諸契機を、自己関係的な再生産の過程の全体のなかに、埋没させてしまう傾向がある」。Habermas, *The Philosophical Discourse of Modernity*, p. 342〔三島憲一・轡田収・木前利秋・大貫敦子訳『近代の哲学的ディスクルス II』岩波書店、一九九九年、五九一～九二頁〕.

(16) *Ibid.*〔三島ほか訳『近代の哲学的ディスクルス II』五九二頁〕.

(17) 丸山「近代日本の知識人」『後衛の位置から』(未来社、一九八二年) 一二七～三〇頁。

(18) これは『國體の本義』の翻訳書の一節である。John Owen Gauntlett, *Fundamentals of Our National Policy* (Newton, Mass.: Crofton Publishing, 1974), p. 97〔『國體の本義』五四～五五頁〕.

(19) Stephen Toulmin, *Cosmopolis: The Hidden Agenda of Modernity* (Chicago: University of Chicago Press, 1990), p. 143〔藤村龍雄・新井浩子訳『近代とは何か——その隠されたアジェンダ』法政大学出版局、二〇〇一年、二三一～三二頁〕.

(20) トゥールミンは次のように記している。「一六六〇年から一七二〇年の間は、物理世界の機械的現象の説明にのみ関心を抱く思想家はほとんどいなかった。大多数の人々にとっては、新しいパターンの社会慣行と、そしてポリスについての関連した思想に対し、まさしく同等の精神的土台が必要だと感じられたのである。その結果、魅惑的な、新しいアナロジーが社会的・政治的思考の中に入ってきた。すなわち、『安定』が、今後、社会組織の主要な美徳となるのであれば、社会に関する政治的思想を、自然に関する科学的思想と同じ方針にそって体系づけることが可能なのではないだろうか。社会秩序についての思想を、自然における秩序についての思想と同様、数学と形式論理学の『システム』に基づいて作ることはできないだろうか」。*Cosmopolis*, p. 107〔藤村・新井訳『近代とは何か』一七二頁〕.

(21) ロバート・J・リチャーズらはダーウィニズムがもたらした深刻な政治的文化的影響に、再度関心を向けるよう強く主張している。Robert J. Richards, *Darwin and the Emergence of Evolutionary Theories of Mind and Behavior* (Chicago: University of Chicago Press, 1987). 以下も参照。Peter Singer, *A Darwinian Left: Politics, Evolution, and Cooperation* (New Haven, Conn.: Yale University Press, 2000)〔竹内久美子訳『現実的な左翼に進化する』新潮社、二〇〇三年〕.

(22) C・P・スノーは有名なエッセイでこの分離を嘆いている。C. P. Snow, *The Two Cultures and the Scientific Revolution* (New York: Cambridge University Press, 1961)〔松井巻之助訳『二つの文化と科学革命』みすず書房、一九六七年〕. アイザィア・バーリンは自然科学と人文科学の「高まる緊張」に気づきながら、スノーの主張を取り上げていない。Isaiah Berlin, "The Divorce between the Sciences and the Humanities," *Against the Current: Essays in the History of Ideas* (London: Hogarth Press, 1979)〔佐々木毅訳「自然科学と人文科学の分裂」佐々木毅ほか訳『バーリン選集1　思想と思想家』岩波書店、一九八三年〕. カール・N・デグラーは遺伝病と知能に関してダーウィン主義者の概念に対するアメリカの反応を検討している。Carl N. Degler, *In Search of Human Nature: The Decline and Revival of Darwinism in American Social Thought* (Oxford: Oxford University Press, 1991).

(23) Bruno Latour, *We Have Never Been Modern*, trans., Catherine Porter (Cambridge, Mass.: Harvard University Press, 1993), p. 10.

(24) Latour, *We Have Never Been Modern*, p. 5.

(25) Henri Lefebvre, *Introduction to Modernity*, trans., John Moore (New York: Verso, 1995), p. 170〔宗左近・古田幸男監訳『現代への序説　下』法政大学出版局、一九七三年、二一四頁〕.

(26) 山川健次郎『男爵山川先生遺稿』（故男爵山川先生記念會、一九三七年）五三頁。

(27) Latour, *We Have Never Been Modern*, p. 104.

(28) リュック・フェリーは、この理由だけで、環境的思考の悪影響について並々ならぬ懸念を示している。Luc Ferry, *The New Ecological Order*, trans., Carol Volk (Chicago: University of Chicago Press, 1995)〔加藤宏幸訳『エコロジーの新秩序――樹木、動物、人間』法政大学出版局、一九九四年〕.

(29) Paul Ricoeur, *Freedom and Nature*, trans., Erazim V. Kohák (Evanston, Ill.: Northwestern University Press, 1966), p. 484.

(30) Ricoeur, *Freedom and Nature*, p. 9.

(31) Dipesh Chakrabarty, "Afterword," in *Mirror of Modernity: Invented Traditions of Modern Japan*, ed., Stephen Vlastos (Berkeley: University of California Press, 1998), p. 295.

(32) アンリ・ルフェーヴルは、自然と必然性を、不可能ではないかと思えるほど徹底的に習得することによって、自由を定義づけている。それでも私は、自由が必然性を変容させ得るという彼の考えを採用してきた。ルフェーヴルは以下のように主張する。「自由がなによりもある必然性の非容認に存するということを示している。自由を変更し、自由を、しばしば思いがけないものである『別物』に変容させる必然性の制御を、だ」。Henri Lefebvre, *Introduction to Modernity*, p. 145〔宗左近・古田幸男監訳『現代への序説　上』法政大学出版局、一九七二年、一八五頁〕.

(33) もちろん、自由主義的な個人主義にはさまざまな形態があり、個々の形態は、制限のある政府にする交渉の基本的な出発点として、自分とは違うタイプの人間や環境と少しだけ異なる関係を持っている。ジュディス・シュクラーが展開した三類型を用いると、「政治的にしっかりした考えをした市民からなる公正な社会、各自が自分自身と他者のために行動することができ、また喜んでそうする社会」を期待している「自然権のリベラリズム」は、自由と所有権を追求するにあたり、合理的で、従順で、精力的なものとして、(ロック流の)人間性の概念を前提とする。ここで、人間性とは活動と習得を好む傾向があり、最終的には、実定法と政府構造の創造に向かうものとされている。「個人的成長のリベラリズム」という第二の類型は、個人と社会は進歩する自然な力があるため、この潜在能力を伸ばすために自由が必要だという見解である。リベラリズムのこの第二類型は特に、自然環境がもつ無限の支持力に依存している。そして第三に、シュクラー自身の「恐怖のリベラリズム」は、強者から弱者を保護すべきという政治的重要性のもと、人の痛みを感じられる心身の能力を重視する。どんなときも個人には自然の属性と社会の属性があるとし、その個人を形成している自然と社会の類型によって交渉の様式が決まるという。Judith N. Shklar, "The Liberalism of Fear," in *Liberalism and the Moral Life*, ed., Nancy L. Rosenblum (Cambridge: Harvard University Press, 1989), pp. 26–27.

(34) ジェフリー・ハーフが指摘するように、「モダニズムは、政治的な左翼や右翼に限定された運動ではなかった。その中心的な銘文は、ブルジョワジーと交戦中の自由で創造的な精神によって刻まれたものであった。この自由で創造的な精神というのは、どんなものであれ、限界を受け入れることを拒絶し、ダニエル・ベルが『自己無限化の誇大妄想』と名づけたもの、つまり、『遥か彼方へ、道徳や悲劇や文化の彼方へ』到達しようという衝動を擁護するものなのである」。Jeffrey Herf, *Reactionary Modernism: Technology, Culture and Politics in Weimar and the Third Reich* (New York: Cambridge University Press, 1984), p. 12〔中村幹雄・谷口健治・姫岡とし子訳『保守革命とモダニズム――ワイマール・第三帝国のテクノロジー・文化・政治』岩波書店、一九九一年、一七頁〕.

(35) 上杉愼吉『国家論』(有斐閣、一九二五年) 三、六六頁、Matsumoto Sannosuke, "The Roots of Political Disillusionment: 'Public' and 'Private' in Japan," in *Authority and the Individual in Japan*, ed., J. Victor Koschmann (Tokyo: University of Tokyo Press, 1978), p. 43より引用。

(36) ヘーゲルは、国家の中でしか個人の究極的自己表現ができないと考えていた。「国家は具体的自由の現実性である。具体的自由は、まさに、人格的個別性とその特殊的利害が完全な発展とその権利の承認を……対自的に得ているということのうちに成り立ち、また同様に人格的個別性と特殊的利害が、一方では自分自身を通じて普遍的なものの利害に移行するということ、他方では知と意志とをもってこの普遍的なものの利害を承認する、それもそれを自己の実体的精神として承認するということ、そして自己の究極目的としての普遍的なものの利害のために活動するということのうちに成り立つ……近代国家の原理は、主観性の原理がみずからを人格的特殊性の自立的極にまで完成することを許すと同時に、この主観性の原理を実体的統一につれ戻し、こうして主観性の原理そのもののうちにこの統一を保持するという驚嘆すべき強さと深さとをもつのである」。Hegel, *Hegel's Philosophy of Right*, trans., T. M. Knox (Oxford: Clarendon Press, 1942), pp. 160-61〔上妻精・佐藤康邦・山田忠彰訳『法の哲学　下巻』岩波書店、二〇〇一年、四三六〜三七頁〕.

(37) Shklar, "The Liberalism of Fear," p. 22.

(38) 足尾銅山は下流の共同体を汚染し、破壊してしまった。足尾銅山闘争の指導者だった田中正造は実際こうした経験をした。村の責任ある指導者として、何年も体制と闘った後、田中は旧友に会いに、あちらこちらめぐり歩き、最期は客死した。

(39) 加藤『人権新説』四六一頁。

(40) アイザィア・バーリン『自由論』の有名な一節のように、「われわれが日常的経験において遭遇する世界は、いずれもひとしく究極的であるような諸目的――そしてそのあるものを実現すれば不可避的に他のものを犠牲にせざるをえないような諸目的――の間での選択を迫られている世界である。事実、このような状況であればこそ、人間は選択の自由にひじょうに大きな価値をおいているのである。もしも人間によってこの地上に実現しうるある完全な状態において、人間の追及するいかなる目的も相互に矛盾・衝突することがないという保証があるとしたら、選択の必要も選択の苦しみもなくなってしまい、それとともに選択の自由というものの重要な意義も失われてしまうことになるであろう」。Isaiah Berlin, *Four Essays on Liberty* (Oxford: Oxford University Press, 1969), p. 168〔小川晃一ほか訳『自由論』みすず書房、一九七一年、三八三〜八四頁〕.

訳者あとがき

本書の結論は、日本政治イデオロギーにおいて、「自然」という概念が従来考えられていたほど単純なものではないということだ。日本の近代化は自然のアンチテーゼだと理解されてきた。つまり、近代化とは自然を克服することであり、解放された主体性であり、自然環境を技術で制御することだと考えられていたのである。トーマス博士はこの二分法に疑問をなげかけた。長年の研究の末、近代化と対立しているひとつの「自然」があるのではなく、複数の「自然」概念が存在し、専制、民主主義、無政府主義など多様な政治的立場と合体していたという結論を導きだした。幕末から一九三〇年代にかけて、自然の定義は場所としての自然から、時間としての自然を経て、日本人の意識そのものとしての自然へと変転していったという。近代化と自然は二者択一の選択肢ではなく、日本が近代化したのと同時に、時の政府は日本の政治的価値が自然なものだと主張したのである。自然が複数の概念を持つということは、近代化にも複数の形態があることを意味する。

二〇〇二年に本書（英語版）が刊行された際、特に関心を持ったわけでもなかったが、何気なく本書を手にとり、パラパラと読み始めた。注釈をみると日本語の一次資料も使った本格的な研究書であり、序文を読むと、とても魅力的な内容のように思えた。本文を読み始めると、まさに寝食を忘れて一気に読みきったほど、惹きつけられる内容だった。そのすばらしさは、本書が二〇〇三年にアメリカ歴史学会のジョン・K・フェアバンク賞を受賞したことでも証明されている。是非、筆者のトーマス先生にいろいろ伺ってみたいと思い、連絡をとったことが、本書の日本語訳刊行の出発点だった。

法政大学出版局が翻訳版刊行をお引き受けしてくださるところまでは順調に事が運んだが、いったん翻訳作業にはいると、英文はかなり難解なものだった。英文のまま読んで理解するということと、それを的確な日本語に訳すということは非常に異なる作業だと気づくのにそれほど時間はかからなかった。本書で使われている日本語一次資料の直接引用部分は、その一次資料を取り寄せる必要があった。また、トーマス博士が英文の二次文献から直接引用されている場合、その本の日本語訳が刊行されている場合には、それを取り寄せて引用した。この確認作業が膨大な数にのぼり、翻訳にかなりの時間がかかったこと、この場をお借りしてトーマス博士と法政大学出版局にお詫び申し上げたい。

翻訳中、疑問に思う箇所は数十箇所にのぼったが、その都度、電子メールでトーマス博士にお尋ねした。ご多忙にもかかわらず、小生の基本的な質問に対しても懇切丁寧にお教え下さったトーマス博士に感謝申し上げたい。また、来日された際にはわざわざ大阪へお立ち寄りくださり、知的刺激に富んだ楽しいひと時を過ごさせていただいたことも貴重な経験だった。

小生の同僚で大阪大学法学研究科森藤一史教授は、日本政治思想史の専門家というお立場で、翻訳草稿にお目通しいただいた。思想史や思想家特有の用語など専門家の目で見ていただき、ご助言いただけたことに感謝申し上げたい。

本書は、法政大学出版局の奥田のぞみさんとの共訳といっても過言ではない。奥田さんの卓越した英語力、日本政治思想史に関する深遠な知識、すばらしい編集力のおかげで翻訳はよりよきものになった。奥田さんに心より感謝申し上げたい。もちろん、誤訳、誤解釈の責任はすべて杉田にある。

同じく、法政大学出版局の平川俊彦さんのご決断がなければ、本書の刊行はありえなかった。研究書の刊行が非常に厳しいなか、本書の刊行をご快諾いただいたことに御礼申し上げたい。

最後に、学斗（八歳）、夏希（六歳）、奏斗（二歳）の面倒を一手に引き受けてくれる家内（昌子）の支援なくして、本書の翻訳を遂行できることはなかった。本書が刊行された際には、真っ先に家内に「お供え」しよう。家内に多謝。

二〇〇八年七月

兵庫県川西市の自宅書斎にて

杉田米行

ヤ　行

ラ　行

ナ　行

ハ　行

マ　行

タ　行

サ　行

事項索引

ア　行

カ　行

ワ　行

マ　行

ヤ　行

ラ　行

ナ　行

ハ　行

サ　行

タ　行

人名索引

ア 行

カ 行

《叢書・ウニベルシタス　894》
近代の再構築
——日本政治イデオロギーにおける自然の概念

2008年 7 月25日　　初版第 1 刷発行

ジュリア・アデニー・トーマス
杉田米行 訳

発行所　財団法人 法政大学出版局
〒102-0073 東京都千代田区九段北3-2-7
電話03(5214)5540／振替00160-6-95814
製版，印刷　平文社／鈴木製本所

Printed in Japan

ISBN978-4-588-00894-8

著者

ジュリア・アデニー・トーマス（Julia Adeney Thomas）
ヴァージニア出身で，プリンストン大学やオックスフォード大学で研究を重ね，1993年，シカゴ大学歴史学部で博士号取得．現在，ノートルダム大学歴史学部准教授．自然，記憶，写真が日本の政治権力をどのように形成していったかに焦点をあてて研究を進め，現在は戦時中と占領中の日本の写真をテーマにしている．本書は2003年にアメリカ歴史学会のジョン・K.フェアバンク賞を受賞した．また，1998年12月に *American Historical Review* に掲載された論文“Photography, National Identity, and the Cataract of Times: Wartime Images and the Case of Japan”は，バークシャー女性歴史家会議で年間最優秀論文賞に選ばれた．これまでに，メロン財団，米国人文科学基金，プリンストン高等研究所，国際交流基金，米国学術団体評議会－米国社会科学研究評議会，日本学術振興会，文部省などの支援を受けて研究を進めてきた．ノートルダム大学着任前には，ウィスコンシン大学マディソン校とイリノイ大学シカゴ校で教鞭をとり，ベルリンのマックス・プランク科学史研究所客員研究員を務めた．現在，*Between Reality and Sex: Japanese Photography in War, Occupation, and After*（仮題）という研究書を執筆中で，ハーヴァード大学出版会から刊行される予定．

訳者

杉田米行（すぎた　よねゆき）
1999年，ウィスコンシン大学マディソン校歴史学部で博士号取得．現在，大阪大学大学院言語文化研究科准教授．専門は日米関係．主著に Mark E. Caprio and Yoneyuki Sugita eds., *Democracy in Occupied Japan: The U.S. Occupation and Japanese Politics and Society*（Routledge, 2007）など．